DUMONT

Wie kommt es zur Wirkung von Bildern? Martin Schuster gelingt es, die wichtigsten Erkenntnisse der Wahrnehmungspsychologie, der Psychoanalyse und der vergleichenden Verhaltensforschung in ihrem Bezug zur Kunst leicht verständlich darzustellen. Anhand der Analyse einzelner Beispiele aus Kunst, Film und Werbung wird gezeigt, wie große Werke und überhaupt Ergebnisse kreativer Prozesse vom jeweiligen Betrachter ganz individuell aufgenommen werden.

Martin Schuster, geboren 1946, Studium der Psychologie in Bonn, seit 1972 Assistent und Akademischer Rat an der Universität Köln, seit 1989 Professor. Ab 1980 Ausbildung zum Verhaltenstherapeuten und seit 1984 als Lehrtherapeut Mitarbeit an der Kölner Schule für Kunsttherapie, veröffentlichte er verschiedene Arbeiten zur Psychologie der Kunst und zu bildhaften Lern- und Denkprozessen.

Martin Schuster

Wodurch Bilder wirken

PSYCHOLOGIE DER KUNST

Mit zwei Textbeiträgen von

Manfred Koch-Hillebrecht

DUMONT

FSC www.fsc.org
MIX
Papier | Fördert gute Waldnutzung
FSC® C083411

Das bei der Produktion dieses Buches entstandene CO_2 wurde durch die Finanzierung von Klimaschutzprojekten kompensiert: climate-id.com/17531-2110-1001/de

4. Auflage 2025
DuMont Buchverlag GmbH& Co. KG, Köln
Amsterdamer Straße 192, 50735 Köln,
info@dumont-buchverlag.de

Umschlagabbildung: Leonardo da Vinci, *Mona Lisa*,
© Mauritius images, World Book Inc.
Umschlaggestaltung: Birgit Haermeyer
Druck und Verarbeitung: CPI books GmbH, Leck
Gedruckt auf säurefreiem und chlorfrei gebleichtem Papier
Printed in Germany
ISBN 978-3-8321-6345-7

www.dumont-buchverlag.de

Inhalt

Einleitung

1978 erschien bei DuMont die erste Kunstpsychologie, die beim Publikum überraschenden Erfolg hatte und auch in verschiedene Sprachen übersetzt wurde. Inzwischen hat es eine weitere Neubearbeitung gegeben (1986) und auch seitdem sind wieder mehr als zehn Jahre vergangen, und mancher wesentliche Beitrag ist hinzugekommen.

Was ist hier das Neue? Zunächst habe ich mich, mehr noch als im vorigen Band, um eine lesbare und beispielsreiche Darstellung bemüht. Oft habe ich solche Beispiele gewählt, die viele Menschen kennen, damit auch der Laie die vorgetragenen Thesen mit seinen Empfindungen und Anschauungen vergleichen kann. Ganz in diesem Sinne gibt es jetzt ein Kapitel »Das Lächeln der Mona Lisa« (Kapitel 11).

Zusätzlich wurden nun die Kapitelenden jeweils mit einem »Kunstpsychologischen Praktikum«, das Vorschläge für eigene Gestaltungen oder eigene kleine Recherchen anbietet, versehen.

Bis heute sehen viele Psychologen in der experimentellen Methode noch den einzigen Weg zur Erforschung menschlichen Verhaltens. Immer mehr wird aber die biografische, die historische Determination des menschlichen Verhaltens deutlich, die eher mit vergleichenden empirischen Methoden zu erfassen ist. Diesem Wandel, auch in meiner Sichtweise von Psychologie, trägt dieses Buch Rechnung.

Kunst ist kein Luxus, sondern kommuniziert Werte, aber auch Verhaltensentwürfe und Weltanschauungen. Insofern ist die Kunst nicht nur der Spiegel der Kultur, sondern auch ihr Motor, ihre Ursache. Dies versuche ich gleich zu Beginn herauszuarbeiten. Der Psychologe, der die Ursachen des Verhaltens verstehen will, muss auch die Kunst studieren.

Viele Personen haben mir geholfen, das Projekt zu verwirklichen. Speziell möchte ich mich bei Frau Christa Westerheider für die Diskussion und die Korrekturvorschläge bedanken. Auch meine Studenten haben mich mit Anregungen und Abbildungen unterstützt.

1 Kunst und Psychologie

Kunst und Psychologie haben viel mehr miteinander zu tun, als man zunächst erwarten würde. In dreierlei Hinsicht sind hier nämlich Schnittmengen festzustellen. a. Die Kunst beeinflusst das menschliche Verhalten. b. Die Kunst ist Ergebnis der psychischen Prozesse c. Erkenntnisse der Psychologie verändern die Kunst. In diesem Kapitel soll geklärt werden, was Kunstpsychologie ist, bevor die psychologische Argumentation mit der Frage nach dem subjektiven Kunstbegriff eingeleitet wird. Schließlich werden Anwendungsbereiche kunstpsychologischer Erkenntnisse vorgestellt.

Der Einfluss der Kunst auf das menschliche Verhalten

Gefühlsleben Was ist ein wichtigeres Gefühl als die Liebe? Wer aber – außer dem Gelehrten der Geschichte – weiß schon, dass die Liebe alles andere als selbstverständlich ist. Erst die Oper hat die Liebe in Europa zum »Grundgefühl« werden lassen. Viele Generationen vorher heirateten nach sozialer Opportunität. Bei manchen griechischen Autoren galt die Liebe als eine Art »Krankheit«, deren Ausbruch man besser vermeidet.

Die Kunst ist nicht nur Ergebnis seelischer Vorgänge – die man erforschen könnte –, sie ist auch eine Ursache seelischer Prozesse. Menschliches Verhalten wird gelernt. Der relevante Lernstoff wird von Generation zu Generation weitergegeben und erlebt dabei Veränderungen. So kommt es, dass das Erleben und Verhalten eines Menschen vor 100 Jahren dem heutigen Erleben und Verhalten nicht unbedingt entspricht. Wenn ich heute im Museum angesichts eines Bildes vor Rührung herzzerreißend weinen würde, würden mich meine Begleiter vermutlich für verrückt halten. In der Zeit der Romantik war dies aber mit schönster Berechtigung möglich und der Beweis eines empfindsamen Herzens.

Das Angsterleben der Menschen wird durch die Bilder der kirchlichen Strafdrohungen beeinflusst. Der triebhafte Bock ist Bild des Teufels, so greift die Klammer sündigen Verhaltens dauerhaft auf die Sexualität. Die Darstellung der Höllenqualen verursachte

z. B. dem lebenslustigen (und daher sündigen) Ritter solche Ängste, sodass er sich auf eine riskante Wallfahrt begeben musste.

Psychische Funktionen Die Kunst verändert aber auch seelische Funktionen. Wie man weiß, ist die Wahrnehmung auch ›konzeptgesteuert‹, das heißt, das Seherlebnis bildet immer einen Mittelwert aus gespeicherter Erwartung und tatsächlich wahrgenommenen Reizen. Diese Wahrnehmungserwartung wird nun auch von der Kunst entwickelt. Gerade bei schwer wahrzunehmenden Phänomenen, wie etwa bei einem Blitz oder der raschen Bewegung der Pferdebeine, führen falsche Verbildlichungen zu falschen Wahrnehmungserwartungen und entsprechend zu falschen Wahrnehmungen (vgl. Kapitel 2).

Politische Entwicklungen In der Kunst wird das ›Leiden‹ der Menschen an den Zwängen der Kultur analysiert und aufgedeckt. Sie trägt Lösungsmöglichkeiten vor, die dann – wenn andere Bedingungen günstig sind – von den Menschen übernommen werden.

In der Kunst entstehen z. B. kühne Zukunftsentwürfe, die später vielleicht das Geschick der Menschheit beeinflussen werden. Eine Bereitschaft des Publikums und ein kreativer Aufbruch der Kunst werden sich dann eventuell in kleinen Schritten ›aufschaukeln‹. So wurde die Französische Revolution in der romantischen Literatur vom ›Menschheitstraum‹ der bürgerlichen Freiheiten eingeleitet, also durch die Kunst der Zeit mit bedingt. Picassos Friedenstaube wurde zum einigenden Symbol der Friedensbewegung. Ohne dieses einigende Symbol hätte es sicher mehr partikularistische Unterbewegungen gegeben (diesen Gedanken entnehme ich aus einem Manuskript von Manfred Koch-Hillebrecht).

Überzeugungen und Werte Die religiöse Kunst, die Werbung oder die Propaganda woll(t)en langfristige Gesinnungen und Wertvorstellungen des Menschen verändern.

Wenn in Nazi-Bildern die germanische Familie oder der heldenhafte Krieger gezeigt werden, so entstehen im eigentlichen Sinn ›Vorbilder‹, die später handlungsleitend sein können.

Hoffmann berichtet in einer Wehrmachtsausgabe von der »Großen deutschen Kunstausstellung« in München 1945: »Wenn wir uns den Werken im Hause der deutschen Kunst zuwenden, die das

Kriegserlebnis zum Vorwurf haben, so sind es vor allem zwei Darstellungen, die als überzeugende Schilderungen des Heldenkampfes unserer Wehrmacht, wie auch als künstlerische Leistungen besonders auffallen; es sind dies die Gemälde ›Nach der Geleitzugschlacht‹ von Richard Schreiber und ›Erinnerung an Stalingrad‹ von Franz Eichhorst. [Er] schildert in seiner ›Erinnerung an Stalingrad‹ mit tiefem künstlerischen Empfinden das markante Geschehen der Tage von Stalingrad. Dieses Bild, das in seiner Farbgebung das Großartige der Handlung und das Feierliche des Augenblickes unterstreicht, erhält dadurch einen fast denkmalhaften Charakter.« (Hoffmann 1945, Seite 16). Die Kriegshandlung erfährt eine sakrale Interpretation. Das Opfer auf dem Schlachtfeld wird in Analogie zum Opfer in der Kirche gesetzt. So wurde – auch mit den Mitteln der Kunst – eine Tiefenmotivation für den mörderischen und erschreckenden Kampf geschaffen.

In der Berliner Reichskanzlei stellten zwei Statuen von Arno Breker die Partei und die Wehrmacht dar. Es wird überdeutlich, wie rechte und linke Hand in diesem Staatswesen zusammenarbeiten: Die Partei stützt sich auf die Wehrmacht, auf das Schwert. Die nackten, nordischen Männerkörper stehen für die Rolle des Mannes, aber auch für die ›Überlegenheit‹ dieser Rasse. Diese Kunst stellte sich in den Dienst der Staatsideologie und schuf eine imaginäre Wirklichkeit.

Solche Kunst ist natürlich nicht im heutigen Sinne frei, sondern an Ideologien und Überzeugungen gebunden. Ursache der Beeinflussung ist in diesen Fällen die Ideologie, nicht die Kunst selbst. In dem Maße aber, in dem aber Künstler selbst bestimmen, welche Botschaft sie transportieren, greifen sie in den Prozess der Manipulation von Überzeugungen ein. Dies geschieht in der zeitgenössischen Kunst zum Beispiel häufig zugunsten einer intakten Umwelt. Beuys war Mitbegründer der Partei der »Grünen« und forderte und förderte in seinen Aufführungen z. B. den Respekt vor den Tieren.

Kaufentscheidungen, das Verhalten Filme wie ›Easy Rider‹ verändern die Welt direkt. Die Illusion der Motorradfreiheit in ›Easy Rider‹ erhöhte den Motorradverkauf, speziell der im Film gezeigten Harley Davidson Maschine. Insofern ändern Kunstwerke auch aktuelle Verhaltensweisen der Menschen.

Die wahrgenommene Wirklichkeit, das Denken Die ›objektive‹ Wahrheit ist – wie schon aus jedem Ehestreit zu lernen ist – nicht allein durch eine irgendwie geartete Faktenlage gegeben. Fakten und Interpretation zusammen machen die Wahrheit aus. Die Kunst bietet Interpretationen und Sichtweisen für die Fakten des menschlichen Lebens, und insofern bestimmt sie auch dessen Wahrheit.

White und Epston (1990) bringen dazu ein anschauliches Beispiel: Wenn Amerika die Metapher des ›Schmelztiegels‹ (melting pot) für gültig hält, so ist der Zerfall der eigenständigen indianischen Kultur die logische Folge dieses ›Eingeschmolzenwerdens‹ und muss sich notwendigerweise weiter fortsetzen, ohne dass Maßnahmen oder Auflehnung gefragt wären. Sieht man Amerika aber – wie es immer stärker der Fall ist – als multikulturelle Gesellschaft, so ist der Zerfall der Indianerkultur als Grund für eine Auflehnung zu interpretieren. Entsprechend besinnen sich heute Indianerführer auf ihre alten und vertraglich verbrieften Landrechte. Diese Metaphern sind nun nicht in den Köpfen existent, sondern werden durch die Kunst und in Ritualen visualisiert. Wenn in der Parade Indianer und Schwarze in unterschiedlichen Volkstrachten auftreten, ist dies schon ein Hinweis auf die Unterschiedlichkeit der Kulturen innerhalb der großen Nation Amerika.

Weil Menschen sich in ihrer Kultur jeweils selbst definieren und dabei ihre Weltanschauung zur Wirklichkeit werden lassen, muss der Student der Psychologie etwas von Kunst und Kunstgeschichte verstehen. Wenn Kunst bisher im wesentlichen als Ausdruck der Kultur und Entwicklung gesehen wurde, ist es Zeit, das Vexierbild einmal kippen zu lassen. Die Kunst greift in den kulturellen Entwicklungsprozess ein und verändert die Menschen: Die Kunst wird dann zur Ursache des menschlichen Verhaltens und zur Ursache kultureller Veränderung.

Allerdings, und hier ist Kreitler und Kreitler (1980) recht zu geben, ist die direkte Wirkung der Kunst auf das Verhalten des Publikums die Ausnahme, und der einzelne Künstler darf nicht erwarten, grundlegende Verhaltensänderungen zu erreichen. Nur unter besonderen Bedingungen kann aus der Kunst heraus der Anstoß zur gesellschaftlichen Veränderung kommen.

Kunsterleben und Kunstschaffen sind Menschenwerk, also Gegenstand der Kunst-Psychologie

Anhand von beispielhaft herausgegriffenen Fragestellungen wird das Arbeitsfeld des Kunstpsychologen anschaulich. Die folgenden Fragen zielen auf die Vorgänge bei der Wahrnehmung und Verarbeitung des Kunstwerks, also bei der Rezeption:

- Wie beeinflusst das Kunstwerk das Erleben des Betrachters?
- Was empfinden wir als schön?
- Wie werden in Kunstwerken Werte und Überzeugungen vermittelt?
- Wie wird die Qualität des Kunstwerks bestimmt?
- Wie kommt es zur Verehrung von Künstlern?
- Welche Kunstwerke erwerben Menschen heute, und was hat die Kaufentscheidung bestimmt?
- Warum sammeln einige Menschen Kunst oder wollen – oft sehr teure – Kunstwerke besitzen?
- Wie beeinflusst der Kunstbegriff des Betrachters das Kunsterleben?

Daneben untersucht die Kunstpsychologie auch das Verhalten und das Erleben bei der Produktion von Kunstwerken:

- Was bedingt künstlerische Kreativität?
- Welche biografischen und psychischen Aussagen über den Künstler lassen sich aus seinen Werken gewinnen?
- Wie ist die Motivation des Hobbykünstlers bzw. des engagierten Amateurfotografen?
- Wie kommt die Kunst der Geisteskranken zustande?

Die Psychologie der Kunstbetrachtung führt von kunstwissenschaftlichen oder ästhetischen Kategorien weg zum Leben des Menschen in seiner inneren Welt von Gedanken und Assoziationen.

Eine interessante Anekdote illustriert was gemeint ist:

Der berühmte Galerist Ambroise Vollard erzählt in seinen »Erinnerungen eines Kunsthändlers« (deutsche Ausgabe 1949) eine interessante Anekdote, die veranschaulichen kann, in welchem Ausmaß der Betrachter – in diesem speziellen Fall der Kunstkritiker ebenso wie der Kunstsammler – vorgegebene Informationen in die Beurteilung eines Bildes mit einbezieht: Bei einer Ausstellung in Vollards Galerie wurde ein Bild von Paul Cézanne gezeigt, auf dem einige nackte Frauen und ein Schäfer dargestellt waren. Versehentlich war auf dem Rahmen, mit dem das Bild ausgestellt wurde, der Titel »Diana und Aktäon« verblieben. So präsentiert, wurde es von der Kunstkritik positiv aufgenommen, man lobte unter anderem die »edle Haltung der Göttin und den keuschen Ausdruck der sie umgebenden Jungfrauen«. Etwas später sollte Cézannes Bild »Die Versuchung des heiligen Antonius« ausgestellt werden. Dieses Bild war jedoch inzwischen verkauft worden, und so sandte der Händler statt dessen das irrtümlich als »Diana und Aktäon« bezeichnete Werk. Das Bild trug zwar keinen Titel, da es aber als »Versuchung des heiligen Antonius« erwartet und im Katalog ausgedruckt worden war, wurde es auch so gesehen. In der Kunstkritik war nun nicht mehr von der »edlen Haltung« der vermeintlichen Diana, dafür von dem »verzaubernde[n] und arglistige[n] Lächeln einer Tochter des Satans« die Rede. Vollard berichtet weiter, wie ein Kunstsammler, der das Bild als »Diana und Aktäon« zurückgewiesen hatte, es nun als »Versuchung des heiligen Antonius« erwarb, ohne zu bemerken, dass es sich um dasselbe Bild handelte. (Später sagte Cézanne, das Bild habe keinen Titel gehabt, sondern sei eine Bewegungsstudie gewesen.)

Kunstwerke (bzw. ihre Reproduktionen) können an geliebte Personen erinnern, von denen sie geschenkt wurden. Ihr Alter und ihre Geschichte können auf die historischen Wurzeln des Besitzers verweisen. z. B. hält ein nach Amerika ausgewanderter Europäer ein von seinen Vorfahren aus der alten Heimat mitgebrachtes Bild in hohen Ehren. Das Bild kann die eigene Lebensgeschichte dokumentieren, wenn es vielleicht anlässlich der Hochzeit oder eines anderen wichtigen Wendepunkts des Lebens erworben wurde.

Die Besitzer können stolz darauf sein, gerade dieses ›passende‹ oder ›günstige‹ Werk gefunden zu haben. Wann immer sie das Bild betrachten, stellt sich das stolze Bewusstsein des eigenen Verhandlungsgeschickes ein (natürlich gilt dies in besonderem Maße für selbstangefertigte Bilder).

Kunstwerke werden vielleicht deswegen besonders geschätzt, weil sie Beziehungen zu persönlichen Erfahrungen haben oder geliebte Objekte darstellen. Im Rahmen unserer Versuche wählte eine Person regelmäßig Landschaften mit Apfelbäumen, weil sie selbst Apfelbäume besaß, die sie gern pflegte.

Häufig können auch ganz vordergründige Motive die Auswahl eines Kunstwerks beeinflussen, zum Beispiel wenn es um die Farbabstimmung mit den bereits vorhandenen Möbeln oder um die Dekoration einer freien Wandfläche geht.

Eindeutig nicht vom Kunstwerk her motiviert ist ein Kunstinteresse, das den Kunstgeschmack als Indiz für sozialen Status und Bildungsgrad betrachtet. Der »Röhrende Hirsch«, in der zweiten Hälfte des 19. Jahrhunderts ein durchaus geschätztes Thema im Rahmen der Landschaftsmalerei, ist inzwischen zum belächelten Sujet über dem Sofa des ›einfachen‹ Menschen geworden. Der ›richtige‹ Kunstgeschmack ist wichtig, um Status oder Bildung auszuweisen. Am Interesse für die ›schwer verständliche‹ Avantgarde glaubt man den modernen, fortschrittlichen Menschen zu erkennen, der eben auch ›anspruchsvolleren‹ Themen gewachsen ist. So verleiht ein bestimmter Umgang mit Kunst heute wie ehedem ein besonderes Sozialprestige. Gerade deshalb bemühen sich Geschäftsleute oft um Kunstwerke in ihren Büros, da sie sich von dieser Zurschaustellung ihrer Bildung und nicht zuletzt ihrer Finanzkraft einen spürbaren Prestigegewinn versprechen.

Wenn es um das Prestige geht, muss also das erworbene Kunstwerk gar nicht unbedingt dem individuellen Kunstgeschmack entsprechen. Die meisten Menschen werden aber nur solche Bilder sammeln oder aufhängen, die ihrem persönlichen Kunstverständnis entgegenkommen. Wenn sie die »Kunst« gerade in der Fähigkeit Gegenstände naturalistisch abzubilden erkennen, werden sie kaum Werke der abstrakten Kunst erwerben.

Beeinflussen die Erkenntnisse der Psychologie die Kunst?:
Aus Psychoanalyse und Parapsychologie Künstler wollen Wirkung

erzielen und bedienen sich der Erkenntnisse der Psychoanalyse und auch der Psychiatrie und sogar der Parapsychologie, um darin erfolgreich zu sein. Auch dies ist der Stoff einer Kunstpsychologie.

Die Surrealisten beriefen sich auf die Schriften Freuds. Sie wollten das Unbewusste befreien. Das weiß man. Breton besaß eine französische Übersetzung der Einführung in die Psychoanalyse. Weniger bekannt ist, in welchem Maße sich Einflüsse parapsychologischer Bücher im Surrealismus finden. Breton hatte ein Buch von Meyers gelesen, der in England eine große Zahl von Todesahnungen dokumentiert hatte (vgl. Schneede 2006). Also gab es anscheinend eine geheimnisvolle Informationsübertragung zwischen dem entfernten Sterbenden und seinen Lieben. Diese Fähigkeit wollte Breton freisetzen und glaubte in den Ereignissen, die er in seinem Roman »Nadja« schildert, selbst solcher Intuition schon nahe gekommen zu sein.

Aus der Wahrnehmungspsychologie Andere Künstler profitieren von den Ergebnissen der Wahrnehmungspsychologie: M. C. Escher oder Bridget Riley operieren mit optischen Täuschungen und lassen sich von den entsprechenden Lehrbüchern der Psychologie anregen. Ein konkretes Beispiel ist die Gestaltung der Nase einer der Demoiselles von Picasso. Dort sieht man ein Vexierbild, das Picasso (vermutlich) aus einem Lehrbuch der Psychologie von William James entnommen hat.

In den Kunsthochschulen etabliert sich entsprechend in jüngster Zeit das Fach Kunstpsychologie (allerdings wird es, eben aus Interesse von Künstlern an der Psychologie heraus, heute meist von Wahrnehmungspsychologen gelehrt).

Aus der Verhaltensbiologie Tom Wesselmann (der übrigens Psychologiestudent war), Allen Jones oder Vargas spielen mit den Elementen des Partnerschemas, wie es in der vergleichenden Verhaltensforschung herausgearbeitet wird (vgl. Kapitel 4).

1.1 Was ist »Kunstpsychologie«?

Psychologie Mit der Definition von Psychologie müssen wir uns nicht lange aufhalten, sie klang auch in den oben erwähnten Fragestellungen schon an: Psychologie ist die Lehre vom menschlichen

Erleben und Verhalten und seiner inneren Begründung. Hier folge ich einer Definition von Thomae.

Kunst Der Begriff der Kunst ist in unserem Zusammenhang problematischer: Die Begriffe »Kunst« und »Künstler« haben eine Geschichte, die ihren Gebrauch mitbestimmt. Etwa mit der Renaissance wurde aus den Handwerkern, den Malern und den Bildhauern »Künstler«. Nur so konnten ihre Erfindungen auf dem Wege zu immer erhabeneren und auch naturalistischeren Bildern gewürdigt werden und in eine neue Konkurrenz um Innovation und Erfindung treten. Die Schriftsteller waren immer schon gut angesehen und trugen von alters her die Ehrenbezeichnung »Dichter«. Die Kaiser und Könige waren zur Niederschrift ihrer Heldentaten auf sie angewiesen. Die verachteten Berufe Spielmann und Gaukler schlossen sich dem Ehrenetikett »Künstler« etwas später an. So kommt es, dass man in einem Kunstmuseum auf keinen Fall literarische oder musikalische Sammlungen vermutet, sondern eben Werke der bildenden Künste. Die Kunstpsychologie schließt sich diesem Begriffsgebrauch an. Genauer müsste es aber »Psychologie der bildenden Künste« heißen.

Kunstpsychologie Was ist also Kunstpsychologie? Das Erleben und Verhalten von Menschen, wie es sich bei der Wahrnehmung (Rezeption) und bei der Herstellung (Produktion) von Kunstwerken darstellt, ist Gegenstand der Kunstpsychologie. Wie oben deutlich wurde meint man mit Kunstpsychologie im allgemeinen die Psychologie der bildenden Kunst. Für die psychologische Analyse erweist sich die Kategorie ›Bildende Kunst‹ jedoch als nur bedingt geeignet. Aus psychologischer Sicht könnte ›Künste, die auf den Gesichtssinn wirken‹ als Rahmen für die Psychologie der bildenden Kunst gelten. Dabei würde das Untersuchungsfeld um die Bereiche Werbung, Film und Theater erweitert.

Davon werden eine Literaturpsychologie (z. B. Lindauer 1974) und eine Musikpsychologie (Bruhn und Örter 1985) unterschieden. Während das Interesse des Kunsthistorikers in erster Linie auf das Kunstwerk und damit auf stilistische, inhaltliche Fragen gerichtet ist, befasst sich der Kunstpsychologe mit der Reaktion des Betrachters auf das Kunstwerk und mit der Persönlichkeit des Künstlers. Die Erkenntnisse von Kunstgeschichte und Kunstpsychologie könnten sich ergänzen und würden sich speziell in einer Geschichte der Reaktionen von Menschen auf Kunstwerke ihrer Zeit verbinden.

Der Kunstbegriff der Kunstwissenschaft und die Kunstpsychologie

Die Kunst umfasst unterschiedlichste Werke verschiedener Kulturkreise und Epochen, darunter z. B. die Kunst der Renaissance – die mit illusionistischen Mitteln überwiegend Glaubensinhalte ›Wirklichkeit‹ werden lässt –, aber auch die geometrisch stilisierten afrikanischen Masken mit magischer Qualität. Die Vielfältigkeit von Kunst erschwert die Untersuchung der psychologischen Wirkungsweise im Einzelfall: Bei einem niederländischen Stillleben wird man andere theoretische Grundlagen heranziehen müssen als bei einer Installation von Beuys. Aus diesem Grund sind einzelne Kapitel dieses Buches den unterschiedlichen Fächern der Psychologie und z. T. auch unterschiedlichen Kunstepochen gewidmet (zum Beispiel der Wahrnehmungspsychologie, der Psychoanalyse und der vergleichenden Verhaltensforschung oder der zeitgenössischen Kunst).

Die meisten Gegenstände kunstpsychologischer Auseinandersetzung können aus der Kunstgeschichte übernommen werden. Dabei bleibt es dieser Disziplin vorbehalten, die Grenzen der ›Kunst‹ zu suchen und zu definieren – in der Kunstpsychologie bemühen wir uns um diese Grenzen nicht. Hier können die Gestaltungen eines Amateurs, Kinderzeichnungen oder auch die zahllosen Kitschartikel ebenso interessant sein. Weil ein weniger qualitätvolles Werk manchmal nicht anders wirkt als ein qualitätvolles Kunstwerk, kann sich die Psychologie über die Grenzen des Kunstbegriffs hinwegsetzen und zum Beispiel auch Postkarten, Produktgestaltungen oder Werke des Hobby-Künstlers untersuchen. Zur Kunstdefinition beizutragen, liegt dagegen kaum im Kompetenzbereich des Kunstpsychologen.

Der subjektive Kunstbegriff und die Reaktion auf die Kunst

Für den Kunstpsychologen ist dagegen sehr interessant, was jeder einzelne Mensch für einen Kunstbegriff hat. Seine Reaktion auf Kunstwerke wird ganz wesentlich davon abhängen, was er für Kunst hält. Auch die Ausübung von bildnerischen Hobbys steht im Zusammenhang mit dem Kunstbegriff des jeweiligen Menschen. Ohne weitere Information wird man die Bedeutung des Wortes Kunst aus dem Sprachgebrauch erschließen. Man spricht von Fechtkunst, ärztlicher Kunst oder Reitkunst und damit meint man immer eine besondere Geschicklichkeit in diesen Tätigkeiten. Bei der Malkunst ist das traditionell eben die Fähigkeit – die nicht jeder besitzt – etwas lebensnah abzubilden.

Was Kunst ist, das hat sich aber in den letzten Jahrzehnten dramatisch verändert. Das liegt an vielen Faktoren, aber ganz besonders an der Erfindung der Fotografie. Die naturalistische Abbildung konnte ab diesem Zeitpunkt mit immer weniger Aufwand geleistet werden. Künstler mussten andere neue Ziele für ihr Schaffen finden. In recht schneller Folge habe sich so Zielsetzungen für die Kunst entwickelt, die sich dem breiten Publikum gar nicht vermittelt haben.

Vor dem modernen Kunstwerk kann man daher nicht selten die Stellungnahme hören: »Das kann ich auch« bzw. »das ist für mich keine Kunst«. Zuweilen verlagert sich der Geniebegriff auch von der handwerklichen Seite des Werkes auf die Seite der bildnerischen Phantasie, und man kann die Kritik hören: »Das wäre mir auch eingefallen«.

Eine Ausstellung von eher traditionellen Kunstwerken (z. B. von August Macke) im Bonner Kunstmuseum gefiel den Besuchern. Sie hatten während des Rundgangs durch das Museum eine gleichmäßig euphorisch gehobene Stimmung. Eine Ausstellung zeitgenössischer Kunst, die die Erwartungen der Besucher in Bezug darauf, was Kunst ist, nur wenig erfüllte, führte beim Rundgang durch das Museum, immer wieder zu Momenten von Wut und Frustration (Ameln-Haffke und Schuster 1986).

Der Kunstbegriff kann etwas fortschrittlicher sein und sich von der gegenständlichen Darstellung lösen, dann sagen Menschen

z. B. »Kunst ist, was mir gefällt«. Dann steht dahinter die Idee von den »schönen Künsten«, die auch aus der Sprache abgeleitet sein kann, etwas kann bildschön sein, oder auch Museen können den Namen tragen: Museum für die schönen Künste (z. B. das Budapester Kunstmuseum).

Der Kunstbegriff vieler Menschen ist z. B. von den Eltern übernommen, und hat also selbst ein gewisses Alter. Seine Wurzeln dürfen wir in den verschiedenen Kunstdefinitionen der vergangenen Jahrzehnte oder sogar Jahrhunderte suchen, denn die Eltern haben ihren Kunstbegriff von den Großeltern übernommen usw. Nur solche Menschen, die sich speziell mit Kunst und besonders mit zeitgenössischer Kunst beschäftigen, kommen in Kontakt mit dem – oft auch nur implizit formulierten – Kunstbegriff der Gegenwart.

Es ist daher eine Aufgabe der Kunstpsychologie nachzuvollziehen, was Menschen verschiedener Bevölkerungsgruppen tatsächlich unter Kunst verstehen, um so aus den individuellen Wissensstrukturen die Reaktion des Einzelnen auf Kunst verstehen und auch vorhersagen zu können. Eine repräsentative Erhebung des – oft unausgesprochenen – Kunstbegriffs der Generationen und Schichten der gegenwärtigen Gesellschaft steht jedoch noch aus, ebenso wie eine ausführliche Dokumentation zu Vermittlung der wechselnden Kunstbegriffe im Bereich der schulischen Kunsterziehung.

Soll der Kunstbegriff einzelner Menschen erforscht werden, ist es sicher mühevoll, dies auf dem Weg des Interviews von vielleicht verbal wenig geübten und wenig bewussten Museumsbesuchern zu erfragen. Der Begriff von Kunst wird nicht immer ausformuliert vorliegen, sodass mancher Besucher auf die Frage, was Kunst sei, keine Antwort wissen wird. Aber aus den Reaktionen derselben Person, wenn sie zum Beispiel ein Werk der zeitgenössischen Kunst ablehnt oder ein anderes Kunstwerk als Wandschmuck wählt, kann man einen Kunstbegriff erschließen, der das Verhalten gegenüber präsentierter Kunst steuert.

Aus den Reaktionen auf Kunst lassen sich dann einige Erwartungshaltungen in Bezug auf die Kunst erkennen, hier von traditionelleren Erwartungen zu fortschrittlicheren Erwartungen angeordnet:

- Kunst soll naturalistisch sein. (»Ein Kunstwerk soll etwas darstellen, das man erkennen kann, alles andere ist für mich keine Kunst.«)
- Kunst soll schön sein, sie soll das Ideale oder das Gute vermitteln, sie soll positive Gefühle anregen.
- Kunst ist, was mir gefällt.
- Kunst soll handwerklich ›kunstvoll‹ sein: Das soll nicht jeder können.
- Kunst soll provozieren und zum Nachdenken anregen.
- Kunst soll innovativ sein, soll neue Sichtweisen vermitteln.

Diese Erwartungshaltungen führen zu ganz unterschiedlichen Reaktion verschiedener Menschen auf das gleiche Kunstwerk: Wer denkt, Kunst muss schön sein, sie muss mir gefallen, der wird große Bereiche der zeitgenössischen Kunst ablehnen. Dagegen kann er Motive wie die »Sonnenblumen« von Vincent van Gogh schätzen, die sich in den bundesdeutschen Wohnzimmern und im Angebot der Printmedien großer Beliebtheit erfreuen.

Wer aber denkt, Kunst muss neu, innovativ sein, wird vielleicht die naive Malerei nicht schätzen, da sie sich in Motiv und Stil an die Kinderzeichnung anlehnt.

Wer erwartet, das Kunstwerke etwas abbilden sollen, wird die gesamte abstrakte Kunst ablehnen. Dieser auf die naturalistische Abbildung ausgerichtete Kunstbegriff ist immer noch recht verbreitet. Als Kind bemüht man sich, etwas richtig zu zeichnen, das ist eben die Kunst. Die naturalistische Malweise erfordert Techniken, die, da nicht systematisch im Kunstunterricht gelehrt, nicht jeder beherrscht, sodass ihre erfolgreiche Anwendung oft als frühes Zeichen künstlerischen Talents gewertet wird.

1.2 Anwendungsbereiche der Kunstpsychologie

Kenntnisse, wie sie im Rahmen der Kunstpsychologie erarbeitet werden, haben vielfältige Anwendungsmöglichkeiten. An erster Stelle steht hier die Werbung, in der es darum geht, Stimmungen zu erzeugen und mit bildnerischen Elementen zu verbinden, bzw. eine

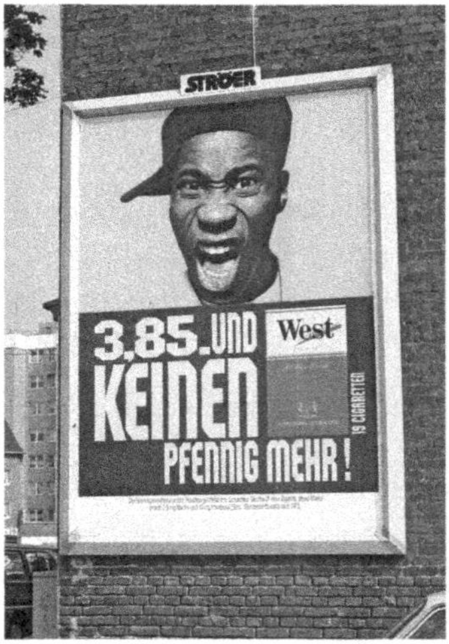

1 Auf dem Werbeplakat für die Zigarettenmarke »West« dient eine Droh-Mimik als Blickfang

Botschaft bildhaft zu übermitteln. Es geht hier darum, nicht allzu ›bewusst‹ mit dem Betrachter zu kommunizieren. Wer würde es schon glauben, wenn man ihm sagen würde, dass eine bestimmte Kaffeesorte das Eheleben verbessert. Dennoch wird dies bildhaft kommuniziert und mit den Regeln der Symbolik (vgl. Kapitel 3) und der aufmerksamkeitssichernden Elemente erreicht, wie sie die vergleichende Verhaltensforschung isoliert (vgl. Kapitel 4). Das Drohstarren auf Abbildung 1, das für eine Zigarette wirbt, ist ein biologisch relevanter Reiz und wird beachtet. Wer also etwas über angewandte Kunstpsychologie erfahren will, kann viel von den kreativen Gestaltern der Werbung lernen.

Allgemeiner betrachtet ist die Kunstpsychologie ein Grundlagenfach für Medienpsychologie. Viele Themen, die dort wieder aufgegriffen wurden, waren schon Thema der Kunstpsychologie, nämlich z. B. die Beeinflussung von menschlichem Verhalten durch Filmkunstwerke.

In der Kunstpädagogik verhilft die Kunstpsychologie zu einem vertieften Verständnis der Kunstwirkung und gibt gleichzeitig Möglichkeiten für eigene Experimente vor. Ein kunstpsychologisches Praktikum im Kunstunterricht könnte jeweils die am Ende der Kapitel beschrieben Aufgaben aufgreifen.

1.3 Gehört Kunst zu den wichtigen Dingen des Lebens?

Die Beschäftigung mit Kunst und Kunstpsychologie könnte als Luxus aufgefasst werden, für den erst dann Zeit ist, wenn alle wichtigen Lebensprobleme bewältigt sind. Sicher muss ein gewisses Mindestmaß physiologischer Bedürfnisse wie Schlaf oder Nahrungsaufnahme befriedigt sein, bevor sich die Menschen mit Kunst beschäftigen. Aber tatsächlich erfüllt sie im Leben des zivilisierten Menschen wichtige Funktionen.

Wenn Freud schreibt, Kunst, Wissenschaft und Religion dienten der Erleichterung des Lebens, dann denkt er bei der Kunst an die Phantasiebefriedigung von Bedürfnissen. Schon an der steinzeitlichen Höhlenwand erschuf der Jäger das Wild, das er jagen wollte, im beschwörenden Bild. Schöne Frauenkörper gehören zu den am häufigsten dargestellten Motiven der Kunstgeschichte und ersetzen in gewisser Weise die nicht erreichbare Schöne (vgl. entsprechende Äußerungen von Paul Delvaux; Abb. 2). Aggressive Darstellungen, etwa die Enthauptung Johannes des Täufers oder das Orgien Mysterien Theater des Hermann Nitsch, können den Betrachter ängstigen und erlauben ihm möglicherweise eine ›Abfuhr‹, eine Katharsis der aggressiven (Trieb-)Energie. Die Kunst kann also grundsätzliche

2 Paul Delvaux berichtet, dass die gemalten nackten Frauengestalten ein »Ersatz« waren (Paul Delvaux, Die Waldnymphen, 1966, Öl auf Leinwand, 149,5 x 237,5 cm, Köln, Museum Ludwig)

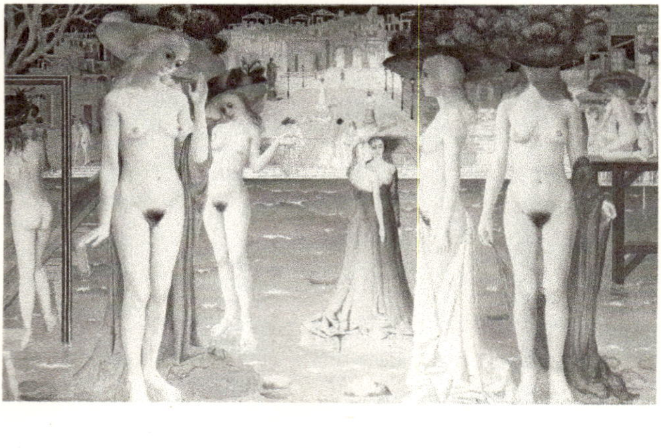

3 Das Mandala konzentriert den Blick und erleichtert die Meditation

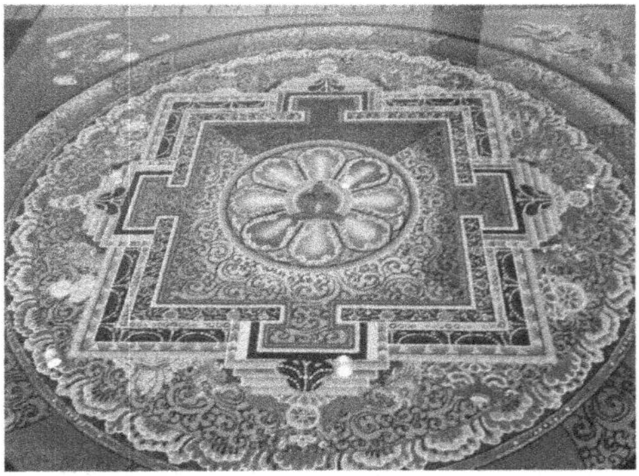

Bedürfnisse der Menschen wie zum Beispiel Sexualität, Aggression und oder Bedürfnisse nach Rangunterscheidung befriedigen und kanalisieren.

Es gibt ein so starkes Streben nach Schönheit, dass man von einem ästhetischen Motiv (Schuster 2000) sprechen kann. Schöne Landschaften, schöne Frauen oder schöne Gegenstände sind begehrt und Ziel vieler Anstrengungen. (Warum wir etwas schön finden, soll im Verlauf des Buches abgehandelt werden.) Kunstbetrachtung und Kunstschaffen können zu Gipfelerlebnissen (peak experience), Momenten der Erleuchtung und der Einsicht, Momenten des absoluten Glücks und des Gefühls der Einheit mit der umgebenden belebten und unbelebten Natur verhelfen und geleiten den Menschen in den Bereich transzendenter Erfahrungen. Das Bildschaffen und Bildwahrnehmen kann Empfindungen und Erlebnismöglichkeiten freisetzen, die uns nur im Ausnahmefall zur Verfügung stehen, dem Erlebnis der Erleuchtung angesichts eines buddhistischen Mandala (Abb. 3) vergleichbar.

Menschen haben ein elementares Bedürfnis, sich mitzuteilen und ihre Individualität auszudrücken. Dies geschieht mit den Mitteln der Kunst im Roman, aber auch im Bildwerk. Der auf die soziale Gruppe angewiesene Mensch muss seine Erfahrungen und seine Sichtweisen in die Gruppe einbringen, um zur Weiterentwicklung der Kultur beizutragen und der Gruppe so einen Vorteil zu gewähren. Das Bedürfnis nach Kommunikation über die Erfahrungen des Individuums ist grundlegend und hat mit der Existenz des Menschen in einem Sozialverband zu tun, der das Menschsein im eigentlichen Sinne erst gestattet. Das gemeinsame Mitteilungsgewebe schafft das gemeinsame Weltbild. So wird die Kunst zum Mittel der gruppeneinigenden Weltsicht. Man denke nur an die Wirkung der religiösen Kunst, aber auch der heutigen Werbung, die den Konsum als Erfolg des Lebens propagiert.

Die letztgenannten Bereiche menschlicher Erfahrung sind in den Lehrbüchern der Psychologie heute noch kaum berücksichtigt. Doch auch diese bisher vernachlässigten Themenbereiche werden gerade mit der Untersuchung der Kunstwirkung und des Kunsterleben erschlossen.

1.3.1 Die magische Wirkung von Bildern: Die Besonderheiten bildhafter Bedeutungsvermittlung

Die ›Magie‹ der weiblichen Reize kommt nicht nur beim Anblick des natürlichen Frauenkörpers, sondern auch bei seinem Abbild zustande. Die ›Magie‹ des Heilungsrituals, die geheimnisvolle Wirkung der Werbung oder die Wirkung religiöser Kunstwerke – all das kommt über eine visuelle Kommunikation zwischen Künstler, Bild und Betrachter zustande. Die große Hochachtung vor der Kunst entsteht durch die geheimnisvollen Wirkungen, die Bilder auf uns haben. (Die Fotografen, wollten bald nach der Erfindung der Fotografie auch Künstler sein, ihre Bilder entfalten ebenfalls diese magische Wirkung.)

Wirklichkeitssuggestion Menschen glauben, was sie sehen. Der ungläubige Thomas möchte denn auferstandenen Christus sehen. Worte können lügen, aber was man selbst gesehen hat, das überzeugt. Insofern erschafft das Bild eine neue Wirklichkeit, zum Beispiel die Wirklichkeit von Himmel und Hölle. Man kann sich dann ›ein Bild davon machen‹. Der (Renaissance-)Künstler war für das Publikum wie ein Schöpfer-Gott, dem die Macht zugeschrieben wurde, solche neuen Wirklichkeiten entstehen zu lassen.

Allzu gern verwechseln wir das Bild mit der abgebildeten Sache. Im Mittelalter konnte man »in effigie« das Bild bestrafen, wenn man des Abgebildeten nicht habhaft werden konnte. Wir tragen das

Bild der geliebten Person in der Brieftasche, und so kann es uns ein wenig beschützen wie diese Person selbst. Das Bild des mächtigen Diktators darf nicht beschädigt werden. Im Schadenszauber werden Nadeln durch ein Abbild gestoßen (vgl. Freedberg 1989). Diese unsere Neigung, das Bild mit der Sache zu verwechseln ist erheblich. Ist es die Ähnlichkeit, die diese Neigung unterstützt? Was macht aber Ähnlichkeit aus? Das Wachsbild hat eine hautartige Oberfläche, es ist in einem Aspekt besonders ähnlich. Die Marmor- oder die Bronzestatue glänzt wie die menschliche Haut, steht aber isoliert im Raum. Das Bild – nicht so leicht die Skulptur – kann einen Sachverhalt in eine Szene einbetten und dadurch die größte Wirklichkeitssuggestion erreichen.

Geringe Bewusstheit Um die zweite Ebene der ›magischen‹ Wirkung von Bildern zu verstehen, müssen wir uns zunächst etwas eingehender mit der Arbeitsweise unseres Gehirns beschäftigen. Die Verarbeitung von Informationen aus Bildern und Worten findet in unterschiedlichen Gehirnzentren mit etwas unterschiedlichen Verarbeitungscharakteristika statt. Beim Rechtshänder verarbeitet normalerweise die rechte Hirnhälfte räumlich-bildhafte und die linke sprachliche Information. Das Bewusstsein, wie es unser Erleben begleitet, wird aber im wesentlichen von der linken Hälfte getragen.

Der rechtshemisphärische (bildhafte) Denkmodus unterscheidet sich von unserem bewussten verbalen Denken. Er ist traumartiger und ohne das übliche Zeitempfinden (Minuten vergehen subjektiv in Sekunden). Die Körpersprache, die menschliche Interaktionen ständig begleitet, erlaubt uns zwar, einen allgemeinen Eindruck von der Stimmung, von der Einstellung unseres Gesprächspartners zu gewinnen, einzelne Elemente dieser Bewegungs-Sprache bleiben aber fast völlig unbewusst. Jeder, der sich bei einem Gespräch einmal zurücklehnt und absichtlich auf die Körpersprache seiner Mitmenschen achtet, staunt, wie viel Information dort vermittelt wird. Entsprechende Kurse lehren die Bedeutung körpersprachlicher Elemente zu beachten. Irgendwie gelangen also über nonverbale Kommunikationen Informationen in unser Gehirn, ohne die kritischen Tore des Bewusstseins passieren zu müssen.

Ein Experiment von Sperry (1968)

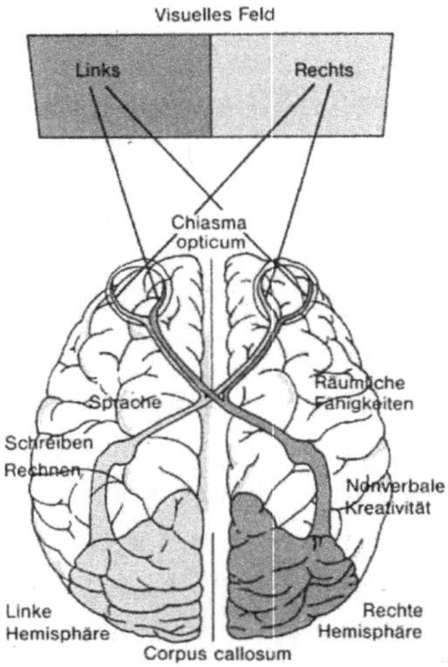

4 Schemazeichnung zur Funktionsweise des Gehirns

Bietet man in einer Versuchsanordnung (Abb. 4) nur jeweils einer Gehirnhälfte das Bild eines Gegenstands dar und fragt die Versuchspersonen, was sie sehen, so können sie das Wort nur dann nennen, wenn die Information der linken Hälfte eingespeist wurde, nicht aber, wenn sie der rechten Hälfte vermittelt wurde: Dann wirkt es auf das ›Bewusstsein‹ der Versuchsperson so, als habe sie nichts gesehen.
Sie kann aber dennoch aus einer Menge von Alternativen mit der linken Hand (die auch von der rechten Hälfte gesteuert wird) den gesehenen Gegenstand herausgreifen. Die Information, die in der rechten Hälfte verarbeitet wird, ist also nicht im gleichen Maße bewusst wie die Information, die sprachlich bzw. linkshemisphärisch verarbeitet wird.

Geheime Sprengstücke in kulturellen Überlieferungen In Märchen, in Mythen, in Romanen und auch in Gemälden werden Vorbilder für das Verhalten und Erleben gegeben, die wir erforschen müssen, wenn wir verstehen wollen, wie Menschen heute fühlen und handeln (s. o.). Die bildende Kunst transportiert solche Vorbilder besonders unbemerkt und daher auch unreflektiert, weil das bildhafte Denken nur wenig bewusst wird. In christlichen Darstellungen hat sich ganz unbemerkt das ägyptische Konzept der Vogelseele und das antike Konzept der Verstirnung der Seele erhalten (De Chapeaurouge 1995). Man sieht wie die Seele zu einem Sternenhaufen aufsteigt. Im heutigen Schlager kann die Zeile vorkommen »jede Seele findet ein Sternchen«, obwohl das Christentum einen – nicht weiter lokalisierten – Himmel vorsieht. Meine Oma, eine gläubige Frau, machte sich Gedanken, wie alle Seelen auf dem Mond Platz finden könnten. Sie folgte also in ihrem Denken – ganz ohne es zu wissen – der antiken Vorstellung von der Verstirnung der Seelen und nicht der christlichen Lehre vom Paradies.

Fokussierung In letzter Zeit kommen erstaunliche Phänomene ans Licht: Zuschauer sehen den Film eines Fußballspiels. In den Zuschauerrängen steht ein als Affe verkleideter Mensch auf, winkt und verlässt die Ränge. Kaum einer der Filmbetrachter bemerkt dies. Die Dinge, die im Zentrum der Aufmerksamkeit stehen – wie hier das Spiel – werden bewusst wahrgenommen. Daneben können sich dramatische Ereignisse abspielen, die aber gar nicht wahrgenommen werden (attentionale Blindheit). Vielleicht werden sie »unbewusst« aufgenommen, darüber sind bisher keine Informationen bekannt. Auf jeden Fall können wir verstehen, dass wir in Kunstwerken oder in Filmen bei jeder Betrachtung neue Dinge sehen können, je nachdem wie die Aufmerksamkeit fokussiert wird.

Nähe zu Emotionen und Körperprozessen Möglicherweise kann die rechte Gehirnhälfte stärker in Körpervorgänge eingreifen, sodass zum Beispiel die bildhaft vermittelte Überzeugung, die Krankheit sei aus dem Körper entfernt, den Erfolg des Heilungsrituals etwa eines Schamanen bewirken kann. So werden Bilder zur Herstellung von ›Magie‹ eingesetzt. Hier öffnet sich ein spannendes Thema: die Visualisierung des Magischen.

Schließlich werden durch Bilder, durch visuelle Reize instinktive Bereitschaften ausgelöst (diesem Thema ist im folgenden das Kapitel 4 gewidmet). Sexuelle oder Kampfstimmungen, Verehrung oder Appetit, all das wird durch visuelle Elemente der Umwelt gesteuert. Insofern greifen Bilder und Farben (z. B. von Nahrungsmitteln) ›magisch‹, also ohne dass bewusste Prozesse beteiligt wären, in unsere Stimmungen und Gefühle ein und können ebenso wie in der Werbung oder in der religiösen Kunst zur Manipulation von Stimmungen und Gefühlen eingesetzt werden.

Lange weiß man, dass sich Körperreaktionen auch konditionieren lassen. Pawlows Hunde reagierten nach einer gewissen Weile schon auf das Schüsselklappern vor der Fütterung mit einer Speichelabsonderung, die physiologisch eigentlich erst mit der Nahrungsberührung erfolgen kann. Diese Experimente lenken die Aufmerksamkeit bei der Konditionierung von Reaktionen gezielt auf Geräusche oder auch Worte. Aber Bilder, Signets, Markenzeichen, religiöse Symbole sind auch bedingte Reize, die nach einigen Koppelungen eine reflektorische Reaktion hervorrufen (Kröber-Riehl 1980). Entspannung und Ruhe beim Gebet können sich durch das Kreuz oder die Buddha-Statuen als konditionierte Reaktion wieder einstellen. Das Markensignet (etwa Coca-Cola) kann Durst (Trinkbereitschaft) auslösen. Auch auf dieser Grundlage können Bilder uns ›magisch‹ (d. h. wieder ohne bewusste Beteiligung) beeinflussen.

Mehrdeutigkeit Mit Worten lassen sich eindeutige Botschaften vermitteln. Mit Bildern ist das nicht so leicht möglich. Um das Abendmahl Michelangelos zu verstehen, müssen wir die biblische Geschichte kennen, ansonsten könnte man leicht denken, es mit einer aufgeregten Tischgesellschaft zu tun zu haben (Panofsky 1996). Im Bilde stehen Bedeutungen einfach nebeneinander. Verneinung oder Vergangenheitsformen sind nur schwer zu visualisieren, Konjunktive gar nicht. So bleiben Bilder mehrdeutig und der Betrachter kann seine subjektive Deutung finden. So lässt das Bild bzw. das Kunstwerk aber auch den nötigen Spielraum eigene Erfahrungen, Befürchtungen und Erwartungen in ihm wiederzufinden. Dadurch kann das Kunstwerk aber auch in hohem Maße persönlich bedeutsam werden.

Übergang zu bildhaftem Denken Bilder können den beschriebenen bildhaften Denkmodus anstoßen und lassen den Menschen zu bildhaften Tagträumen oder wenigstens Fragmenten von solchen Träumen wechseln. Manchmal wird der Betrachter geradezu aufgefordert, sich in die Bildwelt hineinzuversetzen. Im chinesischen Wandschirm etwa soll der Betrachter die ›Wanderung‹ an einer Stelle des Bildes beginnen und dann in der bildhaften Vorstellung weiter durch die Phantasielandschaft des Bildes wandern. Ich kenne Personen, die dies auch bei den Landschaftsbildern in den Museen der klassischen Kunst tun. So laden diese Bilder z. B. zu einer Wanderung durch die unberührte, aber auch noch stärker unkontrollierte Natur der vergangenen Jahrhunderte, wie sie sich auf Landschaftsbildern darstellt, ein. Stadtlandschaften scheinen in dieser Hinsicht sicherer, und so ist vielleicht die Bevorzugung von Stadtlandschaften durch weibliche Versuchspersonen zu erklären (Bernard 1972). Das Bild ›verzaubert‹ also die Person, indem es bildhafte Denkprozesse und den Erlebnismodus der rechten Gehirnhälfte anstößt.

Die Fähigkeit zu bildhaften Imaginationen wird gewöhnlich unterschätzt. In einer Therapieform, dem Katathymen Bilderleben (Leuner 1985, heute auch Katathym imaginative Therapie), aber auch in New-Age-Gruppen (Masters und Houston 1984) werden Phantasiereisen angeregt. Bei vollem Wachbewusstsein ist es möglich, tief in ein Bilderleben abzutauchen, das in starkem Maße psychotherapeutische Wirkung haben kann. Im Katathymen Bilderleben wird zum Beispiel eine Form der ›Hydrotherapie‹ angeboten (also des imaginativen heilenden Umgangs mit Wasser), die allein deutliche Verbesserungen bei Klienten erzielte. Jedes Betrachten von Bildern mit reinen Quellen und von badenden Mädchen und Jungen im reinen Wasser oder auch von Taufszenen kann solche Phantasien anlaufen lassen, die dann Erholung, Erfrischung, aber auch Verwandlung bewirken können. Dies ist dann auch eine ›magische‹ Wirkung der Kunst.

1.3.2 Künstlergenies und Künstlermagier

Aus den Merkmalen der Bildkommunikation, aus der Wahrheitssuggestion des Bildes und der nur halb-bewussten Kommunikation heraus wird der Künstler anscheinend zum Zauberer und daher als Genie verehrt, das Übermenschliches schaffen kann. Die Künstler selbst empfinden ihre Mittel (z. B. die Möglichkeit, illusionistisch eine neue Wirklichkeit zu erzeugen) natürlich weniger magisch. Sie haben das in der Vergangenheit von ihren Lehrmeistern durch das Kopieren gelernt. Darüber hinaus ist es aber natürlich verführerisch, die Rolle des Zauberers aktiv zu übernehmen und weiter zu entwickeln. Die eigenen Mittel werden gern dabei verheimlicht. Franz von Stuck z. B. fotografierte insgeheim seine Bildentwürfe und malte dann nach den Fotos. Im Keller seiner Münchner Villa entdeckte man nach seinem Tod das Fotostudio und viele der Fotos, die ihm als Vorlagen gedient hatten.

Künstler suchten Mittel, diese magische Wirkung auf das Publikum zu verstärken. Entsprechend könnten Übernahmen aus der afrikanischen Kunst als ›Magieverstärker‹ verstanden werden. In den Aktionen von Beuys wird nicht nur ein Bild, sondern das gesamte schamanistische Ritual übernommen. Künstler bedienten sich dazu z. B. des geheimen Wissens der esoterischen Kreise wie etwa die Symbolisten (u. a. Fernand Khnopff), oder sie versuchen das neueste, noch nicht verbreitete Wissen einzusetzen wie seinerzeit die Surrealisten, die sich die Psychoanalyse zunutze machten. Manchmal führen solche Versuche zu nichts, wie die Anwendung der Relativitätstheorie in der Kunst. Andere Versuche etwa, so die Umsetzung der neuen Chaosmathematik, sind im Gang.

Den Psychologen könnte dabei interessieren, wieweit die Genieverehrung und die Möglichkeit zum Magier oder Zauberer zu werden, Menschen mit hohem Geltungsstreben anzieht. Auf der anderen Seite gewinnen die vielen Hobbykünstler aus dem hohen Ansehen der Kunst Selbstvertrauen und neue Zuversicht.

KUNSTPSYCHOLOGISCHES PRAKTIKUM

Am Ende der Kapitel dieses Buches finden sie Anregungen für praktische Aufgaben. Dabei werden die beschriebenen Phänomene erlebbar oder es ergeben sich interessante Anwendungen. Mit solchen Aufgaben wäre der Kunstunterricht problemorientierter. Kreative Hobbys lassen sich bei einigen der Aufgaben auf neue Weise fundieren.

A Erforschen Sie den Kunstbegriff ihrer Freunde und Bekannten. Wenn man fragt: »Was ist Kunst?« bekommt man meist eingeübte Antworten; z. B. »das kann man gar nicht sagen«, »das ist, was mir gefällt«. Wenn man aber bei bestimmten Werken fragt: »Ist das für Dich Kunst?« lernt man die Grenzen des Kunstbegriffes besser kennen. Zählen ihre Befragten z. B. auch rein abstrakte Werke dazu?

B Beobachten sie die Fokussierung der Wahrnehmung: Stellen Sie in ihrer Wohnung einen Schmuckgegenstand weg oder tauschen sie ein Wandbild aus. Wie lange dauert es, bis die Mitglieder ihres Haushaltes das bemerken?

C Lassen Sie sich ein interessantes Bild, das an ihrer Wand hängt, erklären. Was ist abgebildet? Wie kommt es zu der dargestellten Situation? Und wie wird es weitergehen? Sie werden über die große Unterschiedlichkeit der Antworten staunen. So können sie einen Eindruck von der Mehrdeutigkeit der Bildkommunikation bekommen.

2 Wahrnehmungspsychologie und Kunstpsychologie

Im Zuge unserer täglichen Wahrnehmung kommt es keinesfalls zu »Bildern«. Das Auge schweift über verschiedene Gegenstände, die nur ganz vage und unscharf wahrgenommen werden (schweifender Blick, Gombrich 1984). Interessante oder auffallende Dinge werden fixiert, das können ganz kleine Details sein, wie eine Fliege oder große Gegenstände wie der Kölner Dom. Weil das gesehene Feld nur in einem ganz kleinen Bereich scharf ist, kann der Dom aber gar nicht in einem Blick erfasst werden, sondern muss mit verschiedenen Blicken abgetastet werden, aus denen dann die Gesamterscheinung des Doms zusammengerechnet wird.

2.1 Von der Wahrnehmung zum Abbild

Die naturalistische Abbildung war in vielen Epochen der Kunst ein wichtiges Ziel und ein Teil der Fortschrittsdefinition der Kunst (Gombrich 1978). Die Renaissance-Künstler kultivierten die Zentralperspektive und glaubten, so den biblischen Geschichten und den Überlieferungen der Kirche eine noch höhere Überzeugungskraft zu verleihen. Von damaligen Zeitgenossen wird berichtet, dass sie bei derartigen Darstellungen einer ›Realitätssuggestion‹ unterlagen, die wir heute kaum noch nachvollziehen können.

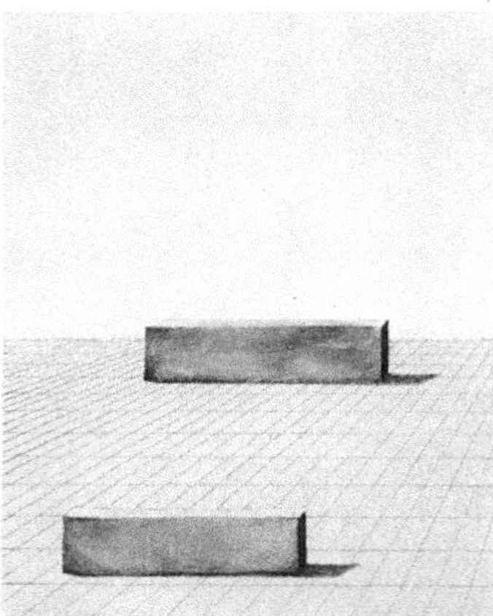

5 Obwohl beide Balken gleich lang sind, interpretiert man beim Wahrnehmen den hinteren Balken als den längeren (Zeichnung Bernard P. Woschek)

6 Die Fotografie gibt die Reizverhältnisse wieder: Die Türme des Doms streben zueinander; in der aktuellen Wahrnehmung wirken sie parallel (wie es der Wahrheit, aber nicht dem optischen Eindruck entspricht).

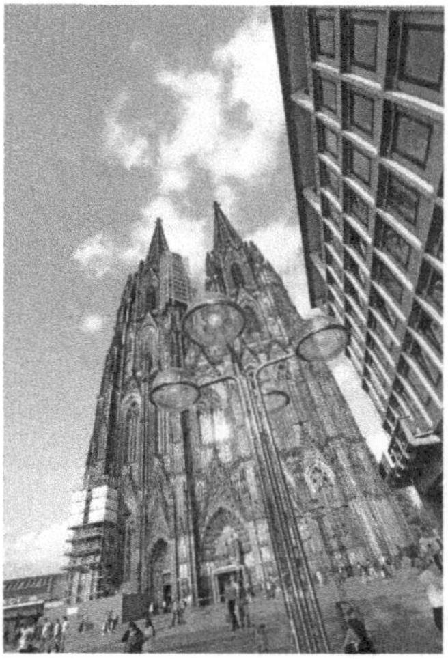

Das »Abmalen« eines räumlichen Motivs ist allerdings keine triviale Aufgabe. Das Netzhautbild steht anscheinend nicht in der Art einer Fotografie zur Verfügung, von der man die Linien nur nachziehen müsste, um eine korrekte Abbildung zu erhalten.

(Die Wahrnehmung überlisten) Geht es darum, richtig hinzuschauen, das »Sehen zu lernen«, wie Arnheim (1979) einmal in einem Beitrag forderte, oder geht es darum, das normale Sehen zu verlernen, wie Pratt (1985) zu belegen versuchte?

Maler bedienen sich verschiedener Hilfsmittel, die auf Probleme beim Umsetzen einer Seherfahrung in ein flächiges Bild hinweisen. Mit Pinsel oder Stift wird die relative Größe eines Details der Szene gemessen. Ohne Stift würde man die Größe also falsch einschätzen. Tatsächlich verhindert der Mechanismus der Größenkonstanz ein korrektes Einschätzen der relativen Ausdehnung. Ein Objekt wird fern oder nah relativ ›gleich groß‹ gesehen, obwohl dramatische Unterschiede der Größe im Wahrnehmungsfeld existieren. Auf diesem Phänomen basiert der überraschende Effekt der Abbildung 5.

Verkürzungen, wie sie etwa auf einer Fotografie der Türme des Kölner Doms zu sehen sind (Abb. 6; die Türme scheinen zusammenzustreben), werden im Prozess der Wahrnehmung ›unterschlagen‹, weil sie der ›wirklichen‹ Form des Objekts nicht entsprechen. Erst ein Messen mit Stift oder Quadratraster erlaubt eine Einschätzung des wahren Linienverlaufs.

Der Blick durch gerußte Scheiben erlaubt es die grobe Helligkeitsverteilung der Szene richtig einzuschätzen.

Die Objekterkennung ausschalten Die Wahrnehmung besteht nicht nur aus Daten des Netzhautbildes, sondern auch aus Erfahrungen wie zum Beispiel Erinnerungen an Formen. Die Gesamtwahrnehmung setzt sich dann aus Gesehenem und Erinnertem (Top-down-, Bottom-up-Analyse) zusammen. Der neue Pullover, das neue Kleid wird gar nicht wahrgenommen (»Fällt Dir gar nichts an mir auf?«), weil die Datenanalyse bereits sehr schnell abgeschlossen war (Ergebnis: die Person ist meine Frau/Freundin) und dabei ›Erinnerungswerte‹ überwogen. So spielt beim Sehen auch die Erinnerungsfarbe eine große Rolle. Wird ein weißes Haus auf eine gelbe Leinwand projiziert, sieht man es doch weiß. Die Impressionisten setzten in ihren Bildern erstmals bewusst ›farbige‹ Schatten ein, die dem Publikum zunächst nicht naturalistisch vorkamen, weil sie zwar vorhanden sind, im konzeptgesteuerten Prozess der normalen Wahrnehmung aber unterdrückt werden. Die prägende Kraft von ›Erinnerungswerten‹ lässt sich bei der bildnerischen Wiedergabe optischer Reize häufig beobachten: Im Gesicht des Löwen werden Augenbrauen wahrgenommen (Abb. 7), die wohl dem Gesichts-

7 Das Antlitz des Löwen trägt menschliche Züge. Der Maler hatte kein Schema für einen Löwen (bearbeitete Wandmalerei aus der Orangerie des Klosters Melk)

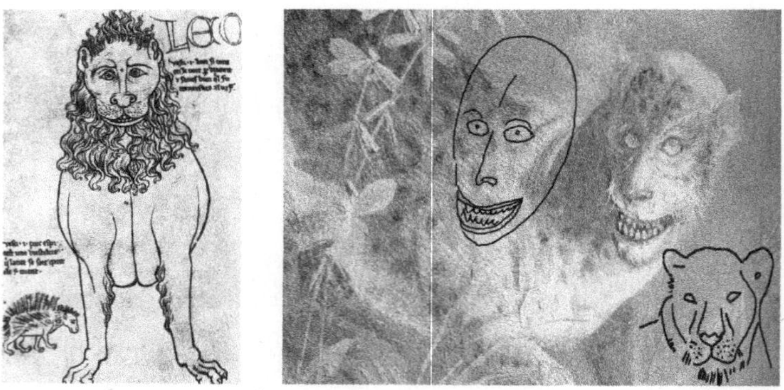

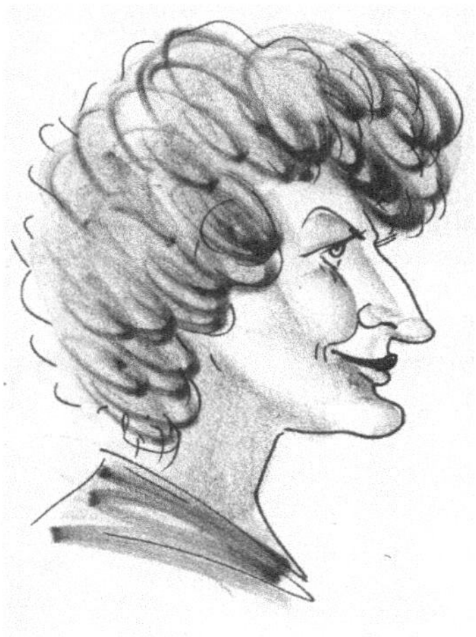

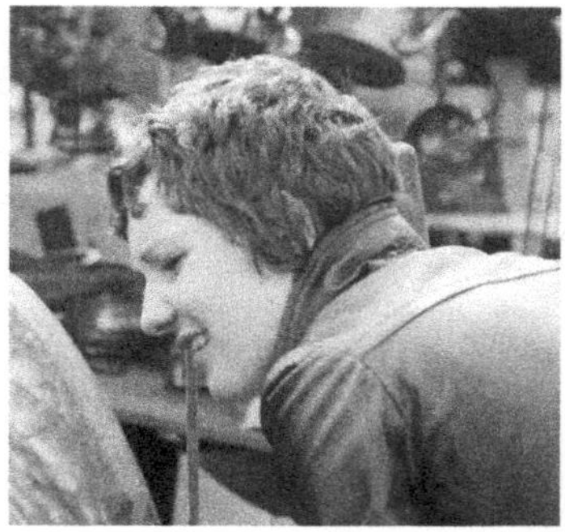

8 Der römische Porträtist zeichnet eine »typische Römerin«, entsprechend seinen Zeichenschemata

schema entsprechen, in der visuellen Erfahrung jedoch nicht vorkommen (Gombrich 1960 und 1989).

Das Betrachten der Szene durch ein Fenster, das in kleine Quadrate eingeteilt ist, die einzeln jeweils nur noch bedeutungslose Linienverläufe enthalten, ist eine Maßnahme von Malern, um den normalen, auf eine Bedeutungsextraktion ausgerichteten Prozess der Wahrnehmung zu unterbrechen.

Der römische Porträtmaler zeichnet die Touristin wie eine Römerin, weil er diesen Gesichtstyp gespeichert hat (Abb. 8).

Geometrisierung Möglich ist auch, die komplexe wahrgenommene Form auf einfache geometrische Formen zu reduzieren, die sich der Maler merken kann und diese dann in einer korrekten Darstellung auf dem Zeichenblatt zu sichern.

Schemata Das alles reicht aber noch nicht aus, um zu einer richtigen Einschätzung der gesehenen Form zu gelangen. Künstler entwickeln für spezielle Malaufgaben Schemata, zum Beispiel Schemata der Körperhaltungen und der Kopfhaltungen oder Schemata, mit denen ein Gesicht dargestellt werden kann. Diese Schematisierung kann jedoch zu charakteristischen Fehlern führen, wofür hier das fliehende Kinn zahlloser Madonnengesichter, verursacht durch ein zugrunde liegendes ovales Gesichtsschema (Abb. 9) als Beispiel dienen mag. Die wirkliche Kontur ist zu differenziert, sie muss vereinfacht werden, was aber erst durch strukturelle Kenntnis über den Gegenstand, hier der menschliche Körper, möglich wird. Auch die Annahme, die Wirbelsäule verlaufe in der Mitte des Halses, führte zu typischen Fehldarstellungen. Insofern ist die Anatomiestudie tatsächlich für den Maler eine wichtige Voraussetzung zur Darstellung des Muskelspiels. Wenn ›falsche‹ visuelle Erwartungen bzw. Erinnerungen aufgerufen werden, kann keine ›richtige‹ Wahrnehmung erfolgen. Laien bleiben meist in der schematischen Malweise der Kinder stehen, weil sie die Tricks nicht kennen und die Techniken nicht beherrschen, aus dem Wahrgenommenen jene Informationen zu extrahieren, die sich zum Malen eignen. Kinder bemühen sich kaum, auf ein Modell zu blicken, sie wissen, dass sie so nicht weiterkommen.

Der naturalistische Maler muss also besondere Formen des Sehens entwickeln, aber auch über spezielle Aufnahmeschemata für Motive und ein bestimmtes Denken über das Gesehene verfügen, um eine Reizgrundlage schaffen zu können, die für andere zu einer naturalistischen Seherfahrung führt.

Einige Maler mit Beeinträchtigungen der Wahrnehmung mögen davon profitiert haben, dass sie die normale Wahrnehmung leichter

9 In der Malausbildung wurden Schemata vermittelt, die helfen sollten, einen menschlichen Kopf zu zeichnen. Diese konnten zu charakteristischen Fehlern führen, zum Beispiel zu einem fliehenden Kinn (Pieter Camper, Die Proportionen des Kopfes, 1794)

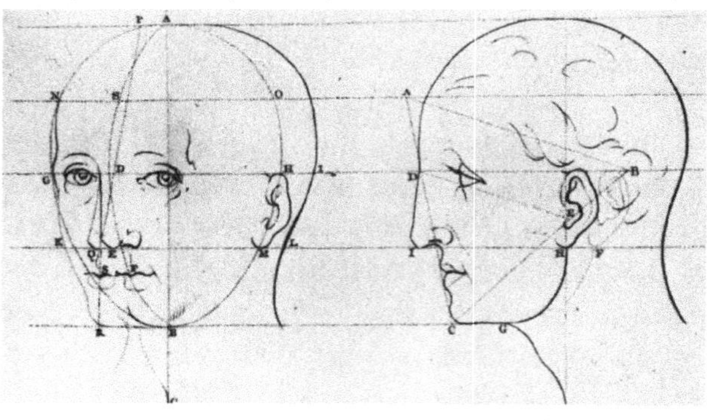

ausschalten konnten. Von Cézanne und Renoir ist bekannt, dass sie sich trotz fehlerhaften Sehens weigerten, eine Brille zu tragen (Trevor-Roper 1970).

Heute werden solche Aufgaben natürlich durch die Möglichkeiten der Fotografie unterstützt, die Vorlagen bieten kann. Maler wie Zille oder Liebermann haben sehr früh diese Möglichkeiten genutzt.

Aus diesem Blickwinkel wird verständlich, dass die Künstlerausbildung (der vergangenen Jahrhunderte) auch nicht allein aus einem Studium der Natur bestehen konnte, sondern vielmehr und zwingend aus einem Studium der bereits vorhandenen Kunst und der schon entwickelten Darstellungsmittel. Beim Kopieren lernt der Schüler, wie der jeweilige Meister bestimmte Seherfahrungen umgesetzt hat, sodass sie naturalistisch wirken.

2.2 Maler lernen ein Zeichensystem

Auch wenn die Linie der Zeichnung die visuelle Kontur simuliert, so ist doch die Linie ein Element, das der Natur nicht abgeschaut ist. Die Erscheinungen der Szene können mit verschiedenen ›Grundbausteinen‹ in ein Bild umgesetzt werden. Die Fotografie, die in unserer Einschätzung objektivste Umsetzung, verwendet Punkte, wie die Pointillisten es mit einem gröberen Raster taten. Der Stecher verwendet Linien und Schraffuren; der japanische Zen-Maler setzt Tusche-Striche und zarte lavierte Flächen ein. Jede dieser Umsetzungsformen hat wieder typische Möglichkeiten und Mängel.

Mit der japanischen Tuschetechnik lässt sich der gerade aufsteigende Nebel über einem Bergdorf darstellen, dagegen eignet sich die Technik des Kupferstiches sehr gut für detailreiche Stadtansichten.

Auch Zeichen ›höherer Ordnung‹ lassen sich ausmachen. Die Muster, wie ein Baum oder Berg gemalt werden, unterscheiden sich in der asiatischen und der europäischen Malerei (Abb. 10, 11), und dennoch wirken beide Arten von Bäumen naturalistisch. Es ist die Relation der einzelnen Zeichen, die decodiert wird, ähnlich wie bei den aus Buchstaben zusammengesetzten Menschendarstellungen oder Gesichtern aus Früchten (Farbabb. 1).

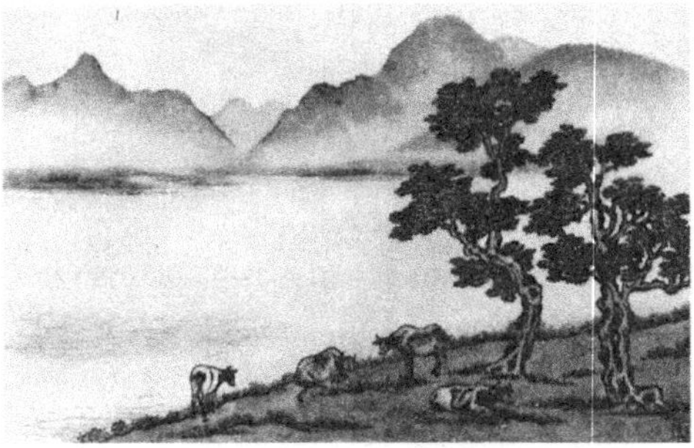

10 Der Derwentwater See, gezeichnet von einem chinesischen Künstler (Chiang Yee, Kühe am Derwentwater See, 1936, Tuschezeichnung)

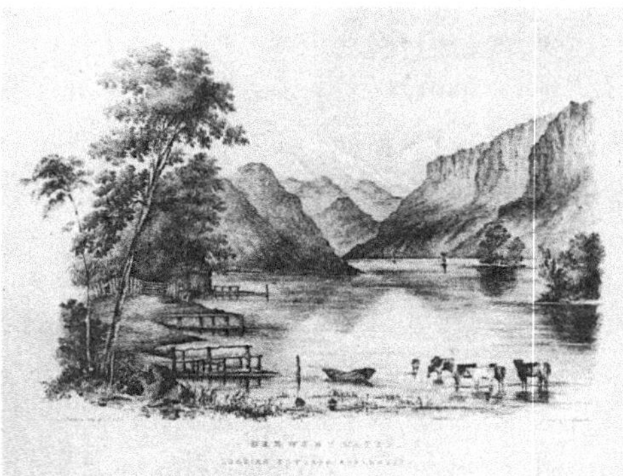

11 Der Derwentwater See aus europäischer Sicht (anonyme Lithografie von 1826)

Je mehr dies zum Bestandteil des künstlerischen Wissens wird, um so mehr können Künstler auch mit den Wahrnehmungen der Betrachter spielen. Ein einziges ausgemaltes Detail reicht aus, um die Illusion einer sehr genau wiedergegebenen Szene entstehen zu lassen (Et-cetera-Prinzip). Weil der Betrachter Helligkeitswerte (und wie man im Folgenden sehen wird auch Tiefenrelationen) nicht korrekt über das ganze Bild verrechnen kann, wird die Illusion einer aufsteigenden Helligkeitsreihe durch lokal jeweils steigende Helligkeitswerte erreicht (Abb. 12; Hochberg und Peterson 1989).

(Farbwahrnehmung, Farbgestaltung) Bei der Farbwahrnehmung mischt sich das Wissen von der typischen Farbe ebenfalls ein (Objektfarbe). Dass die Rasenfläche einen grünen Schatten auf die weiße Hauswand wirft, konnten erst die Impressionisten sehen und malen. Es kommt ein weiterer Faktor hinzu, der die Farbwahrnehmung erschwert. Farbflächen der Szene beeinflussen sich gegensei-

12 Die Helligkeit auf dem Bild scheint von links nach rechts anzusteigen, obwohl sie dies tatsächlich nur innerhalb begrenzter Bildabschnitte tut (nach: Georges Seurat, Die schwarze Schleife, um 1882, Conte-Kreide, 31 x 23 cm)

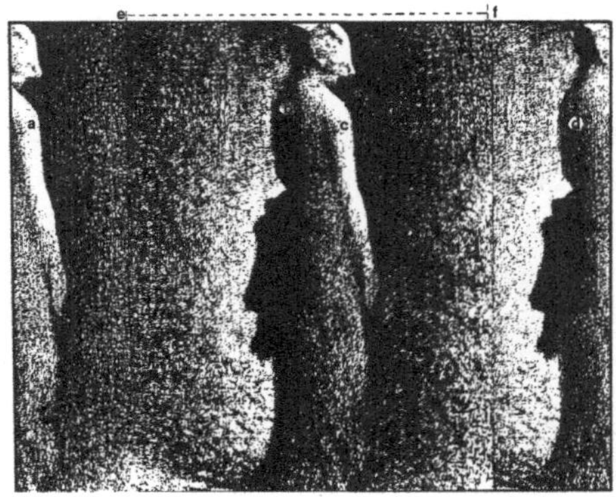

tig. Unter einem großen Feld blauem Himmel ist das Grün eines Baumes ein anderes als unter einem grauen Himmel. Das gleiche rote Fenster scheint in einer blauen Fassade ein anderes Rot zu haben als in einer gelben Fassade. Das liegt an der Ermüdung der Neuronen, die für das Farbensehen zuständig sind. Wird das Rot-System ermüdet erscheinen die Objekte jetzt eben mehr grün zu sein (Verschiebung zur Komplementärfarbe). Das hat auch erhebliche Konsequenzen beim Malen von Bildern (vgl. die Aufgabe des Fotopraktikums und Farbabbildung 14).

2.3 Das Staunen über die Wahrnehmung

So werden Künstler früh zu Wahrnehmungsforschern, die genau wissen, wie sie die Mechanismen der menschlichen Wahrnehmung überlisten. Dieses Wissen setzen sie für illusionistische Effekte in der Malerei ein, aber auch, um den Betrachter über die eigene Wahrnehmung staunen zu lassen.

Vexierbilder, irreführende Suchbilder, die zwei verschiedene Motive anbieten, aber je nach Sichtweise nur das eine oder das andere erkennen lassen, gehörten schon vor Jahrhunderten zum Schatz hochherrschaftlicher Kunst- und Wunderkammern. Bereits aus der Antike sind in Bodenmosaiken Kippfiguren in der Art des Neckerschen Würfels bekannt (Abb. 13). Solche Bilder lassen aus der heutigen Sicht der Wahrnehmung die konzeptuellen Anteile dieses Vorgangs deutlich werden. Dasselbe Element kann ein Berg oder ein

Krater eines Mondes sein, je nachdem welche Erwartung, welches Konzept der Betrachter an die Reize heranträgt. Die Relation der Elemente erlaubt dann zwei Abbildungsbedeutungen.

Die Op-Art nimmt sich speziell der optischen Täuschungen an, und manche dieser Bilder könnten aus den Lehrbüchern der Wahrnehmungspsychologie stammen. Josef Albers demonstriert mit seinen farbigen Quadraten den Einfluss der Umgebungsfarbe auf die Wahrnehmung der Farbtöne der gleichen Farbe im Zentrum der Quadrate. Der Effekt dieser Kunst liegt im Staunen über die Täuschung, im philosophischen Erlebnis der Subjektivität der Wahrnehmung.

M. C. Escher (früher aber auch schon Hogarth und Piranesi) operiert mit der mangelnden Integration räumlicher Relationen an verschiedenen Stellen eines Bildes. Er erzeugt paradoxe Wahrnehmungen. Treppen, die gleichzeitig immer hinauf- und immer hinunterlaufen, oder eine Gabel, die am Ausgangspunkt zwei, vorn aber drei Zinken hat (Abb. 14). Legt man die kritischen Stellen näher aneinander, kommt es zu einer gemeinsamen Verrechnung der Tiefenrelationen, und der Ursprung der paradoxen Wahrnehmung, der ›Fehler‹ der Darstellung wird verstehbar: Oben ist die Zeichnung schlüssig mit zwei Balken, unten endet sie schlüssig mit drei Balken. Etwa auf halber Höhe ›kippen‹ die Stellen, die aus der Logik des unteren Teils eigentlich Leerräume hätten sein müssen.

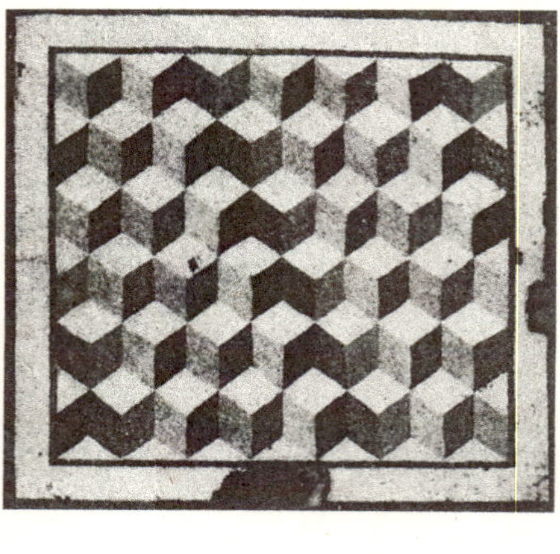

13 Antike Bodenmosaiken zeigen zuweilen Kippfiguren in der Art des Neckerschen Würfels (Fußbodenmosaik Antiochia, 3. Jahr-hundert)

14 Bei der Zeichnung nach M. C. Eschers Teufelsgabel scheinen drei Zacken unten aus zwei Balken oben zu entspringen

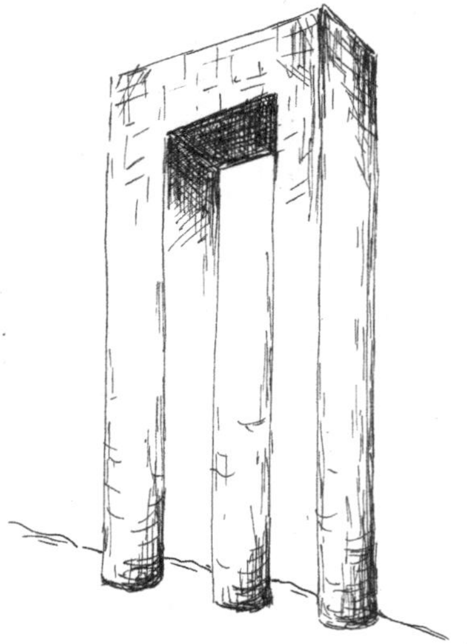

Auch Salvador Dalí hat solchen Effekten intensive Aufmerksamkeit geschenkt und in seinen Bildern oftmals das Prinzip von Figur und Grund eingesetzt. In der Wahrnehmung wird in einem ›visuellen Kurzzeitspeicher‹ eine Gruppe von Linien und Zeichen, die zu einer Bedeutung addiert werden können, als Figur aus einem diffusen, nicht weiter analysierten Hintergrund hervorgehoben. Wenn nun anders als meist in der natürlichen Wahrnehmung auch der Hintergrund sich als Figur eignet, also ebenfalls eine Bedeutung anbietet, kann es zum Kippen von Figur und Grund kommen, und das Prinzip der Fokussierung der visuellen Aufmerksamkeit auf wenige Elemente der visuellen Szene wird deutlich.

Solche Spielereien mit der Wahrnehmung sind in der zeitgenössischen Kunst etwas zurückgetreten, aber auch dort gelegentlich vorhanden. Wenn Richard Long Stein-Arrangements im Himalaja auslegt, die gerade an der Grenze des Zufälligen den Blick einhalten und die Regelmäßigkeit nur leicht anklingen lassen, so wird auch auf einen ganz ursprünglichen Wahrnehmungsmechanismus abgehoben (der gleichsam an der Schwelle verharrt). Es handelt sich um die Entdeckung von Regelmäßigkeit bzw. Unregelmäßigkeit (Gombrich 1979: brake spotter).

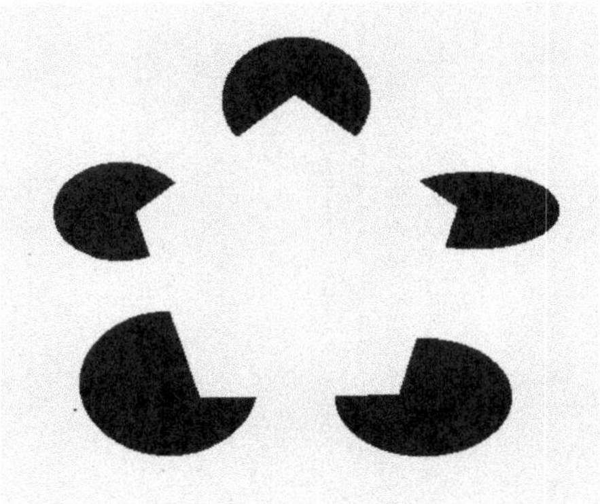

15 Das Pentagramm scheint von einer Linie umgeben zu sein

2.4 Historische Bedingtheit der Wahrnehmung und individuelle Wahrnehmung

Grundlegende Fähigkeiten der Wahrnehmung von Bildern scheinen sich aber von selbst zu entwickeln. Hochberg und Brooks (1962) prüften, ob ein Kind, das bis zu seinem 19. Monat keine bildlichen Darstellungen gesehen hatte, einfache Linienzeichnungen erkennen konnte. Tatsächlich war es dazu in der Lage.

Das ist schon deshalb erstaunlich, weil in der visuellen Welt Objekte nicht durch Linien begrenzt sind. Manchmal gibt es starke Helligkeitskontraste zum Hintergrund, manchmal auch nicht. Dies macht sich störend beim Erkennen von Objekten auf Fotografien bemerkbar. Wenn man aber das wirkliche, sich bewegende Objekt sähe, zöge man in Gedanken eine Linie um den sich gleichförmig vor einem Hintergrund bewegenden Teil. Die Linie scheint also eine Konstruktion im Lauf des Wahrnehmungsprozesses zu sein. Sie ist nicht selbst im visuellen Feld vorhanden, sondern stellt eine Verarbeitungsstufe des natürlichen Bildes dar und kann so ein natürliches Bild simulieren. Im Kanisza-Dreieck kommt es an der Stelle zur illusionären ›Wahrnehmung‹ einer Linie, an der vor schwarzen Kreisen ein angedeutetes Dreieck verlaufen würde: Hier wird besonders deutlich sichtbar, dass die Linie ein Verarbeitungsprodukt im Laufe der Wahrnehmung ist und nicht Element des visuellen Feldes (Abb. 15; Variation des Kanisza-Dreiecks).

Kennedy (1985) hat blinde Kinder mit einem Stift zeichnen lassen, der eine Erhebung zurücklässt. Zeichnen diese Kinder ihre nur durch Tasteindrücke erfahrene Welt nun anders als sehende Kinder? Nein, blinde und sehende Kinder zeichnen ganz ähnliche Bilder (Abb. 16). Die Linie markiert Objektkanten – Grenzen, die auch ertastet werden – und Unstetigkeiten im Verlauf von Oberflächen. Es scheint auch nach diesen Beobachtungen, als sei die Linie in der mentalen Konstruktion der Welt ein Hilfsmittel, das von der visuellen Wahrnehmung unabhängig ist.

Wenn Künstler wie zum Beispiel Bernard Buffet oder Max Beckmann oder auch naive Maler mit schwarzen Konturen arbeiten, so erleichtern sie damit die Wahrnehmbarkeit ihres Bildes und erzeugen eine angenehme Wahrnehmung (Empfindung: schön).

Weitergehende Geschicklichkeiten beim Erkennen von Bildern müssen aber gelernt werden. Deregowski (1980) berichtet, dass die Projektion eines Dias mit Elefanten eine Gruppe von Afrikanern in Panik versetzte. Ich selbst habe einige kleine Kinder (zwei bis drei Jahre) beobachtet, die die abgebildeten Spielzeuge aus dem Katalog herausnehmen wollten. Die Afrikaner und die Kinder können also in diesem Fall den Unterschied zwischen Bild und Realität nicht erkennen.

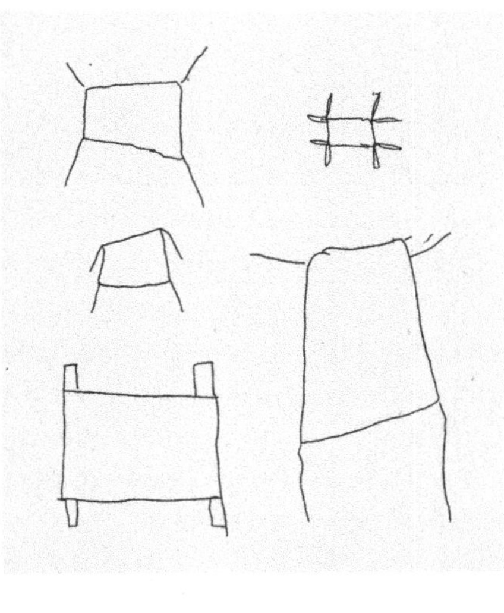

16 Blinde Kinder zeichnen kaum anders als sehende Kinder

Das Erkennen von Tiefe in Bildern und das Herauslösen von Details bedarf des Lernens und der Übung, ebenso wie das Lesen von Diagrammen und von vielen Piktogrammen in unserer Umwelt, sodass man von einem visuellen Alphabetentum sprechen kann, das sich im Lauf des Lebens in einigen Kulturen bildet, in anderen nicht.

Wir haben gesagt, dass die Wahrnehmung nicht allein aus der Analyse der Reize besteht, sondern dass an die Reize gespeicherte Kenntnisse herangetragen werden. Je nach seiner Erwartung wird der Betrachter also unterschiedlich wahrnehmen. So hatten die Maler jahrhundertelang eine bestimmte Vorstellung von der Bewegung der Pferdehufe, etwa beim Trab. Tatsächlich, dies ergab dann später die Fotografie, bewegen sich Pferde ganz anders. Nun ist die Bewegung der Hufe so schnell, dass man sie kaum auflösen kann: Das gespeicherte Wissen setzt sich deshalb in diesem Wahrnehmungsfall stärker durch. Das Beispiel zeigt aber, wie die Wahrnehmung von der Erwartung beeinflusst wird.

Nun ändert sich das Wissen der Menschen mit der Zeit. Die eine Epoche hat also möglicherweise andere Wahrnehmungserwartungen als frühere oder spätere Epochen. Bilder aus dem Mittelalter erstaunen uns vielleicht durch die Hässlichkeit der Gesichtsformen. Dem damaligen Betrachter kam es jedoch bei der Beurteilung der Schönheit auf andere Merkmale an als uns heute, zum Beispiel auf eine hochangesetzte Nase und einen weiß-rosigen Teint.

Große Schwierigkeiten hatten die Maler mit der Darstellung bewegter Gesichter und der individuellen Gesichtsform, und von den meist unbewegten Gesichtern in der mittelalterlichen Kunst zu den ausdrucksvollen Gesichtsstudien eines Honoré Daumier ist es nicht nur zeitlich ein weiter Weg (Abb. 17). Daumier entwickelte einen Formensatz für bewegte Gesichter, der dann in die Wahrnehmungskonzepte der Zeitgenossen überging. Insofern erweitert die Kunst das Repertoire visueller Begriffe und verändert und bereichert die Wahrnehmungsfähigkeiten der Menschen. Das bedeutet aber auch, dass Kunst zu verschiedenen Zeiten unterschiedlich gesehen und in der Konsequenz unterschiedlich bewertet wird. Obwohl die Impressionisten zu Beginn stark abgelehnt wurden, hatte das Publikum

17 Honoré Daumier hat sich intensiv um Mimik und den individuellen Gesichtsausdruck bemüht (Honoré Daumier, Zwei Studienköpfe, Federzeichnung, 15,8 x 18,2 cm, Budapest)

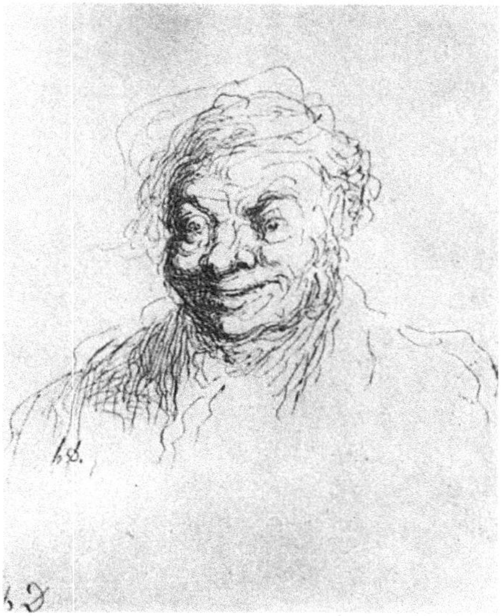

bald die notwendigen Wahrnehmungskonzepte gebildet, um die in gewisser Weise nun noch naturalistischere Malerei schätzen zu können. Dies ist möglicherweise Initialpunkt und Anfang der Saga vom Avantgardekünstler, der erst später anerkannt wird (was natürlich in späteren Epochen keineswegs immer der Fall war).

So entwickeln sich also mit der Zeit nicht nur die Stile, die jeweils eine einheitliche Formensprache zur Umsetzung der Szene in den Bildraum verwenden, sondern auch die Wahrnehmungserlebnisse des Publikums verändern sich historisch.

Ein weiteres Beispiel soll demonstrieren, wie Wahrnehmung gelernt werden muss und dass erst die geeigneten Konzepte eine angepasste Wahrnehmung erlauben. Wenn wir nach Afrika oder Asien kommen, erscheinen uns zunächst alle Afrikaner gleich. Erst nach einiger Zeit beginnen wir – wie von selbst – individuelle Unterschiede zu erkennen. Den Asiaten und Afrikanern geht es mit den Weißen natürlich genauso, wenn sie erstmals nach Europa kommen. Wie kommt das?

Die typischen Gesichtsmerkmale von Afrikanern werden bei unserer Einstufung immer Extremwerte erhalten, zum Beispiel extrem braun, extrem breite Lippen, extremes Kraushaar. Sie liegen absolut am oberen Ende dessen, was man in Europa gewöhnt ist. Man muss nun erst lernen, im Extrembereich neue Differenzierungsmöglichkeiten zu finden, sozusagen die Messskala weiter aufzufächern. Vermutlich ist auch auf andere Merkmale zu achten. Es kommt uns manchmal erstaunlich vor, wenn Tierpfleger oder Verhaltensforscher Tierindividuen erkennen können, für uns aber ein Tier wie das andere aussieht. Hier ist es oft eine Frage des richtigen Merkmals, wie etwa die Schwarz-Weiß-Zeichnung des Fells, um die Unterscheidungen leicht treffen zu können. Erst wenn wir dann die richtigen ›Feineinstellungen‹ haben, gelingt die Wahrnehmungsaufgabe.

Die Veränderung der Wahrnehmung in der Zeit führt dazu, dass sich auch Schönheitsurteile historisch ändern, was in der Kunst zum Ausdruck kommt. Der Umgang mit Kunstgegenständen wird wiederum eine Veränderung der Schönheitsbeurteilung bewirken. Fast jeder von uns erinnert sich an die naive Begeisterung des Kleinkindes angesichts des schön-bunten und beleuchteten Plastikkitsches auf der Kirmes. Später werden Konzepte und Assoziationen entwickelt, die diese Empfindung nicht mehr erlauben.

2.5 Wahrnehmung und das Empfinden von Schönheit

Jede Wahrnehmung ist so unmittelbar mit der Empfindung ›schön‹ oder ›hässlich‹ verknüpft, dass es naheliegt, die Ursachen für dieses Urteil im Prozess der Wahrnehmung selbst zu suchen. Oben wurde angedeutet, die schöne Szene sei leicht wahrzunehmen, die hässliche weniger leicht. Die folgenden Beispiele sprechen für diese These (wenngleich mit einer solchen Bestimmung noch nicht alles, was zum Schönheitsempfinden beiträgt, erfasst ist vgl. Kapitel 5).

Der graue, nebelverhangene Tag, an dem wir uns schlechter orientieren können, wird gewöhnlich als deprimierend, hässlich empfunden, wie die kontrastarme Fotografie, die an einem solchen Tag entsteht. Unschön ist es auch, wenn Telegrafendrähte die Objekterkennung erschweren. Auch Schmutz kann die Objektanalyse behindern und wird entsprechend als hässlich empfunden.

Die schönen Kunstwerke der Architektur dagegen kommen der menschlichen Wahrnehmung entgegen. Sie sind vielfältig symmetrisch und in einfachen Proportionen gebaut. Eine zur Mittelachse symmetrische Gliederung vergrößert das Blickfeld insofern, als die für den linken Teil erarbeitete Analyse auch für den rechten gilt; die Wahrnehmung eines Fensters erleichtert auch die Wahrnehmung des nächsten.

Schöne Bauwerke müssen in der Gliederung den Notwendigkeiten der Wahrnehmung entgegenkommen. Die einfache, aber ungegliederte Hochhausfassade erschwert die Wahrnehmung. Wie bei

Der Goldene Schnitt

Eine spezielle Proportion, die als besonders harmonisch gilt, ist der Goldene Schnitt. Es handelt sich um eine Längenteilung von 1:0,618... Allgemein ausgedrückt verhält sich die gesamte Strecke (AB) zum größeren Teil (AE) wie dieser zum kleineren (EB) (Abb. 18). In der Baukunst waren es besonders die Baumeister des Mittelalters, die ihre Gebäude auf der Grundlage dieser Proportion errichteten. In der ersten Hälfte des 20. Jahrhunderts ging Le Corbusier von den Maßen des Menschen aus und arbeitete nach den Teilungsverhältnissen des Goldenen Schnitts die Proportionen seiner Bauwerke aus. Eine Inspektion von Bildformaten ergab keine entsprechende Bevorzugung. Die Längenteilung des Goldenen Schnitts kommt auch in der Pflanzenwelt oder im menschlichen Gesicht vor und entspricht möglicherweise einer Wachstumsgesetzlichkeit. Eventuell ist es aber auch nur die einfache Proportion von 2:3 (0,62:1), die hier bevorzugt wird.

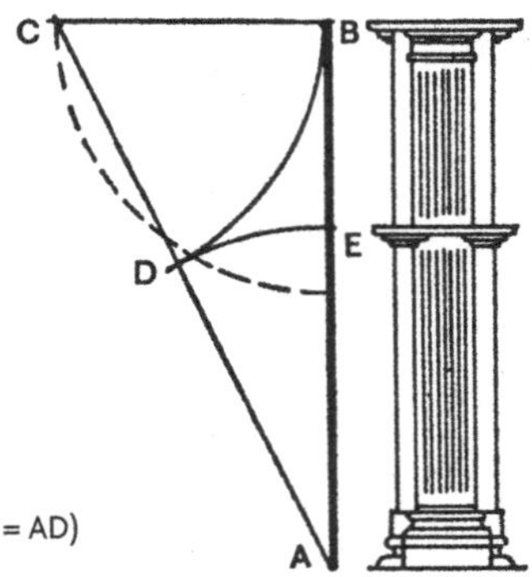

18 Der Goldene Schnitt galt lange Zeit als Norm in der Architektur (AE:EB = AB:AE; BC = ½ AB = CD; AE = AD) (Grafik Bernard P. Woschek)

der irritierend schwankenden Wahrnehmung von eng nebeneinander verlaufenden Linien (Moiré-Linien) fällt es dem Auge schwer, sich auf ein Stockwerk, einen bestimmten Punkt zu konzentrieren, weil kleine Augenbewegungen ein Springen des Blickes bedingen. Gibt es keine klaren Unterscheidungsmerkmale, kommt die Linie, die Fensterzeile ins Schwingen und die Wahrnehmung ist erschwert. Kunstwerke der Op-Art nutzen diese Schwierigkeit aus.

Kubisierungen oder Geometrisierungen vereinfachen die Form und werden deshalb nach anfänglicher Irritation meist als schön empfunden (William Hogarth, der berühmte englische Maler und Kupferstecher, empfiehlt Malern, eben wegen der Vereinfachung, sich eine Szene in regelmäßigen Formen einzuprägen und könnte somit fast als ein theoretischer Vorläufer des Kubismus gelten).

Die Schönheit von Bildern

Hat man verstanden, dass Schönheit (neben anderen Faktoren) mit der Leichtigkeit der Wahrnehmung zusammenhängt, kann man sich erklären, warum Bilder insgesamt schön sein können, sie erleichtern nämlich – im günstigen Fall – die Wahrnehmung. So kommt es, dass wir Menschen so »bildverliebt« sind.

- Die Szene, z. B. das weite Panorama, kann in ihrer Ausdehnung nur in mehreren Blicken erfasst werden. Das – kleine – Panoramabild erschließt die gleiche Ansicht auf einen Blick.
- In der Szene müssen wir uns getrennt, mit getrennten Scharfstellungen des Auges, auf Vorder- und Hintergrund konzentrieren. Das gemalte Bild und das Foto können alle Ebenen der Szene gleichzeitig scharf zeichnen.
- Das Foto und das gemalte Bild sind vom optimalen Standpunkt aus fotografiert oder gemalt, das romantische Bild des Rheintals z. B. aus einer – fiktiven – Luftansicht, die der Wanderer nicht einnehmen kann. Man nennt das den »privilegierten Beobachterstandpunkt«.
- Es wäre unhöflich, Menschen anzustarren. Das gemalte Porträt, den fotografierten Körper dürfen wir »schamlos« andauernd betrachten.

- Wir müssen dem Bild gegenüber nicht reagieren. Im Sturm oder gar in der Schlacht müssten wir uns in Sicherheit bringen. Auf dem Bild können wir die Schönheit dieses Geschehens erst entdecken.

Wenn Bilder solche günstigen Merkmale nicht haben, wenn also Telegrafendrähte das Foto durchschneiden oder grauer Nebel die Objekterkennung auf dem Bild erschwert oder Verwackelungsunschärfen existieren, gefällt uns ein Bild nicht.

In der Ästhetik wurde als Grund für das Empfinden von Schönheit auch immer Spannungsreduktion oder die optimale Aktivierung diskutiert. Tatsächlich kann im Prozess der Wahrnehmung mehr Spannung oder mehr Ruhe entstehen. Je nach Zeitgeist, nach vorherrschendem Lebensgefühl wird dann Spannung oder Ruhe in den Kunstwerken bevorzugt. (Experimente zur Ästhetik werden in Kapitel 5 vorgestellt, hier sollen nur die beobachtbaren Beispiele interessieren.)

2.6 Renaissance und Barock

Anknüpfend an Heinrich Wölfflin versucht Sander (1931), den empfindungsmäßigen Unterschied zwischen Renaissance und Barock auf unterschiedliche Architekturmerkmale zurückzuführen, wobei er – ohne davon Kenntnis gehabt zu haben – das Gesetz der ›guten Gestalt‹ anwendet.

Die Gestaltgesetze, also Gliederungsgesetze der Wahrnehmung, werden hier nicht näher beschrieben, weil sie zum Verständnis der Kunstwirkung nicht all zu viel beitragen. Arnheim (1977), der Kunst als Gestaltpsychologe analysiert, verweist denn auch meist auf die »bedeutungsadäquate Form«, die angemessene Visualisierung als Grund des Kunstwerks, ohne sich letztlich auf eine Psychologie der Wahrnehmung zu beziehen.

Die ›gute Gestalt‹ ist die einfache, plausible Anordnung. Sobald im Bauwerk kleinere Abweichungen von der guten, organisierten Gestalt, von der Symmetrie und der gleichmäßigen Reihung auftreten, entstehen im Betrachter Spannungen. Er erlebt eine Tendenz zur Veränderung der Gestalt, die ihn drängt, den Standort zu wechseln, um die Wahrnehmungsorganisation verändern zu können.

Die erlebnismäßige Wirkung der Baustile in der Renaissance und im Barock lässt sich natürlich nicht endgültig und absolut objektiv festlegen. Es kann jedoch angenommen werden, dass viele Betrachter mit der vergleichenden Schilderung Wölfflins übereinstimmen, einer Schilderung, die auch mit der historischen Stimmung, mit dem vorherrschenden Zeitgeist korrespondiert.

Renaissance
- schöne, ruhige Form
- befreiende Schönheit; wirkt wie ein allgemeines Wohlgefühl
- die Bauelemente vermitteln Empfindungen der gleichmäßigen Steigerung der Lebenskraft
- die Formen sind frei, leicht und vollständig, sie haben langsame, nachhaltige Wirkungen und strahlen Ruhe aus
- sie bewirken den Wunsch, bei ihnen zu verweilen

Barock
- will packen
- greift mit der Gewalt des Affekts an
- bewirkt Aufregung, Ekstase, Rausch
- die Formen sind auf den Eindruck des Augenblicks angelegt
- sie erzeugen Spannung und leidenschaftliche Zustände
- die Formen wirken unbefriedigt und ruhelos

Über die Merkmale der Architekturen lassen sich nachprüfbare Aussagen treffen. Tatsächlich bietet die Renaissance an vielen Stellen eine ›gute‹, harmonische Gestalt, dagegen lassen im Barock kleine Unvollkommenheiten, kleine Abweichungen vom Regelmaß Spannung und den Wunsch nach Aktivität im Betrachter aufkommen. Die folgende Gegenüberstellung gibt die Ergebnisse einer vergleichenden Betrachtung wieder (sie stützt sich auf Sander 1931):

Der Barock schafft Formen, die kurz vor der vollendeten Form stehen bleiben.

Später hat sich in der Psychologie der mehrdeutige Begriff der ›guten Gestalt‹ nicht durchgesetzt. Hier gehen tatsächlich objektive Tatbestände und Bewertungen ineinander über. Metzger (1953) greift diesen Begriff allerdings noch einmal auf. Er ist der Meinung, dass Gestalten höherer (mathematischer) Ordnung, deren Auflösung dem Betrachter zwar nicht mehr unmittelbar gelingt, den-

---

Renaissance

- das Quadrat und das Rechteck des Goldenen Schnitts dominieren unter den Rechteckformen
- kreisförmige Bögen, Kugeln
- rechte Winkel
- metrisch regelmäßige Reihung von Fenstern usw.
- symmetrische Horizontalgliederung, Gleichgewicht
- frontparallele Ebenen
- Begrenzungslinie wird betont

Barock

- quadratnahe oder in Länge und Breite übersteigerte Rechtecke
- elliptische Bögen
- stumpfe oder spitze Winkel
- Reihungen mit ungleichen Abständen (Fenster)
- Symmetrieachse rückt aus der Mitte heraus
- keine frontparallelen Ebenen
- feste Begrenzungslinien werden aufgebrochen

---

noch als ›gute Gestalt‹ wahrgenommen werden. Er stellt die Frage, ob das menschliche Gesicht eine solche ›guten Gestalt‹ sein kann. Wie viele Autoren unternimmt er den Versuch, ein einziges Erklärungsprinzip für ästhetische Empfindungen an verschiedenen Objektklassen aufrechtzuerhalten. Wir werden in Kapitel 5 zeigen, dass dies nicht gelingen kann.

2.7 Die Bedeutungsanalyse im Wahrnehmungsvorgang

Im Wahrnehmungsvorgang geht es nicht nur um einzelne Gegenstände, sondern auch um Ähnlichkeiten und Bedeutungszusammenhänge. Wenn auf dem Taschentuch der Papst abgebildet ist, dann passen diese Bedeutungen von Nasenschleim und Kirchenführer nicht besonders zusammen und wir finden den Gegenstand kitschig. Genauso wie das billige Plastik nicht gut zur wertvollen venezianischen Gondel passt und nur im kitschigen Souvenir Verwendung finden kann. Dagegen passt z. B. die einsame Kapelle gut auf den schroffen hohen Berg, der dem Himmel – wie die Kapelle – nahe ist, wie etwa in romantischen Naturansichten. Wenn Man Ray Meret Oppenheim nackt vor einem riesigen Zahnrad fotografiert, wird die Bedeutung der zarten Nacktheit durch den Kontrast durch das grobe harte Industrieteil noch verstärkt.

Visuelle Metaphern Ein Gegenstand, der einem anderen ähnlich sieht, ruft eine Mischung der gefühlsmäßigen Reaktionen auf. Ein Muranoglas ganz in der Form einer Plastik-Waschmittelflasche erzeugt diese merkwürdige ganz unerwartete Gefühlsmischung genauso, wie eine mit Pelz besetzte Tasse und Untertasse (Meret Oppenheim). Die unerwartete neue Wahrnehmung ruft aber auch Aktivierung und Spannung hervor.

19 Mit Bildbearbeitungsprogrammen wie z. B. Adobe-Photoshop lassen sich interessante Mischungen von Mensch und Tier verwirklichen

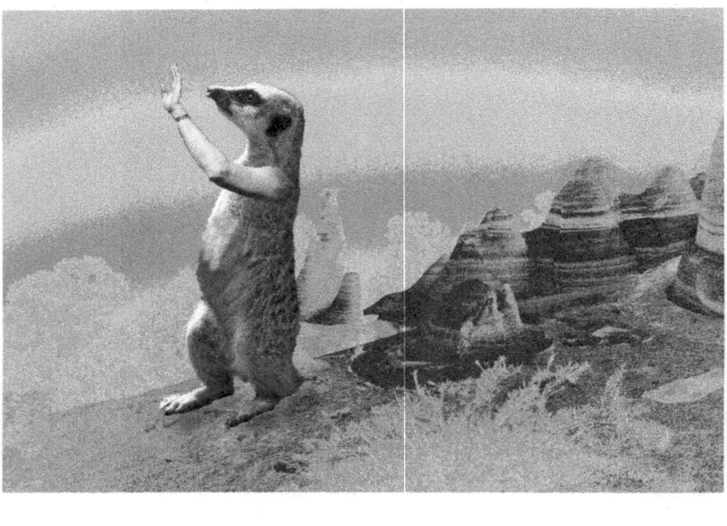

Mischfiguren Dem Künstler steht es frei Bedeutungen ganz neu zusammenzufügen (vgl. Abb. 19). Das nutzten schon die Künstler der Antike für Zentauren und einäugige Riesen. Das sind gewohnte Bilder, deren Überraschungsmoment sozusagen verbraucht ist. Wie die zusammengeschnittenen Bedeutungen aber zu ungewohnten emotionalen Reaktionen führen, kann man gut bei den Bildern Dalís empfinden, der ganz neue Mischungen erfunden hat, z. B. die Mischung von Elefant und Giraffen- bzw. Spinnen-Bein oder von Schublade und Frauenkörper.

2.8 Kunstwirkung und Wahrnehmungserlebnis

Wie Emotionen und psychische Zustände durch das Wahrnehmungserlebnis determiniert werden, ist kaum erforscht. Es gibt die unmittelbare Erfahrung der Schönheit des hellen und farbigen Lichts, das zum Beispiel im Kirchenfenster künstlerisch eingesetzt wird. Und jeder Leser wird sich an das entspannte Betrachten der Weite des Meeres erinnern.

Es gibt in der Kunstpsychologie in Kombination mit der Wahrnehmungspsychologie einige Thesen, denen man weiter nachgehen könnte: So führen manche Meditationsbilder, darunter das Mandala-Motiv (vgl. Abb. 3), den Blick immer zur Mitte. Dadurch wird eine meditative, nach innen gewandte Stimmung erreicht. Der Blick in die Ferne ist angenehm, weil er eine Entspannung der Augenmuskeln zulässt. Sicher ist dies die Ursache für das Erlebnis der ruhigen Weite angesichts des Meeres, aber auch auf dem Kirchturm oder im weiten Kirchenschiff stellt sich diese Empfindung ein.

Es wurde diskutiert, ob bogenförmige Linien mit dem Blick leichter erfasst werden und daher angenehmer sind als gerade Linien, weil die unwillkürlichen Augenbewegungen den Blick immer in Bögen über die visuelle Szene führen. Manche zeitgenössische Architektur scheint gerade wegen der ›schön‹ geschwungenen Formen angenehm (vgl. die Werke von Le Corbusier oder Hundertwasser). Auf die überraschende, irritierende und dadurch spannende Wirkung von optischen Täuschungen und Fehlsteuerungen der Wahrnehmung wurde hingewiesen. Sie öffnen die Tür für ein Nachdenken über subjektive Anteile beim Erkennen der Welt.

KUNSTPSYCHOLOGISCHES PRAKTIKUM

A Interaktion der Farbe: Der Hobbymaler möchte gern ein schönes Bild mit harmonischen Farben malen, aber oft gelingt es ihm nicht. Das kommt daher, dass wir Farben nicht immer gleich wahrnehmen. Die Nachbarfarbe verändert die Wirkung einer Farbe. Hat man also ein schönes, bislang harmonisches Blumenstillleben gemalt und fügt nun eine große Fläche Hintergrund ein, verändern sich alle Farben, und vielleicht ist der Zusammenklang der Farben nun unharmonisch. Nehmen sie – um den Effekt zu erleben – ein farbiges Papier und schneiden sie zwei Quadrate aus. Die legen sie nun über zwei größere Farbpapiere unterschiedlicher Farbe. Die gleiche Farbe sieht auf dem unterschiedlichen Hintergrund nun ganz unterschiedlich aus. Was kann der Hobbymaler tun, um die Konsequenzen dieses Effekts zu vermeiden? Er könnte größere Farbflächen von Vordergrund und Hintergrund zuerst auftragen, dann gibt es keine plötzlichen Änderungen der Farbstimmung. Der Künstler Albers hat dies in seinem Werk die »Interaktion der Farbe« erforscht. In seinem Museum in Bochum kann man die ineinandergesetzten Farbquadrate bewundern.

B Visuelle Metaphern finden: Eine Form-, Farb- oder Texturähnlichkeit von zwei Dingen, im Bild verwirklichen (etwa wie Arcimboldo einen Kopf aus Früchten gestaltet; Farbabb. 1) und prüfen, wie sich die Gefühle, die gegenüber den ursprünglichen Objekten bestehen, gegenüber der neuen Gestaltung mischen.

C Neue Mischwesen gestalten (z. B. Schreibmaschine und Mensch, Mensch und Baum, hier sind natürlich viele ganz andere Lösungen denkbar, z. B. könnten die Äste Arme sein etc.). Eventuell. nehmen sie den Zufall zu Hilfe, indem sie die zu mischenden Bedeutungen durch zufälliges Tippen auf einen Text finden. Es geht darum, bei der neuen Mischfigur Bedeutungsdecodierung und Mischung der Gefühlskomponenten zu erleben (vgl. Abb. 19).

3 Psychoanalyse und Kunstwirkung

Die Psychoanalyse hat sich früh mit der Kunst und der Kunstwirkung befasst. Das Werk des Künstlers, wie es aus dem Lebenslauf heraus entsteht, konnte nämlich zum Testfall für die Erklärungskraft der psychoanalytischen Theorie werden.

3.1 Der Moses des Michelangelo

Freud selbst hat einige Schriften zur Kunst verfasst, in denen er die ›kriminalistische‹ Methode der Psychoanalyse demonstriert, um dem Kunstwerk – analog dem individuellen Seelischen – seine ›wahre‹ Bedeutung zu entreißen (zum Beispiel »Der Moses des Michelangelo«, 1914).

Freud war von der Moses-Statue des Michelangelo (Rom, San Pietro in Vincoli; Abb. 20) außerordentlich beeindruckt. Während der Krise der Beziehung zu seinem designierten Nachfolger und Kronprinzen C. G. Jung besuchte er wiederholt die Kirche San Pietro in Vincoli in Rom und verweilte stundenlang vor der Statue.

Nachdem Freud die bisherigen, ganz gegensätzlichen Auffassungen über das Werk referiert hatte, gab er eine neue, integrierende Interpretation: Er fasst die Statue als Endpunkt einer gerade abgelaufenen Bewegungsfolge auf (Abb. 21). Aus der Stellung von Hand, Bart, Fuß und Blick rekonstruiert er eine Bewegung, die zu dem dargestellten Gestus führt. Moses sitzt am Hang des Berges Sinai, um auszuruhen. Unter seinem Arm trägt er die Gesetzestafeln. Als sein Blick auf das Volk Juda fällt, sieht er es um das Goldene Kalb tanzen und will im ersten Zorn aufspringen, um die Gesetzestafeln zu zertrümmern (was er nach dem Text des Alten Testaments dann auch tut). Nach Freuds Deutung beherrscht er seinen Zorn jedoch, um die Tafeln nicht fallen zu lassen. Die Statue zeigt den Moses also in dem Moment, in dem er den aggressiven Impuls überwindet. Nach Freud wird hier die stolzeste menschliche Leistung ins Bild gesetzt, nämlich die willentliche Kontrolle des Ich über die aggressiven Impulse des Es. Dieses Thema habe für den als aggressiv und schwierig geltenden Michelangelo eine besondere Bedeutung gehabt. Die persönlichen Konflikte des Künstlers seien so im Kunstwerk gelöst worden, wobei die ›aggressive‹ Bearbeitung des Steins wiederum der Triebabfuhr gedient habe.

Freud versucht zu belegen, dass der Künstler bewusst danach strebte, das Zusammenspiel der Bewegungselemente herzustellen, um den beschriebenen Effekt zu erreichen. Es verwundert den heutigen Leser, dass gerade Freud, der doch der Wirkung unbewusster Determinanten breiten Raum gibt, eine Absicht des Künstlers aufzeigen möchte.

Freuds Deutung, die so willkürlich vom Text des Alten Testaments abweicht, passt nun interessanterweise besser zu seiner eigenen Situation als zu der Statue. Jungs ›Abfall‹ (speziell dessen Kritik an der Libido-Lehre) fasste Freud als eine Konzession Jungs an die herrschende Meinung auf (der Tanz ums Goldene Kalb), aber er, Freud, wird nicht ›alles hinschmeißen‹, sondern die Beherrschung bewahren. Im folgenden ist genau dies sein Programm, um die Lehre (in der Psychoanalyse wird häufig dieser eher religiöse Terminus verwandt) zu retten (Donn 1990). So wird das Kunstwerk zur Projektionsfläche, auf der sich weniger die ›objektive‹ Wahrheit der psychoanalytischen Deutung als vielmehr die subjektive Wahrheit des Interpreten widerspiegelt.

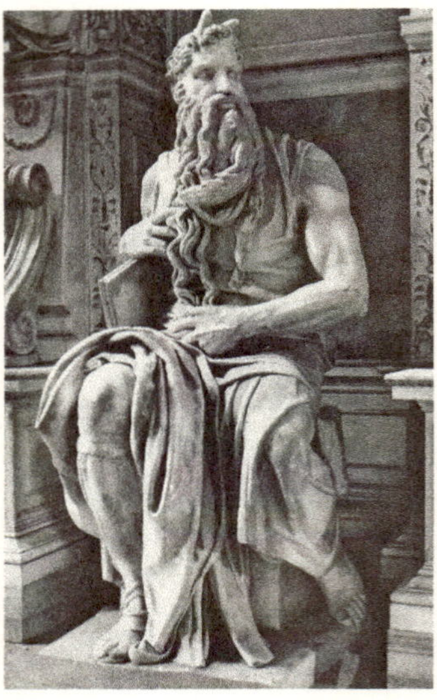

20 Sigmund Freud war fasziniert vom »Moses« des Michelangelo und verbrachte zu Zeiten seines Konflikts mit C. G. Jung viele Stunden vor der Statue (Michelangelo Buonarroti, Moses, um 1515, Marmor, Höhe 235 cm, Rom, San Pietro in Vincoli, Mausoleum Julius II.)

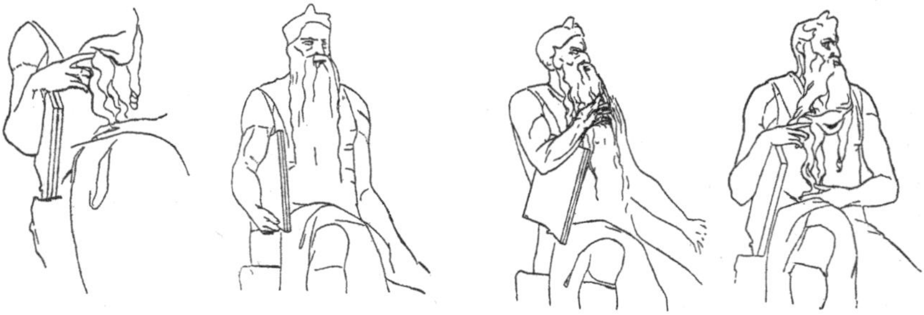

21 Freud zeigt die hypothetischen Phasen der Bewegungsfolge, die zu dem von Michelangelo dargestellten Endzustand führen

Die Analyse des Wechselspiels von historischen Einflüssen, Begabung, Kindheitserfahrungen, Verdrängung und unbewussten Motivationen wurde von Freud begonnen und von vielen psychoanalytischen Forschern fortgesetzt. Einmal dient die Beziehung von Lebensgeschichte und Werk als Beleg für die psychoanalytische Theorie. Ein anderes Mal wird die psychoanalytische Theorie vorausgesetzt und das Werk entsprechend analysiert. Die grundsätzlichen Thesen der psychoanalytischen Interpretation sind:

Der Künstler bearbeitet im Bild seine eigenen psychischen (z. T. unbewussten) Probleme und Konflikte. Er findet dabei individuelle Lösungen, die für einen Betrachter mit einer ähnlichen Konfliktlage ebenfalls gültig sind. Im günstigsten Fall bearbeitet der Künstler Probleme, denen sich jeder Mensch in seiner Entwicklung stellen muss (wie dem Ödipuskomplex), und stellt akzeptable Lösungen vor. Auch Wunschträume und stellvertretende Triebbefriedigungen können bildhaft vorgelegt werden.

Weil das Bild sich der Sprache des Traums bedient und sich direkt an das Unbewusste wendet, können solche Phantasien beim Künstler (Träumer) und beim Betrachter ohne ein Übermaß an bewusster Kontrolle, also ohne Zensur, vom Unbewussten übernommen werden.

Zwischen Künstler (Träumer) und Betrachter gibt es bei prinzipieller Gleichheit der Wirkungen einige Unterschiede: Der Künstler ist der – kreative – Erfinder der Lösung, der Betrachter nimmt sie nur auf und muss so gegebenenfalls auch keine Schuldgefühle für die vorgetragene Phantasie haben.

Letzteres gilt besonders für sexuelle Darstellungen und für die Karikatur, die sexuelle und aggressive Entladungen unterdrückter Triebwünsche erlaubt. Im Bild wird der Mächtige aggressiv entstellt, indem vorhandene Abweichungen wie lange Nasen oder zu kleiner Wuchs ins Extreme getrieben werden. Die Kränkung, die es immer bedeutet, der weniger Mächtige, der Unterlegene zu sein, wird erleichtert, weil der Überlegene, Mächtige ›gemindert‹ wird.

Die Hemmung sexueller Phantasien wird durch die Zote oder durch die sexuelle Karikatur vorübergehend erleichtert. In beiden Fällen lässt sich der Betrachter lediglich darauf ein, er hat die Phantasie nicht geschaffen. Wird die Zote zu offensichtlich, oder ist die Aggression zu plakativ und dadurch den bewussten Kontrollprozessen in zu hohem Maße zugänglich, kommt es dagegen nicht zu der momentanen Erleichterung von unterdrückten Triebwünschen, sondern zur entrüsteten Ablehnung des Bildes oder Witzes.

In Kapitel 9 wird der – zeitgenössische – Künstler Hermann Nitsch ausführlich vorgestellt, der sich auch auf die Psychoanalyse beruft. Er will durch seine Kunst zum Abbau des Aggressionstriebs beitragen, zu einer »Katharsis« der Aggression.

Die Hochachtung vor der ›großen‹ Kunst erlaubt es, Inhalte, Phantasien zuzulassen, die sonst strenger Kontrolle unterliegen. In Freuds sittenstrenger Zeit war es gleichwohl möglich, die in Marmor verewigten nackten Frauenkörper der antiken Künstler anzuschauen und sich daran zu erfreuen. In der allgemein bewunderten griechischen Vasenmalerei finden sich viele Darstellungen von Homosexualität und von erigierten Penissen, die auch heute noch nicht ohne weiteres veröffentlicht werden könnten. Wer sich zur Homosexualität hingezogen fühlte, hatte also durchaus Grund, sich für Kunstgeschichte zu interessieren. Später erlaubte der ›Kulturfilm‹ unter dem Mantel des Bildungserlebnisses die Darstellung weiblicher Nacktheit, während sie gleichzeitig von der Gesellschaft scharf zensiert wurde. Die Kunst, das Schöne, das Erhabene, der Ernst der Bildungssituation senken die Schwellen der gesellschaftlichen und der individuellen Kontrolle. Ganz in diesem Sinne meint

Freud es wohl, wenn er davon spricht, Kunst (und Religion und Wissenschaft) erlaubten eine Erleichterung der Anpassung an die Forderungen der Kultur.

3.2 Die Traumarbeit

Der Traum, der uns bewusst wird ist – nach Freud – die Transformation eines Gedankens (des Traumgedankens) in bildhafte Vorstellungen.

Dabei geht es zunächst ganz allgemein um Bildkommunikation (im Kapitel 2 wurde bereits die visuelle Metapher erwähnt).

Ganz wie im Bilderrätsel (Beim Umgang mit Träumen kann der Eindruck entstehen, der Traum entwickle nicht eine ›Bildsprache‹, sondern verbildliche die Wortsprache.) in Zeitschriften werden Gedanken im Traum oder im Kunstwerk in Bilder umgesetzt. Manche Begriffe haben selbst Bilder, zum Beispiel konkrete Begriffe wie Bär oder Haus. Auch manche Tätigkeiten lassen sich in Bilder umsetzen, etwa »der Bär isst« oder »das Haus fällt zusammen«. Dabei gibt es Konventionen der Umsetzung: Bei einer Bewegung wird ein typischer Zustand der Bewegung gezeigt, außerdem können Bewegungslinien, Unschärfen usw. die Bewegung ausdrücken. Schwieriger sind abstrakte Begriffe, weil hier ›assoziierte‹ konkrete Begriffe gefunden werden müssen. Wollte ich zum Beispiel den Begriff Freiheit darstellen, könnte ich dazu vielleicht die Freiheitsstatue benutzen.

Besonders schwierig sind grammatische Formen wie Verneinung oder Konjunktiv. Im Bilderrätsel wird die Verneinung mit einem Durchstreichen angekündigt, im Traum unter anderem durch Verbrennen von Bildteilen. Gewöhnlich ›denken‹ die bildhaften Anteile der Informationsverarbeitung aber kaum mit Verneinungen.

Zeitliche Aufeinanderfolge kann – ähnlich wie in den mittelalterlichen volkreichen Kreuzigungsdarstellungen – noch leicht als ein räumliches Nebeneinander verstanden werden. Weniger einfach ist es dagegen, neue Räume in einem Haus als neue Handlungsmöglichkeiten zu erkennen.

Es gibt im Unbewussten, das den Traum speist, aber auch Inhalte, die nicht zugelassen sind, von denen schon das kleine Kind gelernt hat, dass sie gefährlich sind und die Anpassung in der Welt und in der Familie stören. Dazu gehören Wünsche wie: alle Geschwister mögen weg sein oder sterben, oder der gleichgeschlechtliche Elternteil möge fort sein, damit die Liebe des gegengeschlechtlichen Teils gewonnen werden kann (»Mama/Papa, ich werde dich heiraten«, ist ein oft gehörter Kinderwunsch).

Der Traum bedient sich verschiedener Mittel, dem Bewusstsein solche Inhalte zu verschleiern. Fasst man die Entstehung eines Kunstwerks ebenfalls als eine Art (Tag-)Traum-Erlebnis auf, so scheint es legitim, Kunstwerke nach den gleichen Prinzipien zu entschlüsseln.

3.2.1 Verdichtung

Eine überzeugende Demonstration der kreativen Kraft des Unbewussten liegt vielleicht in der Leistung der Verdichtung, die Freud (1900/1972) in der Traumdeutung beschreibt (Abb. 22). Der Traum hat nicht nur einen einzigen Inhalt, sondern seine Bilder sind so gewählt, dass sie im Kreuzungspunkt mehrerer Inhalte liegen. Nun ist es ungleich schwieriger, ein Bild zu schaffen, das mehrere Bedeutungen vereint, als nur einen Gedanken in ein Bild umzusetzen. Ein Beispiel dafür ist Freuds Traum von der botanischen Monografie (Studienausgabe Bd. II, Seite 284 f.). »Trauminhalt: Ich habe eine Monographie über eine (unbestimmt gelassene) Pflanzenart geschrieben. Das Buch liegt vor mir, ich blättere eben eine eingeschlagene farbige Tafel um. Dem Exemplar ist ein getrocknetes Speziem der Pflanze beigebunden.«

Zunächst erwähnt Freud einen ›Tagesrest‹. Er hatte am selben Tag in der Buchhandlung eine Monografie über die Gattung Zyklamen gesehen. Als Nächstes erinnert sich Freud an die Arbeit über Kokain, die er einmal geschrieben hat. Dies erinnert ihn wiederum an ein unterbrochenes Gespräch mit einem Kollegen, Professor Königstein, der an dieser Arbeit einen Anteil hatte. Das Gespräch ist ebenfalls ein Traumanlass. Die botanische Biografie ist nach Freud »das mittlere Gemeinsame«.

Die Worte ›botanisch‹ und ›Monografie‹ allein haben Verbindungen zur aktuellen Gedankenwelt Freuds: Zu ›botanisch‹ erinnert

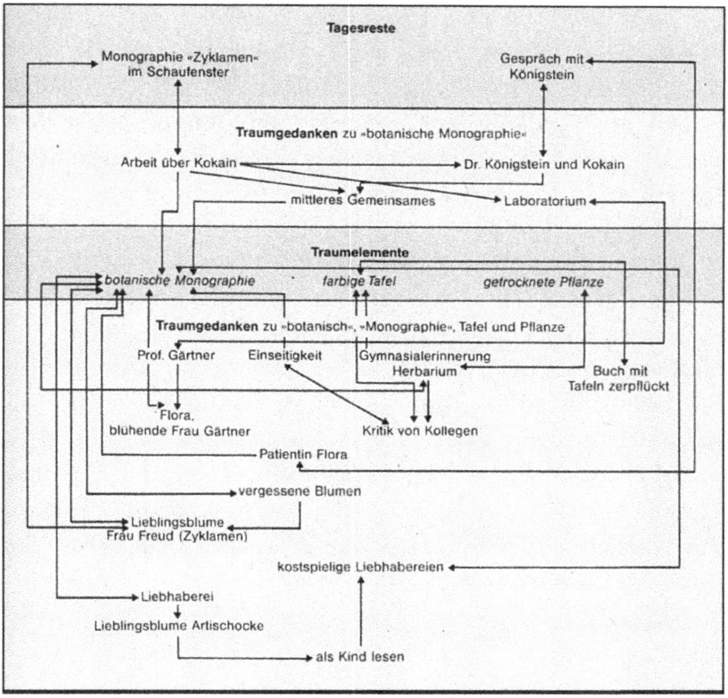

22 Die Tabelle macht die Traumarbeit deutlich: Die Trauminhalte ›botanisch‹ und »Monografie« sind durch verschiedene Assoziationen überdeterminiert. Freud kommentiert: »Von einem Element des Traumes führt der Assoziationsweg zu mehreren Traumgedanken, von einem Traumgedanken zu mehreren Traumelementen. « (Freud 1900/1972, Seite 287)

er sich an Professor Gärtner (der wiederum in einer assoziativen Verbindung zu Professor Königstein steht) und an dessen ›blühende Frau‹, die Flora heißt und seine Patientin ist. Ein Gedankenweg geht zu den Lieblingsblumen seiner Frau (die im Titel der tagsüber gesehenen Monografie vorkamen) und von da zum Thema der Liebhabereien – via seiner Lieblingsblume, der Artischocke.

›Monografie‹ allein ruft als Assoziation die ›Einseitigkeit‹ (Mono-) seiner Arbeit auf und die Kritik der Kollegen, die sich mit ›botanisch‹ über eine Erinnerung an das ›Zerpflücken‹ (Kritik) einer Blume verbindet.

Die farbige Tafel erinnert an die Kostspieligkeit seiner Hobbys (ägyptische Sammlung?), allerdings kommt dem Leser auch eine ›Liebhaberei‹ für die von Freud als ›blühend‹ bezeichnete Patientin Flora in den Sinn. In jedem Traumgedanken (Traumbild) kommen also alle gegenwärtigen Assoziationen wieder vor, die einzelnen Traumgedanken sind »überdeterminiert«, »aus der ganzen Masse der Traumgedanken gebildet« (Seite 287).

Dieses Prinzip der Verdichtung spielt auch für Kunstwerke eine wichtige Rolle: Die einzelne Parabel im Kunstwerk nimmt das Gesamtthema wieder auf, das Bilddetail enthält die gesamten Kommunikationen des ganzen Bildes, aber auch die verschiedenen Ebenen Farbgebung, Textur und Inhalt können die Kommunikation jeweils verdichten (Franke 1980).

Jede Verdichtung wird den Inhalt intensiver vermitteln und, ob angestrebt (wie z. B. oft in der Werbung) oder unbewusst entstanden, eine direkte Verbindung zu weniger bewussten Schichten des Denkens herstellen.

Als Beispiel einer Verdichtung in der Werbung, die sicher bewusst hergestellt ist, sei auf die Werbung für ein Kaugummi ver-

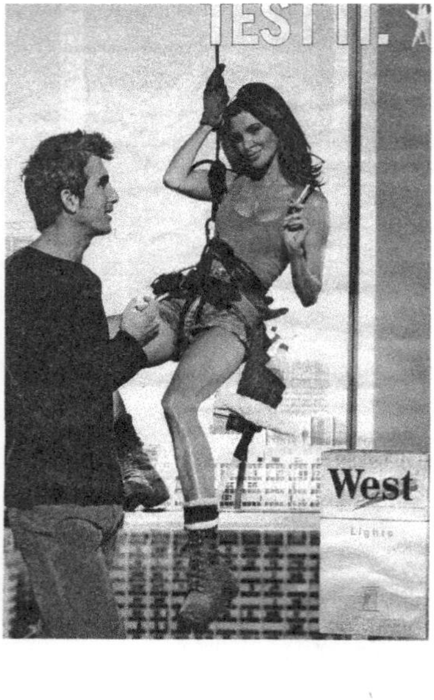

23 Die Zigarette eignet sich durch ihre Form als Phallus-Symbol. Betrachtet man diese Werbung, so wird das »Abseilen« (Redensart, »sich abseilen«) der hübschen Frau zum offenen Angebot

wiesen. Die Packung ist riesig (vergrößert) und hat so eine phallische Eigenschaft. Dies wird durch einen großen Pfeil auf der Produktpackung verdichtet. Der Akteur springt einige Stufen hoch, was in der symbolischen Bedeutungskommunikation den sexuellen Zusammenhang weiter verdichtet. Jedes Element des Werbespots wird von der gesamten Menge der Traumgedanken (der Werbekommunikation) determiniert. Jedes der Werbeelemente trägt auch die Bedeutung der Leichtigkeit: die große leichte Packung, mit der man springen kann, der nach oben gerichtete Pfeil und das leichte Springen auf den Stufen.

In einer Kunstpsychologie bietet es sich geradezu an, den künstlerischen Vergleich wiederzugeben, den Freud für die Verdichtungsarbeit findet (aus Goethe, Faust I, über das Weber-Meisterstück, Vers 1924–1927): »Wo ein Tritt tausend Fäden regt, / Die Schifflein herüber hinüber schießen, / Die Fäden ungesehen fließen, / Ein Schlag tausend Verbindungen schlägt.«

3.2.2 Symbolik

Das Wort Symbol hat verschiedene Bedeutungen. Manchmal meint man damit jede Art bildsprachlicher Umsetzung, manchmal auch Bildteile, die mit einem Inhalt verbunden sind (so erkennt man den Apostel Petrus am Symbol des Schlüssels). In der Psychoanalyse aber gewinnt der Begriff Symbol eine spezielle Bedeutung. Der Psychoanalytiker meint damit ein Bild oder Wort, das an die Stelle eines anderen, zensierten Bildes oder Wortes tritt. Während in der üblichen Bildsprache das Bild der Sache erscheinen würde, wird nun ein anderes Bild gewählt, das vielleicht eine geringe visuelle oder funktionale Ähnlichkeit mit dem zu verbergenden Inhalt aufweist.

Geschwister können aus der Sicht des Kindes lästige Konkurrenten sein. Wenn es nun aggressiv träumt, die Geschwister sollten besser fort sein, so können Geschwister durch Insekten (geringe Bedeutungsüberschneidung: lästige kleine Wesen) symbolisiert werden. Der Traum dürfte den Inhalt nicht unverschlüsselt umsetzen, weil ein Tötungswunsch gegen die Geschwister das Leben in der Familie gefährden würde.

Nach Jones (1972) sind einem Symbol diverse Merkmale eigen. So hat das Symbol unter anderem eine gleichbleibende Bedeutung. Es hat außerdem eine entwicklungsgeschichtliche Grundlage, die das Individuum und die Rasse betrifft (daher sind Märchen eine reiche Quelle zur Anwendung von Symboldeutungen). Dazu einige Beispiele: Ein Haus symbolisiert oft den menschlichen Körper. Man spricht von einem »alten Haus«, davon, jemandem »aufs Dach zu steigen«, oder man stellt fest, dass es bei jemandem »im Oberstübchen nicht stimmt«.

Eine Landschaft kann das Weibliche symbolisieren. Man spricht von Mutter Erde. Die Eltern werden im Märchen wie im Traum oft als König oder Königin dargestellt. Für wenige Vorstellungen (Geschwister, Mitglieder der Familie, weibliche und männliche Genitalien, Tod, Geburt, alle Verben der Sexualität) gibt es eine sehr große Zahl von Symbolen.

Die typische Reaktion auf die Symboldeutung ist Überraschung und Unglaube, weil die symbolisierte Vorstellung vom Bewusstsein abgelehnt wird.

In Werbekommunikationen kann man oft symbolische Botschaften entdecken (vgl. Abb. 23). Nehmen wir ein Beispiel aus einer amerikanischen Kaffeewerbung. Wenn die Pinocchio-Puppe im Fernsehspot den Kaffee riecht, verlängert sich ihre Nase. Die Nase kann als Phallus-Symbol gedeutet werden (nehmen wir wie Freud als Beleg eine Redensart: »wie die Nase eines Mannes, so sein Johannes«). Die symbolische Botschaft ist also, dass diese Kaffeesorte zu sexueller Erregung führt. Würde uns dies in Worten gesagt, würden wir die Kommunikation als empörend und absurd ablehnen. In Bildern wird sie, wie überhaupt bildhafte Kommunikationen, ohnehin nur an der Schwelle des Bewusstseins aufgenommen. Als »symbolische Kommunikation« bleibt sie dem Bewusstsein verschlüsselt und wirkt direkt im Unbewussten.

In der bildenden Kunst gibt es viele Beispiele für Symboldarstellungen. Speziell die Surrealisten hatten sich vorgenommen, unbewusste Inhalte, darunter Träume und Wahnsinnshalluzinationen, ins Bild zu setzen; und auch bei den Symbolisten finden sich Beispiele mehr oder weniger bewusst eingesetzter Symbolik.

3.2.3 Die Symbolisten und Michelangelo

Der Tod wird im Traum und in verschiedenen Kunstwerken durch eine Reise, durch ein Überschreiten von Grenzen symbolisiert, wie in Arnold Böcklins Gemälde »Die Toteninsel« durch die Kahnfahrt zur Insel (Farbabb. 3). Das Symbol greift einen Aspekt der Vorstellung von Tod auf und setzt ihn um.

Das gleiche gilt auch für die Schlange: In der Bibel erscheint sie als Bild für die Verführerin. Sie kann aber auch phallische Qualitäten gewinnen. Dazu dient als Illustration ein Bild von Franz von Stuck (Abb. 24), auf dem die Schlange sich um den weiblichen Körper windet. In anderem Zusammenhang kann das Bild der Schlange natürlich auch anders zu deuten sein.

Im »Sündenfall« des Deckenfreskos in der Sixtinischen Kapelle (Abb. 25) gewinnt die Schlange eher weibliche Bedeutung. Die Schlange ist um einen starken (väterlich-phallischen) Stamm gewunden.

Michelangelo konnte Freuds Lehre nicht kennen. Dennoch lassen seine Werke eine analytische Deutung zu. Freud hat sich mit dem »Moses« beschäftigt (siehe Seite 57 ff.), hier soll eine Deutung des »Sündenfalls« versucht werden. Vorher soll ein Entwicklungs-

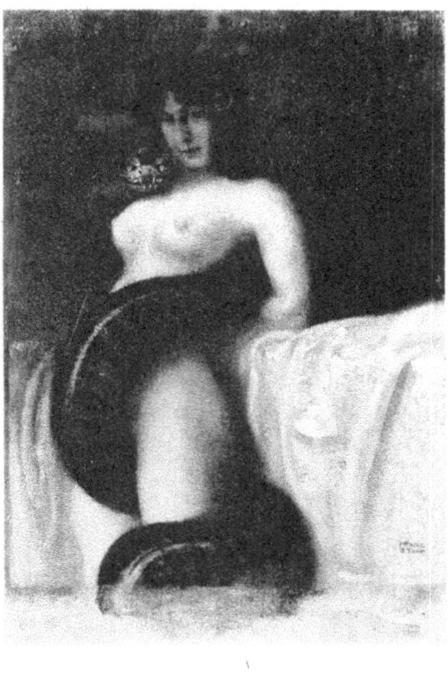

24 Stucks Bilder nehmen Elemente der Sexualsymbolik auf (Franz von Stuck, Die Sünde, 1893, Öl auf Leinwand, 96 x 60 cm, München, Bayerische Staatsgemäldesammlungen, Neue Pinakothek)

ereignis, das Freud postuliert, beschrieben werden, nämlich der Ödipuskomplex:

Der Ödipuskomplex Der Name Ödipuskomplex stammt von der Ödipussage in deren Verlauf der Held den eigenen Vater tötet und die eigene Mutter heiratet. Freud glaubt, der 4- bis 5-jährige Knabe empfindet (analog zu dieser Sage) den Vater als Rivalen im Bemühen um die Liebe der Mutter. Das Kind erlebt Eifersucht und »mörderische Wut«. Dies führt aber zu einer Angst vor Vergeltung durch den stärkeren Vater, die sich auf die geheimen sexuellen Wünsche gegenüber der Mutter richtet. Das Kind fürchtet vom Vater »kastriert« zu werden (ein Teil der Menschen, nämlich Mädchen und Frauen haben aus der Sicht des Kindes den Penis schon verloren). Um diese Bestrafung zu vermeiden wird der Knabe »wie die Eltern« und internalisiert deren Normen als »Über-Ich« (Gewissen).

Als ein Beispiel für eine bildhafte, z. T. auch symbolische Bedeutungskommunikation soll hier die Wandbemalung der Sixtinischen Kapelle untersucht werden, die gerade nach der Restaurierung in neuen transparent wirkenden Farben zu bewundern ist. Natürlich kommen die Besucher in Ehrfurcht und großer Bewunderungsbereitschaft, nachdem sie vorher andere Schätze der Vatikanischen Museen gesehen haben, um nun – im wahrsten Sinne des Wortes – über eine Treppe zum »Höhepunkt« des Museumserlebnisses zu gelangen.

An der Decke befinden sich Bilder, die Geschichten des Alten Testamentes erzählen. Diese überragen die Bilder der Propheten, die die religiösen Wahrheiten niederschreiben. Und diese wiederum werden von einer Phalanx von Päpsten getragen, die die Heilige Schrift in Händen halten und auf sie zeigen. Im Bilde wird so die direkte Ableitung des Wortes von Gott und die direkte Legitimation der Päpste durch die Heilige Schrift gezeigt. Die Päpste sind im Bilde aber auch die Säulen, die Stützen des Glaubens, unter denen sich erst die Geschichten des Neuen Testamentes entfalten.

Die Gefühle der Betrachter werden einerseits durch nackte Busen und muskulöse Männerkörper, andererseits durch Darstellungen blutiger Gewalt in widersprüchlicher Weise angereizt, sodass die Gefühlsmischung »Ehr-Furcht« zustande kommen kann.

z. B. sieht man zwei Frauen den Kopf des Propheten davontragen. Beide sind sehr »erotisch« dargestellt: Eine von ihnen hält einen Schleier vor das Tablett, auf dem der Kopf liegt. Sollte es sich symbolisch um die Botschaft handeln, die Frau könne den starken Mann »im Bett (denn der Prophet liegt ausgestreckt auf der Lagerstatt) besiegen«? Ist der Schleier jenes Häutchen, das im Bett mit dem »Kopf« des Penis in Berührung kommt?

Viel klarer symbolisch ist die Verbildlichung der Vertreibung aus dem Paradies, in der sich der Künstler in manchem Detail von der biblischen Geschichte löst, wahrscheinlich um seine eigene Interpretation im Bilde verständlich werden zu lassen.

Die Schlange ist im Oberkörper als Frau ausgestaltet, die Adam die Hand reicht (ein Apfel ist nicht zu sehen). Soweit folgt die Interpretation der Auffassung einer »sexuellen« Versuchung, die in vielen vergleichbaren Bildern gestaltet ist. Der Apfel wird als Symbol des sexuellen Genusses in etwa vergleichbar dem Genuss einer Frucht gedeutet. Die runde Form greift in diesem Sinne die Rundlichkeit des weiblichen Körpers auf.

Der Unterkörper der Frau-Schlange ist wie ein weicher Ring um den Stamm eines Baumes gelegt und vermittelt eine symbolische Kommunikation des Umschlossenseins des aufrechten männlichen durch ein weiches rundes weibliches Element. Adam hat Eva, greift

25 Sündenfall und Vertreibung aus dem Paradies lassen sich als Umsetzung des Ödipuskomplexes verstehen (Michelangelo Buonarroti, Sündenfall und Vertreibung aus dem Paradies, Rom, Vatikan, Sixtinische Kapelle, Detail des Deckenfreskos, 1508–1512)

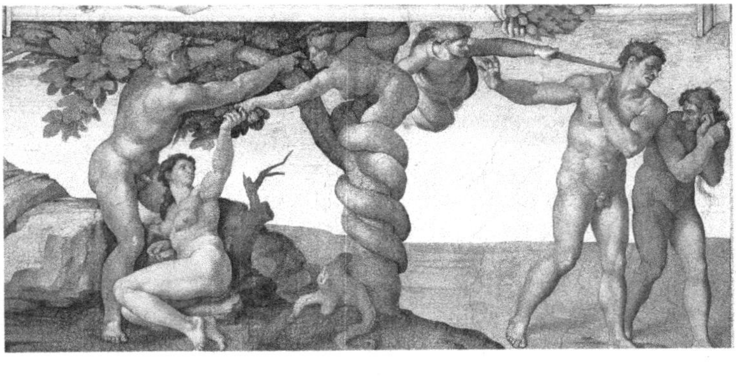

aber hier nach einer anderen Frau, die bereits einen mächtigen Stamm umschließt, den Stamm des Vaters möglicherweise, sodass die Vertreibung aus dem »Heimatland Paradies« verstehbar wird als Verbildlichung des »Ödipuskomplexes«. Adam will die Liebe der Mutter erringen.

In bildhafter Entsprechung wird in dem Ausschnitt des Bildes, der die Vertreibung zeigt, Adams Kopf (s. o.) von dem ausgestreckten Schwert des Engels bedroht: Der Vater droht dem Sohn mit Bestrafung, wenn sich dessen Liebe auf die Mutter richtet. So könnte man die Vertreibung aus dem Paradies als eine »symbolische« Gestaltung des Ödipusdramas auffassen, das von Michelangelo natürlich lange bevor solche Theorien veröffentlicht wurden aus den »symbolschaffenden« Teilen der Seele geschöpft wurde. Hier wird, nehmen wir einmal an, die entsprechende Interpretation sei korrekt, wieder die These bestätigt, dass der große Künstler in seinem Werk die übergreifenden Konflikte der Menschheit in überpersönlicher Weise ins Bild setzen kann. Im vorliegenden Beispiel sogar um den Preis, vom Originaltext der Bibel in verschiedener Hinsicht abzuweichen.

3.2.4 Die Surrealisten

Die Surrealisten setzten sich zum Ziel, das Unbewusste mit den Mitteln des Malers zu erforschen bzw. zu befreien, nachdem sie erste Informationen über Freuds neue Psychoanalyse hatten. Dalí besuchte Freud sogar zusammen mit Stefan Zweig, der in sein Tagebuch schrieb: »[Dalí] hat von Freud gesprochen wie von einem Evangelisten.« (Zitiert nach: Walther 1980)

Symbole Die homosexuelle Phantasie von Salvador Dalís Bild »Das Rätsel Wilhelm Tells« (Abb. 26) ist zunächst als allgemein bildsprachlich zu verstehen: Der Schuss geht buchstäblich ›nach hinten los‹, die Pobacke wächst zum Phallus. In anderen Bildern wird (seine) Impotenz auch symbolisch dargestellt, etwa durch einen schlaffen Geigenhals. Ein gutes Beispiel für die Symbolisierung der primären Geschlechtsmerkmale der Frau zeigt Dalí in der Zeichnung »Die Stadt der Schubladen« (Abb. 27).

Im surrealistischen Film finden wir Symbole, zum Beispiel die

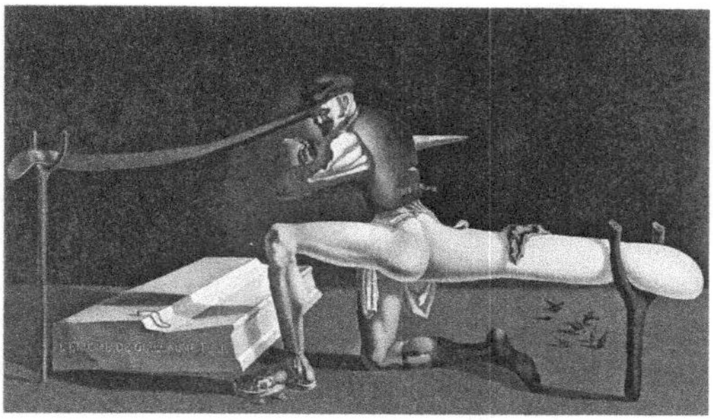

26 Die Surrealisten machten es sich zum Programm, die Bilder des Unbewussten zu materialisieren (Salvador Dalí, Das Rätsel Wilhelm Tells, 1933, Öl auf Leinwand, 201,5 x 346 cm, Stockholm, Moderna Museet)

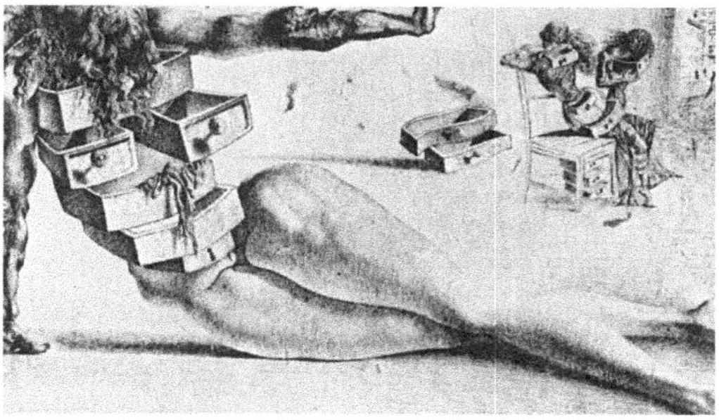

27 Im Traum sind Schublade oder Balkon Symbole für die weibliche Brust (Salvador Dalí, Die Stadt der Schubladen, 1936, Bleistift auf Papier, 26,5 x 43,5 cm, Chicago/Ill., The Art Institute of Chicago)

phallische Schlange, die im Kamin um den Hals des Detektivs fällt (in einem Film von Luis Buñuel).

Zunächst malten einige Surrealisten Traumbilder, später erschienen ihnen die Träume zu individuell, und sie wandten sich stärker den Mythologien zu.

Automatische Methode Man versuchte mit der ›automatischen Methode‹ die Grenzen bewusster Assoziationen zu umgehen: Zufallsstrukturen wie ein Fleck auf einer Wand, oder von Max Ernst abfrottierte Holzmaserungen) gaben Anlass zu irrationalen, ›delirischen‹ Assoziationen. Eine verwandte Methode wird auch heute noch in der Kunsttherapie angewandt, um Kontakt zu eigenen unbewussten bildhaften Inhalten zu gewinnen. Man lässt den Stift ohne Absicht, automatisch, über das Papier schwingen und prüft nach einer Weile, welche Bildinhalte entstanden sind (Farbabb. 8; Schuster 1986 b). Zum einen können unbewusste Bildprozesse den Lauf des Stiftes beeinflussen, den nun keine rationale Kontrolle mehr steuert. Zum anderen aber kommen beim Entdecken eines Bildinhalts in der entstandenen Kritzelei sicher bildhafte Phantasien ins Spiel, individuelle Bildassoziationen, die weit weniger bewusst kontrolliert und gesteuert werden können.

Kritisch paranoische Methode Dalí ließ in der Vorstellung zwei und mehr Bilder verschmelzen und kam so zu ungewöhnlichen Mischfiguren.

Man darf sich die Umsetzung psychoanalytischer Inhalte durch Dalí und die Surrealisten allerdings nicht als allzu exakt oder wissenschaftlich vorstellen. Es ist viel eher eine Umsetzung sehr vager Ideen der Psychoanalyse, die von den Surrealisten als wichtige geistige Strömung der Zeit empfunden wurde, wie auch die Relativitätstheorie herangezogen wurde, ohne je von den Surrealisten in ihren physikalischen Grundlagen verarbeitet worden zu sein. Mir kommen solche Unternehmen eher wie der Versuch vor, sich an der Batterie der Wissenschaften mit ›magischer‹ Kraft aufzuladen (siehe auch Seite 31 f).

Allerdings gelangte tatsächlich etwas von der geheimnisvollen Kraft individueller bildhafter Prozesse in die Bilder jener surrealistischen Künstler, die wie Giorgio de Chirico Phasen des Wahnsinns durchmachten und ›archetypische‹ Bildinhalte aus solchen Halluzinationen (deren Herkunft bis heute völlig ungeklärt ist) mitbrachten.

Victor Brauner schuf in geheimnisvoller Vorahnung Selbstporträts, die ihn als Einäugigen zeigen (Abb. 28; Brauner stammte übrigens aus einer spiritistisch interessierten Familie). Tatsächlich verlor er Jahre später in einer Wirtshausschlägerei ein Auge durch einen Zufällig umherfliegenden Glassplitter

Die Psychoanalyse kann also nicht nur zur Erklärung von Kunstwerken herangezogen werden, sondern sie hat in ihren verschiedenen Richtungen (Max Ernst nahm Kontakt zu C. G. Jung auf) wie kaum eine andere psychologische Theorie auch auf die Kunst gewirkt. Beliebtes Sujet selbst anspruchsloser Unterhaltungsfilme ist z. B. bis heute ein Kindheitstrauma als Ursache für das spätere Versagen des Helden.

Die Möglichkeit der Symbolisierung gehört nun zum Repertoire der Darstellung, ohne dass diese darauf reduziert werden müsste.

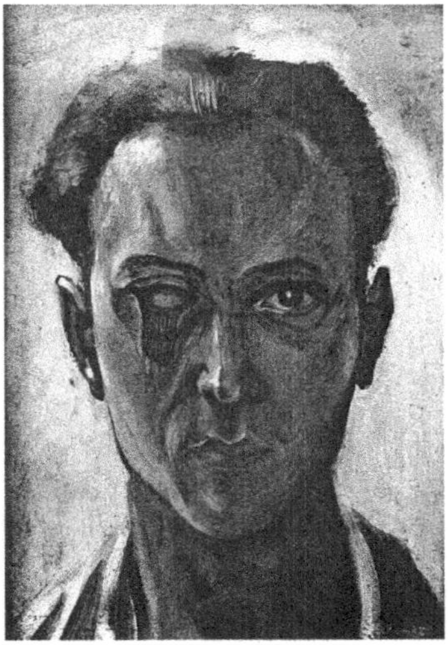

28 Das Selbstporträt zeigt Victor Brauner Jahre vor dem Unfall ohne Auge (Victor Brauner, Selbstbildnis, 1931, Öl auf Holz, 22 x 16 cm, Privatbesitz)

Georges Braque, René Magritte und Marc Chagall wehrten sich gegen die Entschlüsselung ihrer Symbole, da sie eine ›Entzauberung‹ ihrer Bilder befürchteten und gleichzeitig der inzwischen immer mehr zur Konvention der Kunstkritik erstarrten Symbolinterpretation misstrauten (Wilhelmi 1980).

Oft mag die Begegnung von Künstlern und Wissenschaftlern an Sprachbarrieren und an dem Unverständnis für das Bemühen des anderen gescheitert sein. Luis Buñuel berichtet in seiner Autobiografie, wie er Kontakt mit einem psychoanalytischen Institut in New York aufnahm: »Da C. G. Jung den ›Andalusischen Hund‹ gesehen und darin eine gute Demonstration eines Falles von Dementia praecox [d. i. eine ältere Bezeichnung für Schizophrenie] gefunden hatte, schlug ich Alexander vor, ihm eine Kopie des Films zu schicken. Er fand das großartig. [...] Ein paar Tage darauf kam ein Brief von Dr. Alexander. Er hatte den ›Andalusischen Hund‹ gesehen und erklärte – das waren genau seine Worte –, er sei ›scared to death‹, ›zu Tode erschrocken‹, und wünsche keine weiteren Beziehungen mit diesem Herrn Buñuel. Ich frage nun ganz einfach: Ist das etwa die Sprache eines Mediziners, eines Psychologen? Hat man vielleicht Lust, Leuten sein Leben zu erzählen, die von einem Film zu Tode erschrocken sind? Kann man so jemanden ernst nehmen?« (Luis Buñuel 1987, Seite 220.) Von Freud wird die Äußerung berichtet, er könne in Dalís Bildern nichts Unbewusstes entdecken, und Jung erblickte in Picassos Bildern »paradoxe, gefühlsstörende, schauerliche oder groteske Rücksichtslosigkeit« (Gesammelte Werke, Bd. 15, Seite 153). Insgesamt wirken die großen Analytiker gegenüber dem Lebensmut ihrer zeitgenössischen Künstler wenig aufgeschlossen, obwohl sie doch selbst in der – vielbeschimpften – Rolle des (wissenschaftlichen) Revolutionärs waren.

3.3 Die Archetypenlehre Carl Gustav Jungs

Mehr noch als Freud bezieht sich Jung auf kulturelles Material. In Sagen, Überlieferungen und Mythen sucht er nach gemeinsamen Grundstrukturen, die er dann Archetypen nennt. Dabei handelt es sich um unbewusste Inhalte (des kollektiven Unbewussten), die aus der Menschheitsgeschichte stammen. Die Archetypen kommen allerdings immer nur in Symbolen und in individuellen Ausgestaltungen ins Bewusstsein.

Ein Kontakt mit den Archetypen selbst würde das Bewusstsein nicht aushalten; es würde zu einer Überschwemmung mit unbewussten Inhalten kommen und der Wahnsinn wäre die Konsequenz. Insofern ist die Erlebnisnähe zu Archetypen auch immer mit unheilvoller Ahnung und Angst verbunden. Die Religion errichtet mit ihren Symbolwelten Dämme gegen die Gefahren des Unbewussten, gegen die Machtübernahme des Schattens (d. i. das Böse in uns, man denke hier auch an die Rituale des Exorzismus). Jung hat zum Beispiel die Symbolik der Messe analysiert. Dieser Arbeit schenken wir hier exemplarisch Beachtung, denn natürlich ist nicht nur das Standbild, sondern auch die Aufführung, das Ritual, Gegenstand der Kunstpsychologie, weil hier in künstlerischer Überformung visuell Bedeutungen vermittelt werden.

3.3.1 Rituale der Wandlung

Ein Wandlungsritual, das uns allen bekannt ist, ist die christliche Messe. C. G. Jung hat 1954 eine Arbeit über die Wandlungssymbolik in der Messe vorgelegt.

An zentraler Stelle der Messe steht die Wandlung der Substanzen, nämlich Brot in den Leib Christi und Wein in das Blut Christi. Im Abbrennen des Weihrauchs sieht Jung eine Anlehnung an das Brandopfer, das durch Verwandlung der festen Materie in Rauch und Asche die Wandlung der Substanzen, aber auch das Aufsteigen des Gebets begleitend visualisiert. Der entstehende Wohlgeruch macht den Luftraum »zum Aufenthalt böser Geister ungeeignet«.

Das Heben der Hostie zum Altarkreuz ist ein Heben zum Geistigen. Das Wasser wird mit dem Wein gemischt. Das Wasser steht für die Gemeinde, also das Menschliche, und der Wein für das Göttliche: So wird die Verbindung von Menschlichem und Göttlichem im Jungschen Sinne des Wortes »symbolisiert«. Der Heilige Geist wird angerufen und »erfüllt und wandelt« den Wein.

Gebete und die »Anrufung« des Namens des Herrn (Benedictus qui venit in nomine Dominus) bereiten das Erscheinen des Herrn vor. Wenn Hostie und Kelch vereint werden, werden Blut und Körper zusammengefügt, die gewandelte Materie wird beseelt.

So enthält die Messe symbolisch die Wandlung und Menschwerdung Gottes, aber in entgegengesetzter Richtung auch die Wandlung und Teilhabe am Göttlichen durch den Menschen. Auch die Tonsur der Priester erkennt Jung als Wandlungssymbol: Der Priester ist kahl wie das menschliche Neugeborene.

Auch die Taufe ist ein Wandlungsritual: Das nackte (von aller Vergangenheit befreite) Eintauchen in das Wasser wäscht alle alten Spuren ab, führt zu einem Auftauchen ins Licht und zum Neubeginn. Waschungen und Eintauchen ins Wasser sind zentrale Elemente vieler Wandlungsprozeduren, etwa der Äquatortaufe der Seeleute oder auch der weiter unten beschriebenen Heilungs- und Trauerrituale, in denen das Element der Wandlung immer mit eingeschlossen ist.

Der Sprung zu schamanistischer Einweihung (Kalweit 1987; Halifax 1984) mag weit erscheinen, wirft aber auch auf Aspekte der christlichen Wandlungssymbolik, auf die Kreuzigung Christi und auch auf die Selbstkasteiung von Mönchen ein weiteres Licht. Der Schamane selbst wird von schwerer und lebensgefährlicher Krankheit befallen, mit der er oft jahrelang ringt.

Durch Krankheit und Leiden tritt Wandlung ein: der Kranke besinnt sich und wandelt sein Leben. Seelische und körperliche Qual öffnen aber auch die Sensibilität für transpersonale Erfahrungen, die dem Leben dann ein neues Ziel geben. Die Erfahrung der Todesnähe oder schwerer Krankheit ist ein zentrales Element aller Initiationen zum Schamanen, sei es in der Mongolei oder in indianischen Kulturen. »Die Krankheit als Reinigungsprozess hat das Schlechte, Erbärmliche, Schwache, ja die alltägliche Daseinskonstitution hinweg gewaschen, hat wie ein reißender Strom das Individuum überflutet und schwemmte alles Beschränkte und Trübe fort – die Krankheit wurde zur Pforte des Lebens. In allen Kulturen begegnen Menschen mit Nah-Todeserlebnissen Gestalten, die die Auferstehung des Lebens verkörpern, Lebensstiftern, Trägern göttlicher Kraft und Fülle.« (Kalweit 1987, Seite 88.) Auch der Heiland muss das Leiden des Kreuzestodes erfahren, das ihm, dem Sohn Gottes, nicht erspart werden kann. Es ist einerseits Opfer für die Menschen, andererseits Station auf der Initiation zum Erlöser.

Schockerlebnisse und psychisches Leid, wie die Einsamkeit des Eremiten, sind ebenfalls oft Teil der Wandlungsrituale. Mutproben bei der Aufnahme in den Kreis der Männer oder der Rückzug des Propheten in die Wüste stellen diesen Teil des Wandlungsrituals dar, das eine neue Persönlichkeit und Weltsicht entstehen lässt.

In Filmen ist immer wieder zu sehen, wie ein Schock von einer psychischen Krankheit erlöst oder die Wandlung zu einem neuen Leben einleitet, obwohl dieses Phänomen durch die wissenschaftliche Literatur nicht belegt ist. Die Elektroschock-Therapie oder auch die früher in der Psychiatrie verordneten langen eiskalten Bäder knüpfen an diese Wandlungssymbolik an.

Die ›Erleuchtung‹ durch das Göttliche lässt sich durch den Einsatz von Licht darstellen. In buddhistischen Tempeln sind Edelsteine sowie Quarz- und Glasbuddhas Bilder für die Erleuchtung des Gottes (Abb. 29). In der Initiation des Schamanen kann der Kontakt mit der Welt des Geistigen durch das Verschlucken von Quarzkristallen ausgedrückt werden, die das Licht einfangen und brechen. In einigen Zeremonien werden dem Initianden Quarzkristalle unter die Haut gepflanzt.

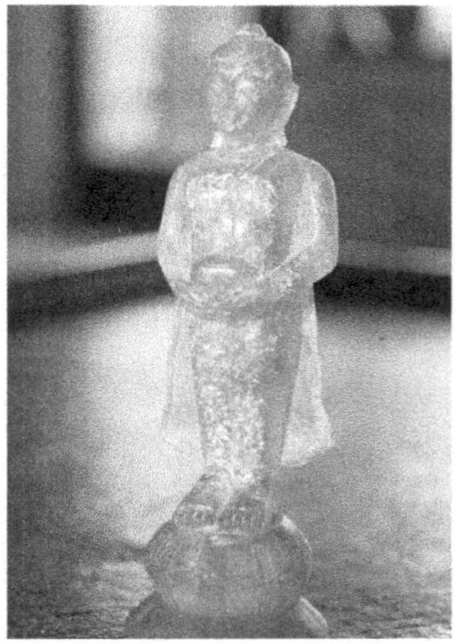

29 Das Licht bricht sich im Quarz der Buddha-Statue und visualisiert die Erleuchtung

3.3.2 Archetypisches Erleben

Wenn ein Kunstwerk beim Betrachter große Faszination, das Erlebnis des Ominösen oder einfach große Begeisterung hervorruft, dann kann dies als archetypisches Erleben interpretiert werden. Das Beispiel einer gelungenen Interpretation eines Kontakts mit dem Archetyp der Magna Mater (siehe Seite 71 f.) geben Teunissen und Hinz (1974).

Michelangelos »Pietà« im Petersdom (Abb. 30) wurde wiederholt das Ziel von Attentaten. Eine übliche Interpretation derartiger Anschläge begnügt sich mit der Annahme, der Täter habe mit seiner Tat Ruhm – wenn auch negativen Ruhm – erwerben wollen, und diese Art des Kunstvandalismus wird leicht als isolierte Verrücktheit abgetan. Bei den beiden letzten Angriffen auf die »Pietà« gab es aber eine merkwürdige Gemeinsamkeit. Die Täter riefen beide »Ich bin Jesus«, bevor sie eine Säureflasche auf das Kunstwerk schleuderten. Der zweite Attentäter hatte von dem ersten aber keine Kenntnis. Die Autoren untersuchten den archetypischen Gehalt des Werks. Die Muttergottes hält den toten Jesus im Arm. Hier wird der übermächtige, der erdrückende Aspekt des Mutterarchetyps angesprochen. Die Täter wehrten sich gegen die (eigene) übermächtige Mutter, die sie in diesem Werk entdeckten. »Ich bin Jesus« drückt aus, dass der Täter sich in der Rolle des hilflosen Jesus fühlte.

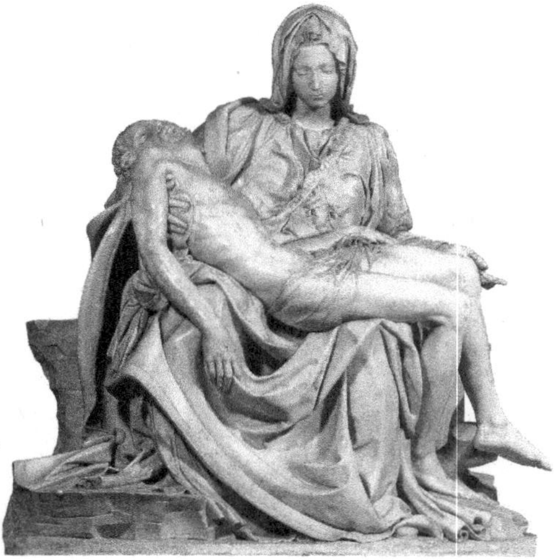

30 In Michelangelos »Pietà« haben die Attentäter die übermächtige Kraft der großen Mutter gesehen, in deren Armen der Christus hilflos liegt (Michelangelo Buonarroti, Pietà, 1498/1499, Marmor, Höhe 174 cm, Rom, Vatikan, Petersdom)

Allerdings hat die Begegnung mit dem Archetyp, wie auch der Archetyp selbst, eine Doppelnatur. Der Archetyp ist gefährlich, aber er gewährt auch den richtigen Hinweis über den Lebensweg. Ein Teil des archetypischen Unbewussten kann mit Gewinn in das Bewusstsein integriert werden: Dies wird etwa im Archetyp der Nachtmeerfahrt – angeregt durch die Sage vom Goldenen Vlies – umgesetzt. Der Held setzt sich nicht unbedeutenden Gefahren (des Unbewussten) aus, um mit einem wertvollen Schatz (mit erweiterter Bewusstheit) wieder aufzutauchen.

Jung selbst gewinnt viele seiner Erkenntnisse aus einer solchen »Nachtmeerfahrt«. In einer Phase psychotischer Erkrankung schreibt er seine Erlebnisse und Visionen, die er unter größter Angst und Bedrückung erfährt nieder und zeichnet sie auch.

Diese Entwicklung selbst wird als Archetyp bezeichnet, nämlich als Archetyp der Individuation: Sie findet ihren bildhaften Ausdruck im Mandala (vgl. Abb. 3), das die Meditation in den hinduistischen Bildwelten fördert. Vierteilung und Kreis kennzeichnen dieses Symbol, das in ganz unterschiedlichen Gestaltungsformen auftreten kann. In der Kunst der Geisteskranken ist das Mandala-Malen der Versuch, in das geistige Chaos eine Ordnung zu bringen (Mandalas entstehen auch spontan in Malsitzungen in der Kunsttherapie). In der Kunsttherapie kann dieses Symbol verwendet werden, um die ordnenden und neustrukturierenden Kräfte des Seelischen wieder aufzurufen.

In der zeitgenössischen Kunstkritik wird das Wort Archetyp oder archetypisch oft und etwas inflationär gebraucht. Man meint damit dann nur »urtümlich«, »entwicklungsgeschichtlich früh« usw., aber nicht die gefährliche oder heilbringende Gewalt der Inhalte des kollektiven Unbewussten, so wie Jung sie beschreibt. Unter die Gewalt des Archetyps können auch ganze Zeitalter und große Menschenmassen geraten, so wie etwa Deutschland in der Zeit des Nazi-Regimes unter die Gewalt des Schattens geriet (in der Swastika, dem Hakenkreuz, wurde auch eine archetypische Wandlungssymbolik gewählt).

In seinen Therapien nutzte Jung die richtungweisende Funktion der Archetypen, um dem Klienten Rat zu geben. Träume und Tagträume wurden mit dem Material von Sagen, Religionsüberlieferungen und Mythen verglichen (das Fachwort lautet amplifiziert, angereichert), um dann zu überprüfen, ob aus der vollständigen Gestalt der Überlieferung Lösungshinweise für die Situation des Klienten zu gewinnen waren. Für den Künstler wie für den Patienten gilt, dass die bildhafte Ausgestaltung des Traums oder Tagtraums weiteres unbewusstes Material ans Licht bringt und insofern auch ein Mittel der Therapie ist (vgl. Jungs Aufsatz: »Die Transzendente Funktion«).

Das Beispiel einer überraschenden Amplifikation in der Therapie bietet van der Hart (1978) bei einer magersüchtigen Klientin. Deren ständigen Waschzwang interpretiert er als unvollständigen Teil eines Wandlungsrituals, nämlich der Wandlung vom Mädchen zur Frau. In der Therapie wird nun ein vollständiges Ritual eingesetzt. Nach einer Phase der Isolation, in der erfahrene Begleiter über das Frau-Werden reden, werden die alten Kleider abgelegt, es kommt zum rituellen Eintauchen in das Wasser und dem Anlegen neuer, weißer Kleider. Schließlich wird die neue Phase mit der gesamten Freundesgruppe gefeiert. Dieser neue Rahmen erlaubt der Klientin ein Aufgeben ihres Waschzwangs und führt sie zu einer neuen positiven Identifikation mit ihrer Rolle als Frau. Das Symptomverhalten wird also als unvollständiger Teil des in unserer Kultur an verschiedenen Stellen überlieferten Wandlungsrituals (z. B. in der Taufe) aufgefasst und mit dem vollständigen Ritual angereichert, das eben den Richtungshinweis auf Akzeptanz einer neuen Rolle enthält.

Bei Jung finden wir eine theoretische Rechtfertigung der Kunst der Geisteskranken. Sie haben direkten Zugang zu den seelisch »heißen« Schichten des Unbewussten und sind daher – wenn es ihnen möglich ist, aus ihrer Welt heraus Zeichen zu geben – authentische Berichterstatter archetypischer Formungsprozesse.

3.3.3 Einige Archetypen in Märchen und Kunst

Viele der von Jung beschriebenen Archetypen lassen sich als typische Entwicklungsstationen (Entwicklungsaufgaben) verstehen. So will ich hier eine gewissermaßen chronologische Folge wiedergeben, wobei jeweils auf Kunstwerke verwiesen wird, die das archetypische Thema aufnehmen.

1. Die Geburt, die Wiedergeburt

In den Ritualen der Waschung und der Messe wird dieses Thema aufgenommen. Aphrodite steigt aus dem Schaum der Meereswellen. Grofs Forschungen (1985) zeigen verschiedene Geburtsphasen auf, die sich dem Erleben des Individuums einprägen und die in Kunstwerken verarbeitet werden. Das Geburtserlebnis kann Bilder mit Energie ausstatten, die überraschende Öffnungen, sich öffnende Landschaften zeigen. Das Erleben im Mutterleib kann als Ozeanische Einheit mit der Natur visualisiert werden.

2. Das göttliche Kind

Im kleinen Kind liegen alle Möglichkeiten. Dies ist Segen und Schicksal, weil nicht alle Chancen entwickelt werden können. Das Jesuskind kommt diesem Archetypus in seinen künstlerischen Verwirklichungen nahe, aber auch der kleine Herkules usw.

3. Die Kore, das Mädchen

Konfirmierungen und Jugendweihen markieren einen ›Jugendlichenstatus‹, der in einer Art Latenzperiode Lernen verlangt, ohne Handlungsmöglichkeiten zu eröffnen. Das Dornröschen muss viele Jahre in seinem Turm bleiben, bis ihre Sexualität und Reife erwachen (sie wird vom Prinz erweckt). Das Mädchen muss die männliche Sexualität akzeptieren, die sich im Märchen oft als Tier darstellt. Erst als der eklige Frosch im Bett geduldet wird, verwandelt er sich in einen Prinzen. Das sagenhafte Einhorn wird im Schoß der Jungfrau zahm (Abb. 31).

4. Animus, Anima
Im Mann und in der Frau befindet sich das Idealbild des anderen Geschlechts: Animus und Anima. Der starke Sog der Liebe entsteht, wenn dieses Idealbild aktiviert wird. Dieckmann (1966) interpretiert einige Märchen aus Tausendundeiner Nacht als Reise des Helden in das Unbewusste, speziell in das kollektive Unbewusste, wo nach der ersten Begegnung mit dem Schatten eine Auseinandersetzung mit der Anima erfolgen kann, dem im Mann existierenden Bild des Weiblichen. Die Anima tritt im Märchen vom Fischer als verführerische Gestalt auf, der der Mann in tiefer Hörigkeit verfallen kann.

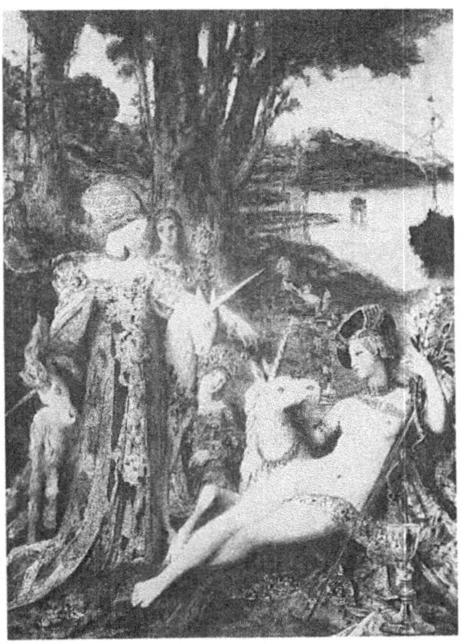

31 Das Einhorn wird im Schoß der Jungfrau gezähmt (Unbekannter Meister, Himmlische Jagd, Detail, 15./16. Jahrhundert, Köln, Erzbischöfliches Diözesanmuseum)

Die Anima als Projektionsvorlage kann Eigenschaften der Hure, des Widersachers, der mütterlichen Figur u. a. m. annehmen. Die im Märchen stattfindende Integration des Archetyps in das Bewusstsein führt zur Individuation, zur Vollendung in der Person des Königs und der Königin. Auch der Film »The Rocky Horror Picture Show« könnte als solche Reise interpretiert werden (vgl. Kapitel 9), bei der die Sexualität entdeckt und integriert wird.

5. Magna Mater
Die Muttergestalt mit ihrem nährenden, aber auch ihrem vernichtenden Aspekt wurde bereits bei der Besprechung der »Pietà« erwähnt (siehe Seite 67 f.). Dettmering (1978) legt eine Analyse von Kubricks Film »2001 – Odyssee im Weltraum« vor. Er fragt, ob es bei der dargestellten Reise in die unwirklichen Welten des Alls in einer hermetisch abgeschlossenen Kapsel nicht »vielmehr um den Versuch [gehe], eine frühere, subjektive, vor-objektale Raumqualität zu erforschen ...« (Seite 1158). Der Raum wird als Uterus, der Computer als Mutter und die folgende Handlung als Auflehnung der Söhne gegen die rachsüchtige Computer-Mutter erlebt. Interessant ist es auch, den Tod der tiefschlafenden und gleichsam verpuppten Kameraden als Tod von mit angelegten Zwillingen zu deuten.

6. Der Alte Weise
Der Alte Weise hilft, aber er neckt auch, etwa wie Rübezahl im Märchen. Diese Figur kommt vielfältig in Kunstwerken und Mythen vor. Der weissagende Eremit ist ein solcher Weiser, auch der Mönch und das dunkle Orakel. In der Parzifal-Sage werden entsprechende Elemente aufgenommen.

7. Der Tod
Der Tod ist eine Initiation in ein unbekanntes Land, die durch Symbole der Transzendenz angekündigt wird, zum Beispiel durch den Kontakt zu übersinnlichen Vögeln, durch ein ›Oben‹, durch die Sonne usw. Hier haben die Totenbücher, das tibetische Bardo Thödöl (Fremantle und Trungpa 1976) und das ägyptische Totenbuch, aber auch die Bibel umfangreiche Bildwelten geschaffen.

8. Individuation
Andere Archetypen wie die Individuation betreffen die Entwicklung der zweiten Lebenshälfte, das Sich-bewusst-werden und die Integration auch negativer eigener Seiten in das Bewusstsein, etwa die Integration des Schattens.

9. Der Schatten
Der Schatten ist das absolut Böse, die Lust an Mord und Niedertracht, die zur Doppelnatur des Menschen gehören. In Robert Louis Stevensons Erzählung »Doktor Jekyll und Mister Hyde« wird der unmoralische Doppelgänger zur Wirklichkeit erlöst und gezeigt, der sonst unsichtbar in der Brust des Menschen verborgen bleibt. Carl Gustav Jung (1932/1979) hat einen Aufsatz zum Werk Picassos verfasst, in dem er die abstrakte Darstellung als Fahrt ins Unbewusste und die blaue Farbe (blaue Periode Pablo Picassos) als Farbe der Nacht und der Unterwelt interpretiert, aus der der Künstler mit einer neuen Gesamtschau »moralisch-bestialisch-geistiger« Menschheit hervorgeht, aus der aber auch Krankheit entstehen kann. Er lässt in der Schlussbetrachtung offen, ob Picasso als gesunder Held oder als gescheiterter Wahnsinniger von seiner Reise durch das Unbewusste zurückkommt. In der modernen Kunst werde unter dem Einfluss des Schattens, des Chaotischen ein »Stück Satan« erlöst.

Diese Aufzählung greift einige wichtige Archetypen heraus, ist aber nicht vollständig. Eine verständliche und umfassende Darstellung findet man bei Jacobi (1967), die das Werk von Jung systematisiert hat.

Wäre die Welt der Menschen ursprünglich rational und abstrakt, so wäre der Ursprung der Kunst schwer zu verstehen. Tatsächlich ist das Denken der Menschen bildhaft und phantastisch, was nicht nur im Traum, sondern auch in den Überlieferungen weniger differenzierter Kulturen zu erkennen ist. Carl Gustav Jung schreibt: »Eine Erschlaffung des Interesses, eine leichte Ermüdung genügt, um die exakte psychologische Anpassung an die reale Welt, die sich durch gerichtetes Denken ausdrückt, aufzuheben und durch Phantasien zu ersetzen.« (Jung 1968, Seite 28.)

3.4 Beiträge in der Tradition Alfred Adlers

Die mehr an der Ich-Entwicklung und dem Bewusstsein ausgerichtete Psychologie Adlers hat ebenfalls wichtige Beiträge zum Verständnis der Kunst geliefert. Nach Adler versucht der Mensch gerade da Höchstleistungen zu erzielen, wo er minderwertige Funktionen erlebt: Jemand, der bewegungsbehindert ist, wird besonders weit reisen, jemand, der sprachbehindert ist, wird später Redner (vgl. Demosthenes). Die Übertragung der These der Organminderwertigkeit auf die Kunst mag zu Missverständnissen geführt haben. Könnten große Künstler eventuell sehbehindert, zum Beispiel farbenblind sein? Ein Bild wie das »Blaue Pferd« von Franz Marc könnte in der Tat aus Farbenblindheit entstanden sein. Bei einer solchen These ist die Kunstströmung des Expressionismus jedoch missverstanden und kunstfremd, nur aus der psychologischen Theorie heraus, interpretiert worden. Die in entsprechenden Untersuchungen von Pickford (1969) aufgedeckte Häufung von Farbenblindheit unter Künstlern konnte in Nachuntersuchungen nicht bestätigt werden.

Unabhängig von dieser Untersuchung lässt sich aber feststellen, dass Kreativität, speziell auch künstlerische Kreativität, aus einer Kompensation heraus entstehen kann. Gerade die Beeinträchtigung der äußeren Erscheinung, eine narzisstische Kränkung, nährt den Wunsch, Schönes zu schaffen. In Epochen, in denen die Kunst ›schön‹ war, finden sich viele Künstler, die in ihrem Aussehen beeinträchtigt waren.

3.5 Kritik, Bewertung

Das Ausmaß und die Inhalte der Verdrängung (Freud erwähnt sexuelle und aggressive Strebungen) sind sicher nicht zu jeder Zeit gleich. Prähistorische Felszeichnungen betonen die Genitalien und verkleinern den Kopf (Abb. 32). Ein Blick auf präkolumbische Darstellungen (Abb. 33) oder auf Höhlenmalereien der Steinzeit belehrt uns, wie freizügig sexuelle Themen in anderen Kulturen behandelt werden konnten. Wieder andere Gemeinschaften tabuisieren die Ansicht des Speisens. Diese Menschen isolieren sich, wenn sie essen wollen. So sind die unterdrückten Inhalte kulturabhängig,

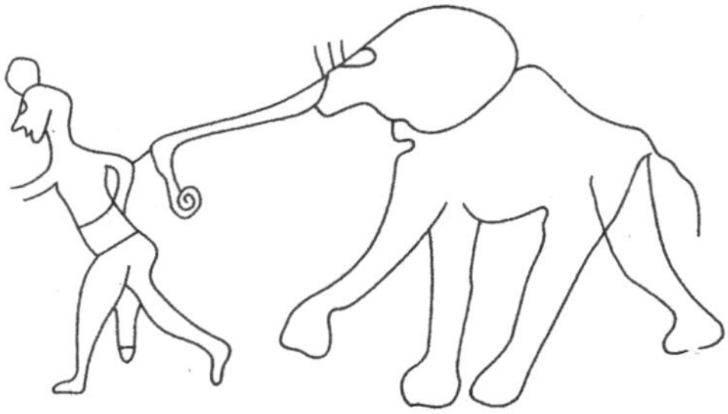

32 Auch archaische Künstler bilden an Felswänden die Geschlechtsteile des Menschen sehr viel dominanter ab als seinen Kopf (Mensch mit Elefant, rd. 7000 v. Chr., Algerien, Tassili n'Ajjer, Wadi Djaret)

und wahrscheinlich wandeln sich auch die Symbole historisch. Es fehlt uns eine Kulturgeschichte der psychoanalytischen Symbolik, um die Bilder vergangener Epochen oder auch der kommenden, in sexueller Hinsicht freieren Epoche mit dem Rüstzeug der Psychoanalyse interpretieren zu können.

Unterdrückte Strebungen unserer Kulturen zeigen sich z. B. in der Anonymität von Toilettenkritzeleien, die in der unbeobachteten Einsamkeit geschaffen werden, in einem Raum, in dem Verborgenes enthüllt wird (Abb. 34). Wo Homosexualität verboten ist, findet man Graffiti mit homosexuellem Inhalt häufiger. In Amerika war es eine Zeit lang die sich entwickelnde Frauenbewegung, die hier ersten Ausdruck fand (Pietroiusti 1989).

Jungs Lehre wird wohl bei genauer Analyse des verwendeten völkerkundlichen Materials mancherlei Fehler aufweisen, gerade aber die Nähe zu den Entwicklungsstufen des Lebenslaufs sichert der Archetypenlehre eine zeitübergreifende Gültigkeit (eine Ähnlichkeit zu den Ergebnissen der Ethologie wurde von Lorenz abgelehnt). Sicher sind aber gleiche Symbole, gleiche Bildformen in ganz unterschiedliche Bedeutungssysteme eingebettet, sodass sich die von Jung behauptete kulturübergreifende Gültigkeit von Symbolen wohl als Irrtum erweisen wird.

3.6 Der Ruhm Vincent van Goghs

Zum hundertsten Todestag von Vincent van Gogh im Jahre 1990 hatte die Euphorie der Verehrung dieses Künstlers einen Höhe-

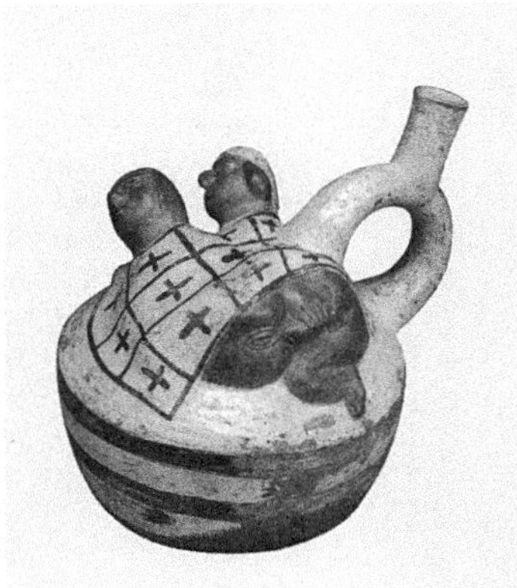

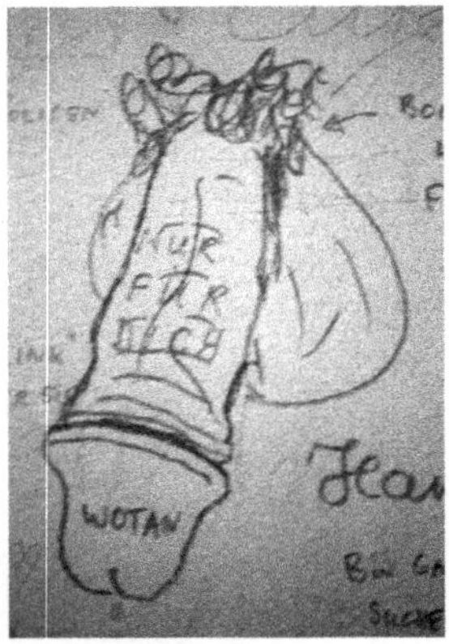

33 In den präkolumbischen Kulturen scheint die Abbildung sexueller Aktivitäten nicht so streng wie in unserer Kultur zensiert worden zu sein (Erotisches Figurengefäß, Alt-Peru, 1.–3. Jahrhundert, Ton, Höhe 20,5 cm, Köln, Rautenstrauch-Joest-Museum, Dauerleihgabe Museum Ludwig)

34 In öffentlichen Toiletten wird – angeregt vom assoziativen Umfeld des Ortes – das Sexuelle visualisiert; solche Zeichnungen kommen oft mit wenigen Strichen aus

punkt erreicht. Amsterdam bot zwei Ausstellungen, zu denen ›Terminkarten‹ ausgegeben wurden, das heißt, die Eintrittskarten waren nur für einen bestimmten Tag gültig. So wollte man mit dem Ansturm der Bewunderer fertig werden. Zugegeben, viele Menschen finden van Goghs Bilder ›schön‹; dies allein kann aber eine solche Massenbewegung kaum erklären. Der Mythos van Gogh muss noch andere Wurzeln haben. Möglicherweise helfen hier psychoanalytische Interpretationen weiter.

Verweilen wir aber noch bei der ›Schönheit‹ der Bilder. In seinen späten Werken verwendet van Gogh helle, überaus leuchtende Farben, wodurch sich seine Bilder von den farblich eher gedeckten Werken der zu dieser Zeit hochgeschätzten Alten Meister stark unterscheiden. (Die Vorliebe des kunstinteressierten Publikums für gedeckte Farben basierte, wie wir inzwischen wissen, auf einem Irrtum: Die bewunderte goldbraune Tonigkeit der Bilder ist weitgehend auf nachgedunkelten Firnis und/oder Schmutz zurückzuführen. Ursprünglich waren die Bilder sehr viel farbiger, wie die restaurierte »Nachtwache« von Rembrandt oder neuerdings das gereinigte Deckenfresko der Sixtinischen Kapelle beweisen.) Was dem damaligen Betrachter den Zugang zu van Goghs Bildern erschwerte, ist für uns, die wir Farbigkeit und Buntheit als schön empfinden, längst keine Barriere mehr. Dafür tun wir uns schwerer mit den ›Ölschinken‹ vergangener Jahrhunderte.

Auch sonst sind die in fast ›naiver‹ Einfachheit gemalten Bilder leicht wahrzunehmen. Ganz im Gegensatz dazu steht die oft ausgeklügelte Konstruktion der figurenreichen Historienmalerei (man denke nur an die Monumentalwerke von Eugène Delacroix), deren Wahrnehmung fast schon Arbeit ist.

Keine Kränkung durch den Erfolg des Künstlers Die große Bewunderung für den Künstler wird sicher aber auch aus Quellen außerhalb seines Werks gespeist. Angesichts der Bilder des (geistes-) kranken Künstlers braucht sich der Betrachter keine so unangenehmen Fragen zu stellen wie: Warum kann ich es nicht so gut? Warum bin ich nicht so berühmt? Das unnormale Genie, die Geisteskrankheit geben die Erklärungen für die ›extreme‹ Leistung. Daher können van Goghs Werke neidlos und ohne Kränkung des Selbstwertes anerkannt werden.

Tatsächlich ist es schwer, eine Diagnose zu stellen. War van Gogh schizophren, epileptisch, oder litt er an Folgen des Absinth-Genusses? Sein Werk weist auch nicht die typische Veränderung in der Geisteskrankheit auf. Der Übergang zu einer hellen Malweise lässt sich eher als Folge des Kontakts mit den Impressionisten verstehen (Kraft 1986). Die Farbpalette van Goghs war darüber hinaus auch noch von japanischen Farbholzschnitten angeregt, die als Verpackungen für den Tee aus Japan mit Handelsschiffen nach Holland kamen. Tatsächlich ist eines seiner Bilder eine ziemlich genaue Hiroshige-Kopie (»Die Brücke im Regen«).

Die ambivalente Beziehung des Publikums zur Höchstleistung und zum Genie tritt in dem Moment deutlich hervor, wo versucht wird, die Leistungen der bewunderten Vorbilder zu mindern. Einstein, so wird gerüchteweise verbreitet, habe seine Ideen von seiner ersten Frau, und Picasso sei ziemlich übellaunig und egoistisch gewesen. Für solche ›Hiobsbotschaften‹ besteht Bedarf. Die Kränkung, die die Anerkennung des Genies für den Einzelnen, der weniger anerkannt ist, mit sich bringt, fordert ihren Tribut. Die Berühmten werden indes mit dem Bedürfnis ihres Publikums nach Minderung oft nicht fertig (was die häufigen Selbstmorde von Schauspielern belegen).

Leicht zu rezipieren Die moderne, speziell auch die zeitgenössische Kunst zu genießen, wird den Menschen erschwert, denn sie hebt oft gar nicht darauf ab, Genuss zu vermitteln. Im Umgang mit dieser Kunst verwenden viele, gerade Kunstexperten gern das Wort ›verstehen‹ (respektive ›nicht verstehen‹), wenn sie von der ablehnenden Einstellung der Massen gegenüber der zeitgenössischen Kunst sprechen. Mit van Gogh haben die Massen einen anerkannten Künstler gefunden, dessen Werk sie genießen, also ›verstehen‹. Man braucht sich nicht länger minderwertig zu fühlen, denn so dumm, wie befürchtet, ist man also doch nicht.

Hoffnung auf späten Erfolg Schließlich ist ein dritter Punkt zu erwähnen, der van Gogh und sein Werk so entlastend werden lässt. Er hatte im Leben keinen Erfolg, obwohl sich sein Werk im Nachhinein als »genial« entpuppte. Er war auch keineswegs ein Maler, der sich die Geschicklichkeit durch Ausdauer oder langes Studium angeeignet hätte. Nein, er versuchte sich – und scheiterte – vor seiner Malerei schon in vielen Berufen. Van Goghs Erfolg ist also kaum das Ergebnis von lebenslangem Fleiß und von mühsamer Vorbereitung. Er galt seiner Zeit auch kaum als begabter Künstler. Er musste die Kunstakademie verlassen, weil die Lehrer von seinen Fähigkeiten nicht überzeugt waren. Auch von Einstein wird häufig und gern berichtet, er habe nur sehr mittelmäßige Schulleistungen erbracht. Dies nährt im Fall van Goghs wie im Fall des Genies Einstein in uns allen die Hoffnung, dass die geniale Leistung auch aus einem durchschnittlichen Leben heraus entstehen kann.

Die Kombination von ›späterem‹ Erfolg und ›mühelosem‹ Erreichen der Leistung ist es nun im Speziellen bei van Gogh, die in jedem von uns die Flamme der Hoffnung glimmen lässt, auch das eigene Lebenswerk (was noch später entstehen kann) könne das Individuum aus der Woge des Normalen und Unauffälligen herausheben. Ja, van Gogh wird für viele ambitionierte, aber nicht erfolg-

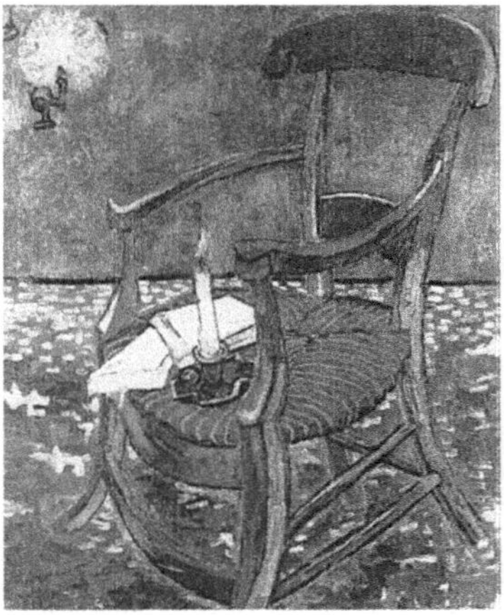

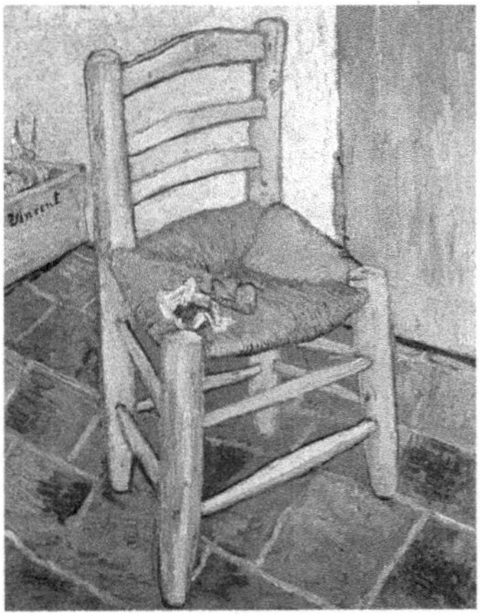

35 Der Stuhl hat für van Gogh offenbar eine besondere Symbolik (Vincent van Gogh, Gauguins Stuhl, 1888, Öl auf Leinwand, 90,5 x 72 cm. Amsterdam, Stedelijk Museum)

36 Kurze Zeit darauf wiederholt van Gogh das Stuhl-Motiv (Vincent van Gogh, Vincents Stuhl, 1888/1889, Öl auf Leinwand, 93 x 73,5 cm, London, The Tate Gallery)

reiche Künstler zum Beleg dafür, dass Großes auch ohne die Anerkennung der gegenwärtigen Umwelt existieren kann.

Allgemein menschlicher Konflikt Kann die psychoanalytische Betrachtung weiterhelfen, den Ruhm, den Erfolg der Künstler zu verstehen?

Vincents umfangreicher Briefwechsel mit dem Bruder und Kunsthändler Theo wurde von Nagera (1973) untersucht. Van Gogh ›sublimierte‹ in der Malerei sexuelle Energie. Er schrieb selbst oft darüber, dass der Geschlechtsverkehr dem Malen abträglich sei, und riet einem jüngeren Malerfreund, vierzehntäglich eine Prostituierte aufzusuchen, um nicht all zu sehr von der Arbeit abgelenkt zu werden. Insofern passt der Künstler gut zur psychoanalytischen Kunsttheorie. Es werden aber auch einzelne Bilder in ihrer Entstehungsgeschichte analysiert.

Die Abbildungen 35 und 36 zeigen Bilder, auf denen leere Stühle dargestellt sind. Es handelt sich um den Stuhl Gauguins, der zu dieser Zeit in Arles zu Besuch war, und um van Goghs Stuhl. Während Gauguins Aufenthalt war es zu Streitigkeiten gekommen. Gauguin wollte abreisen. In dieser Situation wurden in van Gogh wieder Erinnerungen an die emotionale Trennung von seinem Vater wach, zu dem er ein ambivalentes Verhältnis hatte. Er verehrte ihn, verzieh ihm aber die erlittene Zurückweisung nie ganz, stritt oft mit ihm und fühlte sich leicht verletzt und abgelehnt.

Die Aggression gegen den Vater wendet sich nun gegen Gauguin. Der unbewusste Tötungswunsch findet in dem dann entstehenden Bild (November 1888) symbolischen Ausdruck als leerer Stuhl. Nagera kann nachweisen, dass dieses Symbol für van Gogh wirklich die Bedeutung des Todes besaß. Der Künstler hatte sich einige Zeit zuvor von einem Bild beeindruckt gezeigt, auf dem der leere Stuhl eines Verstorbenen abgebildet war, und sich sogar bemüht, dieses Bild antiquarisch für einen Freund zu beschaffen.

Der aggressive Triebstau des Künstlers entlud sich an einem Abend Ende Dezember. Er verfolgte seinen Besucher mit dem Rasiermesser. Als dieser sich umwendete und seinen Verfolger entdeckte, ging van Gogh zurück ins Haus und schnitt sich ein Ohr ab, das er dann einer Prostituierten schenkte. Das starke Über-Ich des sehr religiösen Mannes – er hatte Prediger werden wollen – wendete die Aggression gegen die eigene Person: Die Kastrationsdrohung, die vom Vater erlebt wurde, machte er symbolisch am eigenen Ohr wahr, das dann, als Penisersatz, bezeichnenderweise einer Prostituierten geschenkt wurde. (Zu diesem Punkt sind andere Theorien geäußert worden: Der Künstler habe so die unerträglichen akustischen Halluzinationen loswerden wollen oder den Brauch nachvollzogen, dem besiegten Stier ein Ohr abzuschneiden. Es wurde übrigens auch bezweifelt, dass man sich ein ganzes Ohr abschneiden kann, ohne zu verbluten)

So verstehen wir die Symbolik, die Inszenierung des Ödipus-Dramas zwischen Kunst und Verhalten. Vielleicht ist es gerade der spürbare Kampf mit dem Leiden an seiner Existenz, der die Kunst van Goghs zur Erleichterung für den Betrachter werden lässt, wie sie auch dem Maler Erleichterung von seinen Leiden verschaffte.

KUNSTPSYCHOLOGISCHES PRAKTIKUM

A Man ist von einer Flut von Werbebildern umgeben. Die müssen die Aufmerksamkeit einfangen und das Produkt wichtig machen. Also bedienen sich die Werbegestalter der Kommunikation durch Symbole und laden so unbemerkt das Produkt mit sexueller Bedeutung auf. Versuchen Sie in den Werbebildern eine Sexualsymbolik zu entdecken. Was ist gegebenenfalls die »geheime« Botschaft des Werbebildes?

B Nehmen Sie noch einmal ein Karl May Buch zur Hand: Kann man in dem Text Sexualsymbole entdecken? Wenn Sie eine Auflösung suchen: Arno Schmidt hat in seinem Buch »Sitara und der Weg dorthin. Eine Studie über Wesen, Werk und Wirkung Karl Mays« eine überraschende und kundige Symboldeutung vorgelegt.

C Malen Sie geheimnisvolle oder besonders eindrucksvolle Szenen aus eigenen Träumen. Vielleicht erschließen sich im Zuge der Ausgestaltung neue Bedeutungsebenen.

D Pausen Sie eine Holzmaserung durch und versuchen Sie in der Abpausung neue Bedeutungen zu sehen, die Sie dann mit anderen Farben hervorheben und ausmalen.

4 Vergleichende Verhaltensforschung, Kunst und Werbung

Als Disziplin der Biologie scheint die vergleichende Verhaltensforschung auf den ersten Blick wenig mit Kunst zu tun zu haben. Dennoch erweist sich der Brückenschlag zwischen Biologie und Kunstwissenschaft als überraschend ergebnisreich.

4.1 Verhaltensbiologie im Bewusstsein der Menschen

Die Vorstellung, von den Affen abzustammen, hat den Zeitgenossen Darwins wenig gefallen. Die Lehre vom Ursprung der Arten war eine Kränkung für Menschen, die sich im Universum als einzigartig definierten. Die Kränkung ist immer noch nicht völlig überwunden, aber dennoch ist die Abstammungslehre heute die herrschende Auffassung in den Naturwissenschaften. Nicht nur die Körpermerkmale, sondern auch das ›Verhalten‹ der Arten erwies sich als vererbt. Für tierisches Verhalten ist dies völlig unumstritten. Für menschliches Verhalten entsteht wiederum ein Konflikt mit der ›Selbstdefinition‹ eines freiwillig und rational handelnden und denkenden Homo sapiens.

Im Bereich der zwischenmenschlichen Aggression, im Bereich sexuellen Verhaltens oder der Speisenbevorzugung ist eine ›instinktive‹ Reaktion, die oft störend neben der ›rationalen‹ Überlegung das Verhalten bewirkt, der Selbsterfahrung aber so zugänglich, dass sie kaum geleugnet werden kann. Für die Kunst, die zu den Höchstleistungen der Kultur zählt, ist die These einer biologischen Fundierung aber zumindest überraschend. Schließlich hat in der Natur noch kein Forscher eine Kunst der Menschenaffen beobachtet.

4.2 Gibt es ein ästhetisches Empfinden und eine Kunst der Primaten?

Rensch hat in zwei Experimenten (1957, 1958, zusammenfassend 1980) untersucht, ob man bei Fischen und Vögeln sowie bei Primaten ästhetische Vorlieben nachweisen kann.

Einer Meerkatze und einem Schimpansen wurden einfarbige Würfel und Würfel mit farbigen Mustern vorgelegt. Die Affen konnten sich einige Würfel als Spielzeug nehmen. Von den Affen wurden regelmäßige (axiale oder radiale Symmetrie) vor unregelmäßigen Mustern bevorzugt. Auch bei der Farbwahl der Tiere spielten ästhetische Faktoren wenigstens eine gewisse Rolle: Die Affen wechselten nach einigen Durchgängen die bevorzugte Farbe, wie es auch Menschen in den Zyklen der Mode tun.

Bei Tieren können Bevorzugungen nicht durch kulturelle Erfahrungen entstehen, sondern müssen unmittelbar mit den Eigenschaften des Nervensystems zusammenhängen. Sei es, dass symmetrische Figuren besonders gut mit den Prozessen der Wahrnehmung korrespondieren, sei es, dass die einfachere Informationsverarbeitung bei regelmäßigen Figuren allgemein angenehm ist, in jedem Fall scheint einleuchtend, dass ästhetisches Empfinden nicht nur individuell, subjektiv ist, sondern dass es bei aller Spezifik auch generelle, sogar artenübergreifende gültige Gesetze ästhetischen Empfindens gibt.

Ausschließlich bei Primaten ist es bisher gelungen, Ansätze einer künstlerischen Produktion zu erzielen. Morris (1968) und Rensch (1961) berichten über den Versuch, Schimpansen und Gorillas zeichnen zu lassen. Tatsächlich waren die Affen nach einer Übungsphase mit einiger Hingabe bei der Sache, aber sie gelangten in der Art der Zeichnung zuerst nicht über die kindliche Kritzelphase hinaus. Einige Bilder beeindruckten durch harmonische Linienführung und Farbverteilung. Allerdings setzten die Betreuer das Ende der Malaktion fest. Wenn nämlich unbegrenzt weitere Farbpinsel angereicht wurden, vermischten die Tiere alle Farben.

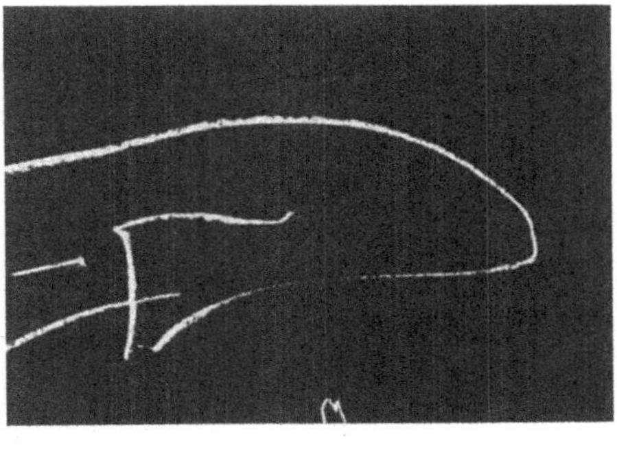

37 Die Zeichnung wurde von der Schimpansin Moje in der Taubstummensprache als »Vogel« bezeichnet

Auch die Abbildungsfunktion der Bilder kann von Affen entdeckt werden. Tiere, die eine Gestensprache erlernt hatten, benannten spontan eigene Zeichnungen, zum Beispiel wurde die Zeichnung in Abbildung 37 als »Vogel« benannt (siehe Gardner und Gardner 1978).

4.3 Die ›biologische Relevanz‹ der Kunst

In den Werken der Kunst sind sehr häufig biologisch bedeutsame Inhalte abgebildet, so zum Beispiel Aggressionen (Kampf, Schlacht), Sexualität (nackte Körper, erotische Szenen), Zusammenhalt und Bindung (Gruppen von Frauen mit Körperkontakt, Mütter mit Kindern usw.) oder Nahrungsmittel (Stillleben). Oft liegt die Schönheit des Bildes in der tatsächlich ›übernatürlichen‹ Schönheit der abgebildeten Sache: Der idealschöne Frauenkörper ist allgegenwärtig. Seit der klassischen griechischen Kunst haben es Künstler verschiedener Epochen immer wieder als ihre Aufgabe betrachtet, die natürliche Schönheit eines Körpers zu übertreffen, indem sie z. B. – angeregt durch die überlieferte Arbeitsweise des berühmten griechischen Malers Zeuxis (5./4. Jh. v. Chr.) – die schönsten Teile verschiedener Körper kombinierten. Wenn wir nach den Wurzeln des Schönheitsempfindens suchen, müssen wir uns also eher den biologisch relevanten Reizen zuwenden als den Kunstwerken, die deren Schönheit transportieren.

Das Verhalten des Augenwesens Mensch in diesen Bereichen ist anerkannt instinktiv, das heißt durch sogenannte »Schlüsselreize« gesteuert. Der Schlüsselreiz wird von Tieren und Menschen durch den sogenannten angeborenen auslösenden Mechanismus (AAM) verarbeitet (z. B. Eibl-Eibesfeldt 1984). Beim Augenwesen Mensch sind viele solche Schlüsselreize Merkmale der visuellen Welt und können also auch in Bildern verwirklicht werden.

Wie wirken solche Schlüsselreize auf den Betrachter? Die biologisch relevanten Reize lösen nicht wie bei einem ›Reflexautomaten‹ automatisch die instinktiven Verhaltensweisen aus. Dazu ist die Verwirklichung zu künstlich (nur im Ausnahmefall richtet sich etwa die sexuelle Reaktion auf Abbildungen). Die jeweiligen Reaktionen sind darüber hinaus in ein kulturelles Umfeld eingebettet, das eine Reaktion im Moment der Signaldarbietung ausschließt. Vielmehr werden nur die Aufmerksamkeit und die ›Stimmung‹ des Individuums beeinflusst: Die Wahrnehmung von appetitlichen Speisen auf einem Stillleben (oder in einem Schaufenster) kann den Appetit anregen und ›das Wasser im Mund zusammenlaufen‹ lassen.

Schließlich löst der Schlüsselreiz Handlungsbereitschaften des jeweiligen Instinkts nur aus, wenn die ›Instinktbatterie‹ aufgeladen ist, wenn also der entsprechende Instinkt ausreichend lange nicht betätigt wurde. Die sexuelle Animation kann also besonders den Seemann treffen, der lange in einer reinen Männergesellschaft an Bord war.

Dabei ist klar, dass die Wirkung von Elementen eines Schlüsselreizes weitaus direkter und stärker ist, als die Abbildung nicht instinktrelevanter Formen. Elemente des Schlüsselreizes können direkt – unter Umgehung der ›rationalen‹ Kontrolle – Handlungsbereitschaften aktivieren. Welcher Künstler würde sich eine solche Wirkung entgehen lassen? Auf die schnelle Aufmerksamkeit des Passanten sind natürlich auch die Werbegestalter angewiesen, die sich der entsprechenden Reizelemente also ebenfalls in starkem Maße bedienen.

Wenn im folgenden also die ›Biologie‹ der bildnerischen Gestaltung behandelt wird, so soll aber vorausgeschickt werden, dass ein so komplexes Phänomen wie die Reaktion auf Bilder nicht mit einem einzigen Prinzip erklärbar ist. Neben den anthropologischen Konstanten der Kunstwirkung ist natürlich auch die geschichtliche Überlieferung, die Kunstgeschichte, eine wichtige Ursachenquelle des Gestaltung und Wirkung eines einzelnen Kunstobjekts. Kein Künstler gestaltet aus dem Nichts, sondern er bedient sich – mehr oder weniger bewusst – der vorhandenen Vorbilder.

Will man nun das »imaginäre Museum«, das Universum der Kunstwerke und der bildnerischen Gestaltungen, darauf abklopfen, wo Schlüsselreize verwirklicht sind, so sollten zuvor Kriterien festgelegt werden, wann berechtigt von Schlüsselreizen gesprochen werden kann. Denn gerade in der Kunstkritik besteht kein weiterer Bedarf an unüberprüfbaren Behauptungen.

4.4 Sind Schlüsselreize in visuellen Gestaltungen nachweisbar?

Die Verhaltensforscher geben eine Reihe von Merkmalen visueller Reize an, die beim Menschen Instinktverhalten auslösen (z. B. Lorenz 1978, Eibl-Eibesfeldt 1973, 1984). Merkmale für die künstliche, die ›künstlerische‹ Verwirklichung von Schlüsselreizen lassen sich daraus ableiten.

a) Solche Reize müssten sich in den Gestaltungen verschiedenster Kulturen nachweisen lassen.

b) Schlüsselreize müssten an relevanten Stellen in Kunstwerken gefunden werden: Weitaufgerissene Augen müssten zum Beispiel in Kampfszenen vorkommen, halbgeschlossene Augen in friedlichen ›Kraulstimmungen‹.

c) Solche Schlüsselreize müssten, weil sie auch das Verhalten vergleichsweise einfacher Organismen steuern, aus wenigen Reizen bestehen und von Anordnungen der Umwelt eindeutig zu unterscheiden sein. Also eignen sie sich gut für Strichzeichnungen von Amateuren zum Beispiel in Toiletten (vgl. Abb. 34), für Comic-Zeichnungen oder für Signets und Zeichen.

d) Aus der Forschung mit Tieren ist bekannt, dass die Wirkung des Schlüsselreizes nicht an die naturgetreue Nachbildung gebunden ist. Im Gegenteil, wenn die Reize stärker als in der Natur ausgebildet werden oder mehr von den einzelnen Elementen vorhanden sind, so erzielen sie beim Tier eine noch größere Wirkung (man spricht von supra-normalen Auslösern). Bei den künstlerischen Gestaltungen von Schlüsselreizen dürfen also auch grobe ›Unrichtigkeiten‹, Übertreibungen in der Abbildung erwartet werden, die den Betrachter dennoch nicht stören (Abb. 38; hier sind Merkmale extremisiert, die nur zum Teil als Schlüsselreiz gelten können). Solche Übertreibungen würden an anderer Stelle lächerlich wirken. Der Besucher des Ägyptischen Museums staunt, wenn er in 4000 Jahre alten Reliefs oder Statuen die nämlichen Reizelemente extremisiert findet (Abb. 39). Auch griechische oder römische Abbildungen können uns in dieser Hinsicht heute noch gefallen. Wie das Auftreten in verschiedenen ›Stämmen‹ ein Beleg für die angeborene Grundlage einer Verhaltensweise sein kann, so kann das Vorkommen der Extremisierungen und relevanten Formelemente zu

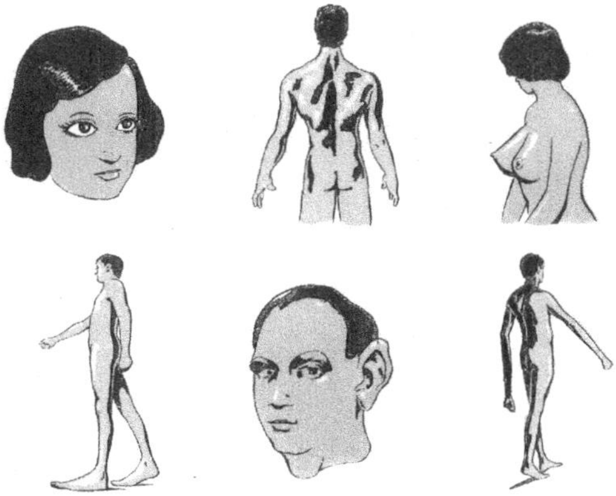

38 An manchen Stellen wirken Extremisierungen plausibel und schön, an anderen Stellen sind sie lächerlich (Grafik Bernard P. Woschek)

verschiedenen Zeitpunkten der Kunstgeschichte auf die Existenz eines Schlüsselreizes hinweisen.

e) Solche Reize sollten in der Regel auch verwandte Arten ansprechen. So wird das drohende Starren oder Aufreißen der Augen auch von Schimpansen und sogar von uns entfernteren Affenarten als Bedrohung aufgefasst.

f) Natürlich wird man solche Schlüsselreize in biologisch relevanten Bereichen suchen. Aber auch künstliche Reize, Warnzeichen, Produktformen, die in einer entsprechenden Einbettung bedeutungsvoll werden, sollten Elemente des Schlüsselreizes aufweisen.

g) Weil sich Schlüsselreize so gut für die Werbung eignen, sollten sie dort besonders häufig vorkommen. Das Studium der Werbung müsste also ein reichhaltiges Quellenmaterial an Schlüsselreizen in visuellen Gestaltungen erbringen.

Sind die genannten Forderungen erfüllt, so ist der Einsatz von Schlüsselreizen an dieser Stelle in der Darbietung sehr wahrscheinlich. Dies soll in Absatz 4.6 am Beispiel des Drohstarrens überprüft werden. Zuvor soll noch geklärt werden, wie die Schönheit einer Gestaltung biologisch determiniert sein kann.

4.5 Schlüsselreize, ästhetische Empfindungen und Emotionen

Als einfaches Modell für die ästhetische Empfindung kann hier die Geschmacksempfindung dienen. Süße Speisen schmecken gut: sie können vom Körper leicht in Energie umgesetzt werden. Der ›gute‹ Geschmack ist also ein Merkmal der ›nützlichen‹ Speise.

Bei der Beurteilung des Aussehens von Speisen scheint die biologische Angemessenheit ebenfalls eine Rolle zu spielen: Die weiße Speise ohne Verschmutzungen (z. B. Weißbrot, Reis) und die gelbbraune Färbung von Wurzeln und Nüssen werden bevorzugt (Lorenz 1978). Stillleben zeigen häufig die braunrote Schale einer Frucht oder Nuss und deren helles Fruchtfleisch. Die gelbe Farbe der Margarine ist ein verkaufsförderndes Merkmal und verweist direkt auf möglicherweise angeborene Speisenbevorzugungen. Inzwischen werden Margarine, Butter und auch Fleischsorten entsprechend unseren Vorlieben eingefärbt.

Bei der Körperschönheit hängen auch Funktion und ästhetisches Empfinden zusammen. Die Schönheit zum Beispiel des weiblichen Körpers wird oft um so höher geschätzt, je stärker die sekundären Geschlechtsmerkmale ausgeprägt sind, die ihrerseits zum Teil mit der Funktion des Gebärens zusammenhängen. Die Taille-Becken-Proportion ist letztlich Signal für die Breite des Geburtskanals usw.

Man denke weiterhin daran, welche Bedeutung Jugendlichkeit und Gesundheit für die Beurteilung der Körper- und Gesichtsschönheit haben (so werden die Zähne von Bühnenkünstlern in der Regel

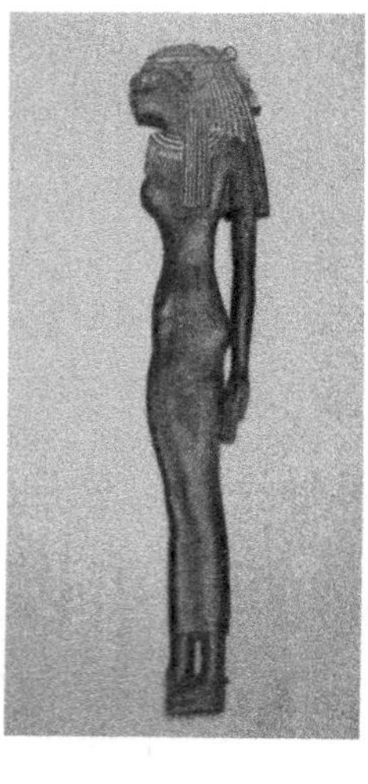

39 Die ägyptische Frauenstatue entspricht vollständig auch dem heutigen Schönheitsideal (Statue einer Frau um 2000 v. Chr., Höhe 104 cm, Paris, Louvre)

künstlich geweißt und so zum Signal von Jugendlichkeit). Trifft man also eine Auswahl, weil man ein bestimmtes Objekt schöner findet, so hat man ›instinktiv‹ die Entscheidung für das – nach biologischen Gesichtspunkten – optimale Objekt getroffen. Hier könnte eine Grundlage für die unerschütterliche Annahme von Konsumenten sein, das schöne Produkt sei auch qualitativ gut.

Speisenbevorzugung und Körper- sowie Gesichtsschönheit Viele Redensarten setzen den menschlichen Körper mit Früchten in Vergleich. Er kann »knackig« sein, es gibt das »süße (mundartlich: lecker) Mädche«, und man kann sich »zum Aufessen« lieb haben. Tatsächlich ist das Küssen ja auch keine Reaktion des Fütterns, sondern eher eine des Hineinbeißens. Die Knutschflecke zeugen von der Kuss-Saug-Beißlust.

Der Vergleich des Grillhähnchens mit der gebräunten Urlauber-Haut ist oft gezogen worden. Es ist der hellbraune Teint, der die Schönheit ausmacht und der auch einer leckeren Speise zukommt (z. B. einer Kokosnuss). Weiße Zähne (und weißer Augenhintergrund) lassen sich als weißes Fruchtfleisch auffassen, das hinter der rot-fruchtig aufgeworfenen Schale (Lippen) sichtbar wird. Abweichungen vom Weiß der Zähne oder des Augenhintergrundes werden als ausgesprochen hässlich erlebt.

Die weiße Unterwäsche setzt dieses Prinzip über den Körper fort. Beim Entkleiden kommt das weiße Fruchtfleisch zum Vorschein. Auch schwarze Unterwäsche ist möglich: dann wird die hellere Haut zum weißen Fruchtfleisch. Außen zeigt sich in Blusen und Jacken die bunte Fruchtoberfläche.

Extremisierungen der weiblichen Brustform, wie sie zum Beispiel in der indischen Kunst zu finden sind, verändern die Brüste in Richtung auf fruchtiges Rund und zeigen gar die Frau mit Fruchtbusen, wie sie eine Fruchtschale darbietet (Felszeichnungen in Sigirija, Sri Lanka). Schön ist die geformte, glatte, frische, fleischige Frucht (Farbabb. 13), nicht die hagere (unreife) oder runzelige alte (verwelkte) oder die schon weich gewordene verfaulte. Fettig wabbelige Körperoberflächen schätzen wir weniger.

Auch der problematische Umgang mit Haaren gliedert sich ein. Die Frucht muss enthaart werden, um essbar zu sein. Haare werden im Dienst der Partnerattraktion oft entfernt; gerade der Damenbart ist für die Betroffenen besonders unangenehm.

Aus dieser Sichtweise erhalten die Bilder von Arcimboldo, der Gesichter aus Früchten zusammensetzt (Farbabb. 1), eine mehr als nur spielerische Bedeutung.

Typen von Körper- und Gesichtsschönheit Einem Missverständnis sei vorgebeugt. Wenn solche Merkmale von Körper und Gesichtsschönheit beschrieben werden, könnte die Leserin oder der Leser denken, dass es eine ideale Schönheit gäbe (der man selber vielleicht nicht entspricht). Tatsächlich ist es entlastend zu wissen, dass es Typen von Gesichts- und Körperschönheit gibt. Die schlanke Amazone ist auf ihre Art schön, aber auch die etwas fülligere Zigeunerin. Das Kindchenschema kann, wie bei Claudia Cardinale, verwirklicht sein und die Schönheit dieses Gesichts bewirken, die rassige Schönheit von Gina Lollobrigida ist dagegen die Schönheit der erwachsenen, rundlichen Weiblichkeit.

Furcht und Schönheit Auch angeboren erschreckende Reize können als schön empfunden werden, wenn sie in geringer Stärke dargeboten werden (Coss 2003). So lieben wir durchaus Kleidung aus Raubtier- und Schlangenhaut (und entsprechende Imitate). Es ist sicher eine überraschende Sicht, den Kölner Dom mit zwei aufragenden Schlangenzähnen zu vergleichen (Abb. 40). Lässt man sich einmal darauf ein, kann man aber eine gewisse Gefährlichkeit dieser Riesenzacken nachfühlen.

Unpraktische Merkmale und Schönheit Es wurde noch eine weitere Grundlage für die Bevorzugung von ganz unpraktischen Merkmalen entdeckt (wie die ausladenden Federn des Pfaus oder riesige Schwanfedern, die den Flug behindern). Ein Individuum erlebt dadurch in seiner Beweglichkeit eine Behinderung, ein »Handicap« (Handicap-Theorie von Amotz und Zahavi 1975). Ein Individuum, das sich so ein Handicap leisten kann, muss sehr gesund bzw. sehr kräftig sein. So wird das unpraktische Merkmal zum Beweis für die Güte der genetischen Anlagen und von den Geschlechtspartnern eben als schön empfunden. Es wurde diskutiert, ob ein sehr großer Busen so ein Merkmal ist. Er behindert die Beweglichkeit und kann als Handicap aufgefasst werden. Ein großer

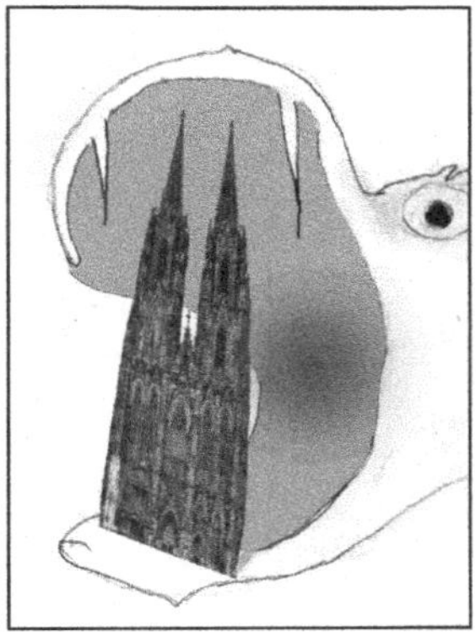

40 Schlange und Kölner Dom

Busen muss nicht in allen Kulturen als »schön« empfunden werden (z. B. nicht im traditionellen Bali), aber es gibt sicher eine starke Präferenz in diese Richtung.

Gemeinsame Formenwelt Wir sind existenziell auf die Natur bezogen, und die stärksten Empfindungen von Schönheit werden wahrscheinlich nicht von Kunstwerken, sondern von Naturgegenständen erzeugt (von Babys, von Landschaften, von menschlichen Gesichtern usw.). Wir Menschen lieben die Natur. Wilson (1984) spricht von »Biophilia«. Und es gibt einen Begriff für die Zuneigung zu Pflanzen: »Phytophilie«. Man findet einfache Antworten auf die Frage, warum das so ist. Regelmaß und »Nützlichkeit« der biologischen Sache haben wir erwähnt. Tatsächlich sind wir existenzieller in die Formensprache der Natur eingebettet, als wir wissen. Formen können von der unbelebten Welt von einer Art übernommen werden, so das Punktmuster von Licht und Schatten auf der Haut der Schlangen und dem Fell des Leoparden. Der Sexualpartner wird dann garantiert als »schön« empfunden, wenn er sich mit seinen Formen in fest etablierte Speisebevorzugungen hineinentwickelt (die Bibel spricht von Brüsten wie Äpfelchen, die Redensart vom »lecker Mädche«). Die Pflanze, die eine Bestäubung benötigt, kann dem Insekt die Form eines Geschlechtspartners vorgaukeln, wie es bei Orchideen der Fall ist (Abb. 41).

Das Tier, das sich schützen möchte, kann das Kleid gefährlicher Tiere übernehmen. Zum Beispiel haben Katzen viele Merkmale von

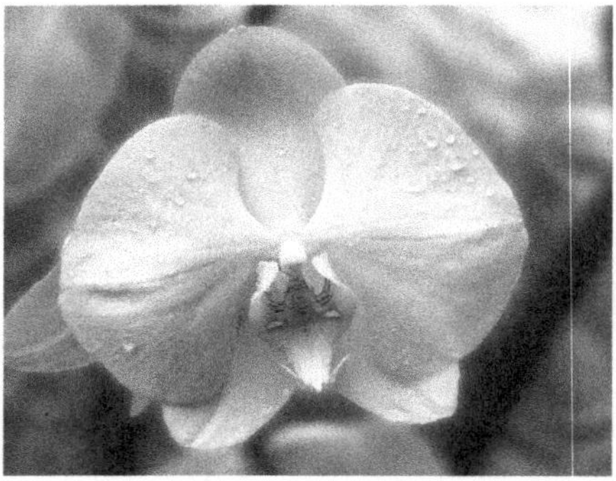

41 Orchidee

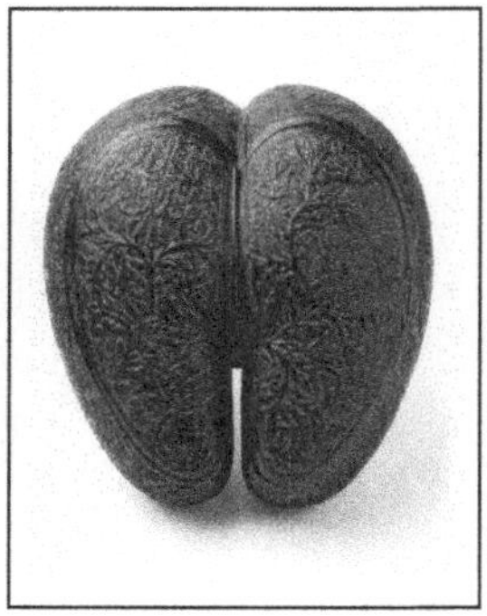

42 Coco de Mer

Schlangen übernommen (Leyhausen 1981), nicht zuletzt den geringelten, sich immer bewegenden Schwanz. Sie fauchen aber auch wie Schlangen und haben schlangenartige Zähne und Augen. So kann im Laufe der Evolution eine bevorzugte oder eine gefürchtete Form über die Arten springen und ist dann rudimentär in den Eindrucksmechanismen vieler Arten enthalten. Auf diese Weise gibt es einen Grundformenschatz der Natur, der nicht nur außerhalb von uns, sondern erblich angelegt auch in uns existiert. Auftauchende Formanalogien, wie etwa die des weiblichen Unterkörpers und der Nuss »Coco de Mer«, sind dann vielleicht kein Zufall, sondern das Aufscheinen von einem dieser Grundmuster (Abb. 42).

Schlüsselreize rufen nicht nur ästhetische Empfindungen hervor, sie erregen wie kaum ein anderer Stimulus die Aufmerksamkeit des Passanten. Sexuelle Schlüsselreize, wie auch humorinduzierende Kommunikationen, wirken darüber hinaus angstantagonistisch, das heißt, sie operieren gegen aktuelle ängstliche Verstimmtheiten.

4.6 Signale der Aggression: Das Drohstarren, ein Schlüsselreiz in Bildern?

Am Drohstarren soll geprüft werden, ob die Kriterienliste für einen Schlüsselreiz (vgl. die Punkte a–g unter 4.4) in visuellen Gestaltungen erfüllt ist. Eibl-Eibesfeldt (1973) beschreibt das drohende Starren vor einem Angriff. Die Augen sind weit aufgerissen, der Gegner wird fixiert. Da diese Pose einige Zeit gehalten wird, eignet sie sich besonders zur Verwirklichung in Zeichnungen und Bildern (andere Schlüsselreize wie etwa der ›Augengruß‹ sind für Theater und Film interessant, die eine Bewegungsfolge wiedergeben können).

Zu a): Tatsächlich findet sich der chinesische Wächter mit aufgerissenen Augen; die hervorstehenden Augen begegnen uns zum Beispiel in indonesischen Wächterfiguren (Abb. 43), aber auch in afrikanischen Masken, die Geister abschrecken sollen usw. Die Kriegsdarstellungen der europäischen Kunst sind voller Beispiele. Die Verwirklichung in verschiedensten Kulturen ist gesichert.

Zu b): In allen Fällen finden sich die ›starrenden‹ Darstellungen im Zusammenhang von Bedrohung und Abwehr.

Zu c): In Comic-Zeichnungen kann man sich überzeugen, wie wenige Strichelemente für ein aggressiv geöffnetes Auge benötigt werden: Der Schlüsselreiz ist einfach.

Zu d): Gleichzeitig wird es dort oder auch in den erwähnten Masken stark extremisiert, die Augen sind größer, weiter aufgerissen, als dies tatsächlich möglich wäre, dennoch kommt nicht das Gefühl von fehlerhafter oder lächerlicher Darstellung auf.

Zu e): Hier fehlen uns die Experimente: Würden Affen auch auf eine entsprechende Comic-Zeichnung oder, wenn sie solche Strichzeichnungen nicht decodieren können, auf eine Puppe mit künst-

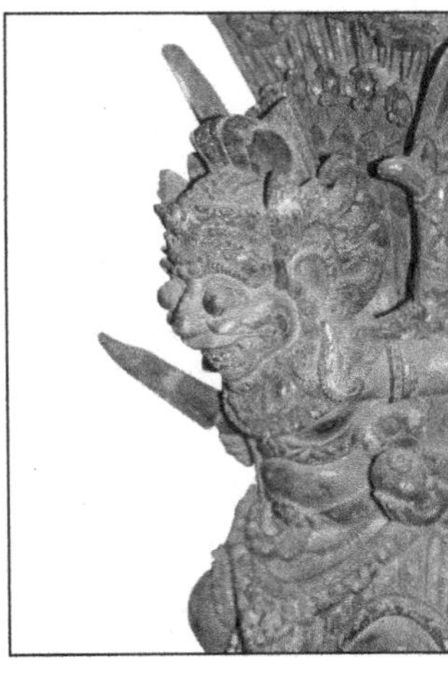

43 Die indonesische Wächterfigur zeigt zwar ein drohendes Starren wirkt aber insgesamt spielerisch, versöhnlich

lich aufgerissenen Augen wie etwa die indonesische Wächterfigur (vgl. Abb. 43) reagieren? Eine Beobachtung spricht für die artenübergreifende Wirkung solcher Reize: Der Hund eines Gastes weigerte sich, bei uns durch eine Tür zu laufen, über der zwei Wächtermasken hingen; er ließ sich auf alle viere fallen und blickte ängstlich nach oben.

Zu f): Es wäre zu prüfen, wieweit kreisförmige Autolichter oder Hoheitszeichen auf der Mütze (König 1975) den Betrachter stärker als andere analoge Reize beeindrucken.

Zu g): In der Werbung ist der direkt auf den Betrachter gerichtete Blick ungewöhnlich, weil der Käufer ja nicht erschreckt werden soll. An einigen Stellen ist er jedoch auch sinnvoll: Männliche Kleidung wird mit dem überlegenen, drohenden Blick gekoppelt. In der Mode- und Parfumwerbung gibt es einen interessanten epochalen Wandel. Während in den 1960er und 1970er Jahren die Modelle meist ›sittsam und scheu‹ vom Betrachter wegblickten, zeigt die zeitgenössische Werbung immer öfter ›aggressive‹ – emanzipierte – Blicke in die Richtung des Betrachters.

In der Werbung sind Augen, auch wenn sie nicht drohend starren, ein ›Blickfänger‹. Das Augenpaar ist ein leicht zu erkennendes Merkmal von Tieren und Menschen. Wenn ein Augenpaar ganz in der Nähe auftaucht (im ersten Moment kann man bei übergroßen Abbildungen die Nähe und die Größe nicht verrechnen), ist eine schnelle Aufmerksamkeit auf jeden Fall gefordert (König 1975).

Die unter 4.4 genannten Kriterien sind also für das Drohstarren erfüllt. Nun sollen weitere Schlüsselreize in Kunst und Werbung besprochen werden.

4.7 Signale der Bindung

Der abgedeckte Blick Die vielen Madonnendarstellungen sind gleich in doppelter Weise auf Schlüsselreize bezogen. In der Kirche, in der eine Stimmung von Liebe und Frömmigkeit gefördert werden soll, sind die Augen der Madonna und auch des Engels durch die Lider abgedeckt (wodurch die dem Drohstarren entgegengesetzte Reaktion erzielt wird; Abb. 1), und ein Kind ist abgebildet (Abb. 44).

44 Madonnen signalisieren eine freundliche Sozialstimmung durch den gesenkten Blick (Meister des Bartholomäus-Altars, Muttergottes mit der Nuß, 1500/1510, Eichenholz, 30 x 20,5 cm, Köln, Wallraf-Richartz-Museum)

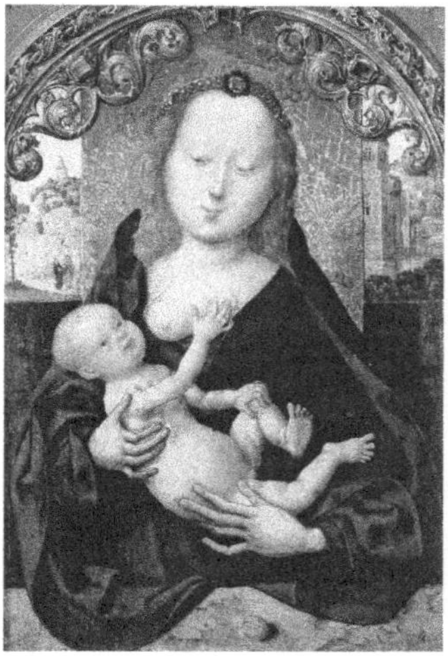

Das Kindchenschema Die Darstellung des (Jesus-)Kindes verweist auf das von Lorenz beschriebene Kindchenschema (Abb. 45). das zum Schlüsselreiz für Brutpflegeverhalten und Zuneigung wird. Die Madonna mit Kind erweist sich also an dieser Stelle als der optimale ›Stimmungsmanipulator‹.

Bei der Partnerwerbung extremisieren Mädchen und Frauen den ›abgedeckten‹ Blick durch dunkel geschminkte Augenlider, die das Gegenteil des hellen Starrens suggerieren.

In der Produktwerbung werden solche Effekte bewusst geplant und eingesetzt. Produkte werden zusammen mit Babys oder Kindern dargeboten. Allerdings hat sich gezeigt, dass die Aufmerksamkeit, die das der Werbung abgebildete Kind, zu hoch werden kann und das Produkt dann nicht mehr ausreichend wahrgenommen wird.

Zuweilen operieren die Produkte selbst mit Merkmalen des Kindchenschemas, man denke nur an den VW-Käfer oder an einige Fiat-Modelle (Name: Bambino, ein Retro Modell des Bambino ist in Abb. 46 gezeigt.), bei denen der Verdacht aufkommt, ihre Schönheit könne etwas mit dem Kindchenschema zu tun haben.

Die ›Kindsköpfigkeit‹ ist bei Donald Duck & Co extremisiert. Die Comic-Enten rühren wegen ihrer Niedlichkeit das Publikum

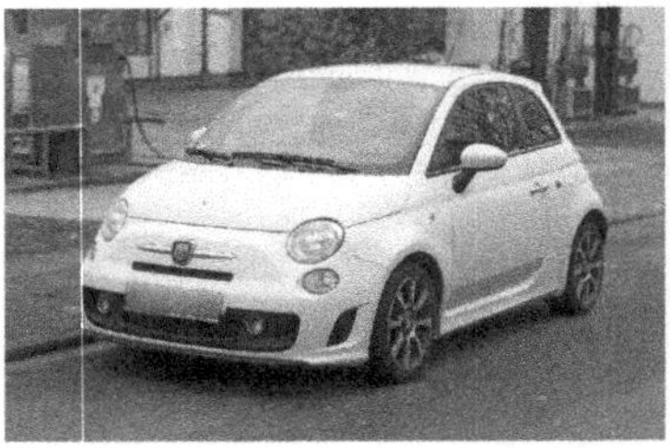

46 Einige Produkte verwirklichen Merkmale des Kindchenschemas: hier ein neuer Wagentyp von Fiat (Retro Modell des Bambino)

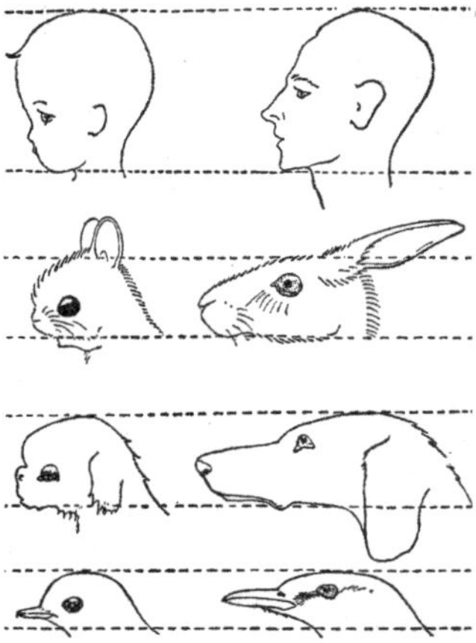

45 Das Kindchenschema bei verschiedenen Arten nach Konrad Lorenz

(Abb. 47). Im Straßenverkauf werden Bilder von Kindern mit riesigen Augen und kleiner Stupsnase angeboten, die das Publikum oft genug zu dem begeisterten Ausruf »ach, wie süß« hinreißen (vgl. Abb. 48).

Kindchenschema und Kunstgeschichte Den Malern der Vergangenheit gelang es kaum, die wirklichen Merkmale eines Babys darzustellen. Das Jesuskind, Putten und Familienkinder sind eher wie kleine Erwachsene gestaltet (Manchmal ist das beim Jesuskind allerdings auch gewollt). Man merkt daran, wie schwer es ist, nach der Natur zu zeichnen und zu malen. Gelernte Schemata mischen sich in die Wahrnehmung ein. Erst die Fotografie brachte die nötigen Vorlagen. Maler wie Picasso können dann richtige und niedliche Kleinkinder malen. Dennoch gab es Wirkungen der Niedlichkeit des Kindchenschema in Bildern auch schon vorher. Der Hase hat mit seiner Stupsnase auch in der erwachsenen Form Merkmale des Kindchenschemas. Dürers berühmter Hase, der mannigfach auf Postern vervielfältigt ist, verdankt dieser Form des Tieres seine Wirkung.

Kindchenschema und Gesichtsschönheit Möglicherweise hängt auch die ›Schönheit‹ von Gesichtern mit Elementen des Kindchenschemas zusammen (in der Literatur: Bambi-Effekt; Cook und McHenry 1978). Beispiele berühmter Filmschauspielerinnen mit großen Augen und kleinen Stupsnasen lassen sich genügend finden. Die passende Redensart lautet »süße Puppe«, »Zuckerpuppe« usw.

Lächeln Häufiger in der Werbung (die viel stärker auf eine positive Gestimmtheit des Betrachters abzielt) als in der Kunst ist ein weiteres Signal der Bindung, das Lächeln der dargestellten Personen, allgegenwärtig. Aus den Berichten der Weltreisenden ist zu erfahren, wie ein Lächeln und Lachen es erlaubte, Kontakt zu den Eingeborenen völlig fremder Kulturen herzustellen, da es kulturübergreifend verstanden wird. Das Lächeln ist Gegenstand der Verkäuferschulung und Höflichkeit der Mächtigen. Natürlich ist es Schlüsselreiz für soziale Zuwendung und friedfertige Stimmung. Es scheint allerdings bedenkenswert, ob so viel Lächeln in unserer Werbeumwelt aufseiten des umworbenen Konsumenten nicht schon mürrische Reaktionen provoziert.

4.8 Das Partnerschema

Die ›magische‹ Wirkung der weiblichen Reize ist bekannt, und alle Bereiche der visuellen Kunst bedienen sich dieser Wirkung offenbar mit Vorliebe. Hier gehen die Extremisierungen ins Unglaubliche. Die Beine der Pin-Ups werden durch fotografische Effekte oder in der Zeichnung bis zu einem Drittel verlängert, der Busenumfang wird soweit als möglich durch BHs oder zeichnerische Phantasie vergrößert usw. In einigen Kunstbildern wird die weibliche Nacktheit so dargestellt, dass Gesäß- und Busenrundungen gleichzeitig

47 Donald Duck

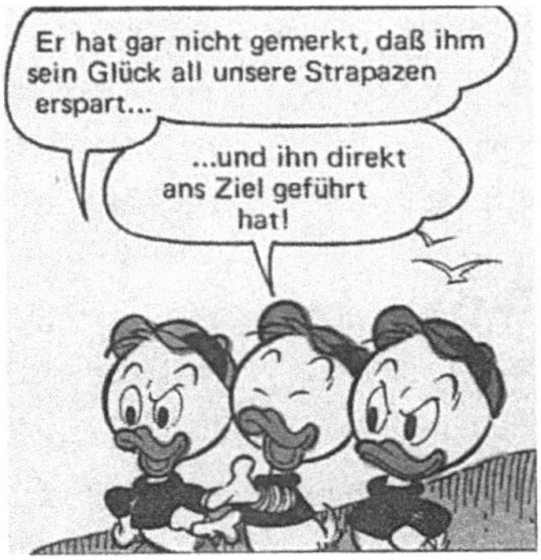

48 Straßenverkauf

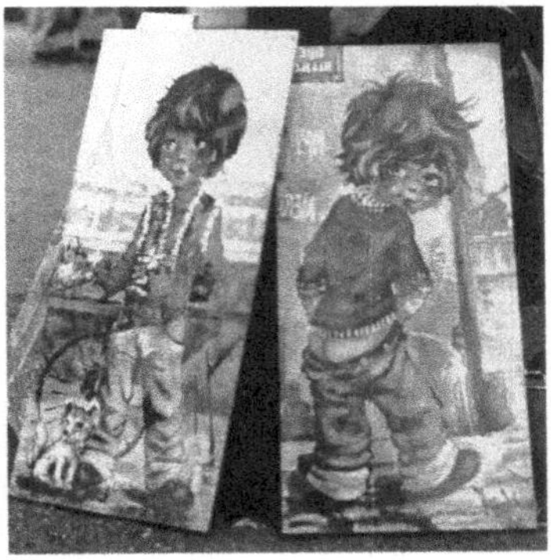

ins Bild kommen; zusätzlich werden rote Flecken und kreisrunde Hüte eingeführt, die Taille-Becken-Proportion wird durch geeignete Auflagen verändert, durch Spiegel werden alle Reize weiter verdoppelt. Die Mode tut zuweilen das Ihrige, um die Taille besonders schmal, die Hüften dagegen ausladend erscheinen zu lassen. Dies gibt es nicht nur in Heften wie der »Playboy«, sondern auch große Künstler wie Henri de Toulouse-Lautrec oder Edouard Manet bedienen sich solcher Mittel. Unter den zeitgenössischen Künstlern kann Allen Jones als der ›Spezialist‹ für Extremisierungen des Partnerschemas gehen (Farbabb. 4; die roten Flächen werden vergrößert, man sieht immer viele Körperrundungen, Gesäß und Busen), aber auch bei Tom Wesselmann finden sich entsprechende Gestaltungen.

Gerade in diesem Bereich des Partnerschemas erlauben bildnerische Gestaltungen in der Werbung und auch in der Kunst Hypothesen über weitere Elemente des Partnerschemas, die in der Verhaltensbiologie nicht im Zentrum der Aufmerksamkeit stehen. Morris (1977) glaubt zum Beispiel, die extrem verlängerten Beine verwiesen auf ein schnelles Längenwachstum kurz vor der Pubertät und seien sozusagen Signal der Geschlechtsreife. Das schlanke, wenig muskulöse Bein mag aber auch generelles Merkmal der weiblichen Form sein. Je länger das Bein ist, um so schlanker wirkt es. Der hohe Schuh wäre ein weiteres Mittel, die Beinlänge künstlich zu vergrößern. Auch Männer trugen zu bestimmten Zeiten der Mode hohe Schuhe, deren klobiger Absatz aber eher zum stämmigen, muskulösen Bein des Mannes passte. Während der hohe Schuh also bei der Frau das Bein verlängert und so schlanker macht, dient er beim Mann eher der Körpervergrößerung. Diese Täuschung wird heute beim Mann meist durch das fallende Hosenbein verdeckt. Als unterhalb der Kniehosen die bestrumpften Waden noch sichtbar waren, gab es für Männer Holzattrappen, die eine starke Muskelbildung vortäuschten.

Die glänzende Oberfläche bei solchen Gestaltungen ist noch weitgehend ungeklärt. In Bildern von Jones findet sie sich durch Latexhäute extremisiert, aber sie ist auch in der täglichen Bekleidung anzutreffen: Glänzende Stoffe und glänzendes Leder sind besonders begehrt. Es könnte sich dabei um eine Extremisierung des

Augenglanzes handeln, aber auch um einen Teil des Artschemas (Rensch 1984), nämlich um die sichtbare Haarlosigkeit der menschlichen Art. Körperbehaarung ist gerade für Frauen unwillkommen. Sogar das Kopfhaar wurde in den Moden der Vergangenheit oft mit Hauben abgedeckt, und in unserer Kultur ist es üblich, den Bart zu rasieren.

Auch in der Kunst sind glänzende Oberflächen, speziell glänzende Körperoberflächen, allgegenwärtig. Vielleicht eignen sich Marmor oder auch Porzellan und Bronze gerade wegen ihrer glänzenden Oberflächen für Skulpturen des menschlichen Körpers.

In der Werbung finden die Extremisierungsvorschläge der Künstler ausgiebig Verwendung. Ja, Künstler arbeiten die entsprechenden Werbungen aus: So werden die Elemente des Partnerschemas ständig durch runde Accessoires vermehrt. Interessant ist auch, dass sogar in der Produktgestaltung Reizelemente des Partnerschemas vorkommen, etwa in den ›Rundungen‹ der Cola-Flasche (Murken-Altrogge 1977). Die Produktbedeutung und die Werbesignale haben hier – wie häufig, wenn Elemente des Partnerschemas eingesetzt werden – nichts miteinander zu tun. Wiederum muss der Werbefachmann aufpassen, dass die Aufmerksamkeit für die Schlüsselreize des weiblichen Körpers beim männlichen Publikum nicht so stark ist, dass das Produkt nicht mehr wahrgenommen wird (Baker und Churchill 1977).

Der universalen Gültigkeit der Elemente des Partnerschemas scheint die Erfahrung wechselnder Schönheitsideale zu widersprechen. Mal gelten rundlichere, mal schlankgliedrigere Frauenkörper als das Ideal. Beides allerdings sind Elemente des gleichen Schemas, zwischen denen die Bevorzugung nur pendelt. Die zarte, wenig muskulöse ›Fessel‹ ist ebenso Merkmal der weiblichen Gestalt wie die füllige Busenrundung, Und ob es nun die Rundung der Brüste oder (wie im mittelalterlichen Schönheitsideal) die Rundung des Unterbauchs ist, die hervorgehoben wird, auch dies sind lediglich verschiedene Möglichkeiten eines allgemeinen Schemas. Die Mode tut das Ihrige dazu und betont in aufeinanderfolgenden Halbjahren oder auch in längeren Zyklen unterschiedliche Elemente des Partnerschemas.

Viele Frauen fühlen sich als Person hinter den ›Schlüsselreizen‹ verkannt und erleben die immer wieder zündende Abbildung als entwürdigend: Aber sie wirkt. Deshalb gibt es das fast nackte Cover-Girl. Tatsächlich erschwert die ›instinktive‹ Auslösung einer Reaktionsbereitschaft die individuelle Würdigung des Menschen. Umgekehrt scheinen Frauen nicht so sehr auf ein Partnerschema festgelegt zu sein. Allein die männliche Körpergröße ist erwünscht.

4.9 Imponierverhalten

Tiere und Menschen imponieren durch Vergrößerungen des Körpers. Die Katze kann sich z. B. imponierend aufplustern.

Im Fürstenporträt kann es das imponierend abgestellte Bein sein, das den Körperumfang vergrößert (vgl. zur Analyse von Fürstenporträts unter biologischem Gesichtspunkt: Rump 1981). Gesten wie das Heben der Hand könnten als Imponiergeste ritualisiert sein und unter den Körperhaltungen eine besondere Rolle einnehmen (man denke an den Polizisten mit erhobener Hand, aber auch an die Abbildungen von Athleten in speziellen Intentionsposen). In der bewunderten griechischen Plastik (bzw. in deren römischen Kopien) finden sich solche achtungsgebietenden Posen, die die Wirkung der Statue – zum Beispiel des seinen Dreizack schleudernden Poseidon oder des Augustus von Primaporta – steigern.

4.10 Ernährungsverhalten und Stillleben

Speisenbevorzugungen und Aversionen werden wahrscheinlich über die Farben gesteuert: Allein durch die Farbe kann ein Getränk giftig erscheinen. Giftige Tiere sind nicht auf Tarnungen angewiesen, sie profitieren davon, dass man ihre Giftigkeit erkennt. So haben sich Signalsysteme für Giftigkeit entwickelt (z. B. grelle schwarz-gelbe oder rot-weisse Farbkontraste). Es gibt Käfer, die in einer ungiftigen Puppenphase tarnfarben sind und mit der Giftigkeit grelle Farben annehmen. Es ist dagegen die goldgelbe oder rote Farbe reifer Früchte, die eine Speise appetitlich wirken lässt. In der Produktgestaltung finden wir diesbezüglich extreme Attrappen: Der Negerkuss mit seiner braunen Außenhaut und seinem weißen Innenleben voller Süße ist eine Speiseattrappe für den Menschen. Im

Alter von zwei Jahren hielt mein Sohn Simon einen Pinselstiel in mildem Rot und Creme ganz offensichtlich für essbar, die angeborenen Farbbevorzugungen führten hier in die Irre (Farbabb. 9).

Im Stillleben spielt das durchsichtige Weinglas eine große Rolle, und es wird viel Mühe darauf verwandt, diese Durchsichtigkeit zu visualisieren. Sauberes Wasser und saubere Getränke sind durchsichtig klar. Eventuell gibt es auch hier angeborene Bevorzugungen. Ja, das Studium von Stillleben kann geradezu zu Hypothesen über angeborene Speisenbevorzugungen führen.

Unsere Reaktion auf Farbe und Farbigkeit muss grundsätzlich eine Reaktion auf die Farben unserer natürlichen Umgebung sein. Die Sonne lässt die Pracht der Blüten strahlen: Dies ist erfreulich, hebt die Stimmung und signalisiert uns eine Natur, die Früchte bringen wird. Dagegen sind eine Wüste oder eine graue, steinige Natur nicht so unmittelbar erfreulich. Der graue Tag, der die Farben blasser erscheinen lässt, deprimiert.

Die Farbe der reifen Frucht ist rot (wie allerdings auch die Farbe der Emotion im menschlichen Gesicht). Auch gelbe Früchte, seltener aber grüne, können reif sein. »Giftgrün« ist eben auch die Farbe der unreifen Frucht, die Verdauungsbeschwerden verursacht.

4.11 Furcht

In den Motivlisten der Werbefachleute findet sich die Fremdenfurcht. Zumindest Kinder kennen das angeborene Fremdeln, aber sicher beruhigt Bekanntheit auch Erwachsene. Unter diesen Gesichtspunkten erscheint das Phänomen der gut bekannten und immer wieder präsenten Produktmarke in einem neuen Licht. Die Marke beruhigt und mindert die Angst.

Fast so gefährlich für uns wie die Mitmenschen sind in einer natürlichen Umwelt Schlangen, Spinnen (von denen es sehr giftige gibt) und Raubtiere. Auch in unseren Breiten, in denen man derartigen Gefahren kaum begegnet, haben Menschen Angst vor solchen Tieren. Viele Menschen wechseln die Straßenseite, wenn ihnen ein sehr großer Hund (mit seinem Raubtiergebiss) entgegenkommt.

Alle diese Tiere gibt es in vielfältigen Attrappen. Schlangen aus
 Holzelementen und Gummispinnen erhöhen durch ihre Beweg-

lichkeit den Schrecken, den sie verbreiten. Von hier ist nur ein kleiner Schritt zur Kunst. Wächterfiguren zeigen Raubtierzähne und -krallen. In der Kunst (zum Beispiel die Laokoon-Gruppe) wird die Bedrohung durch die Schlange vielfältig ins Bild gesetzt. Riesenspinnen greifen im Film Menschen an.

4.11.1 Schlüsselreize bei Horrorgestalten

Nach den hier genannten Mustern habe ich in kunstpsychologischen Praktika Monster- und Horrorfiguren gestalten lassen. Einige Ergebnisse sind hier abgebildet. Ein besonders gelungenes Werk konnte nur noch zerknittert fotografiert werden, weil die Zeichnerin – zu Hause angekommen – ihr Werk noch einmal betrachtete und es entsetzt zerknüllte und in den Papierkorb warf (vgl. Abb. 49, 50). Wer mit Monsterfiguren, die oft im bedrohlichen, weil orientierungserschwerenden Dunkel des Kinos gezeigt werden, ein breites Publikum erreichen will, tut gut daran, mit den im folgenden zusammengestellten Schlüsselreizen zu operieren, um die angeborenen Mechanismen zu treffen.

a) *Der Vampir* Im Film »Tanz der Vampire« von Roman Polanski wurde eine Angst auslösende Figur populär: der Vampir. Die Blutsauger-Fledermaus kann deswegen so gut Furcht verbreiten, weil sie auf angeborene Ängste abhebt.

Der Vampir hat nämlich viele Raubtiermerkmale (Farbabb. 6, 7):

- er kann wie eine Katze den Körperumfang vergrößern (Imponiergehabe)
- er hat Raubtierzähne
- er hat Raubtieraugen (speziell die längliche Pupille der Katze)
- er jagt nachts, wenn das Augenwesen Mensch sich schlecht orientieren kann
- wie ein Raubtier, etwa der Wolf, beißt er in den Hals des Opfers, das dann verblutet
- an seinen Zähnen sieht man Blut: er ist also kein Pflanzenfresser

Möglicherweise hat er noch andere Merkmale, die erschrecken: Die leichenfahle Farbe erzeugt Angst und Abscheu, weil sie eben Tod und lebensfeindliche Bedingungen signalisiert, wie auch die Knochen des Skeletts und der Totenkopf als Warnsignet häufig Verwendung finden. Weil der Vampir ein Toter ist – also eigentlich gar nicht da –, kann man ihn auch im Spiegel nicht sehen.

Interessanterweise kann der Geruch des Knoblauchs den Vampir zurückhalten: Dann schmecken ihm die Menschen nicht, die Beute riecht nicht angenehm.

Sicher verweisen manche Merkmale über das Raubtierschema hinaus. Wer gebissen wird, wird selbst zum Vampir, dann können normalerweise gezügelte aggressive tierische Impulse freigesetzt werden. Auch dieser mögliche Kontrollverlust erzeugt Angst. Andererseits wird hier im Bild auf das Phänomen der Ansteckung bei Krankheiten verwiesen.

b) *Der Zombie* Hier findet man das Erschrecken angesichts von Tod und Sterben. In der Nähe von Toten (wie in der Wüste neben Skelettteilen) lauert offensichtlich Gefahr. Skelettteile dienen als Piktogramm, um auf die Gefahr des Gifts aufmerksam zu machen. Das Holzbein des Piraten kann aus dieser Sicht als bloßgelegtes und erschreckendes Skelett erkannt werden. Gefährliche Figuren können so abgemagert sein (wie die alte Hexe), dass Skelettteile, besonders der Schädel oder der Nasenknochen, von der Haut in ihrer Form nachgezeichnet werden.

Die Nähe des Todes ist aber noch auf eine andere Art gefährlich. In Leichen entwickeln sich Bakterien und Stoffe, an denen sich der Lebende vergiftet. Die Merkmale der Leiche, wie etwa die fahlgraue Hautfarbe und auch die sichtbare Verwesung, müssen also abschrecken. Ansätze von Verwesung gerade im Gesicht jagen dem Betrachter im Horrorfilm einen besonderen Schrecken ein. (Fahlheit findet sich vielleicht auch deswegen, weil die helle, fahle Gesichtsfarbe Kampfbereitschaft signalisiert: Das Blut wird aus der Peripherie zurückgenommen. Die Kriegsbemalung vieler Stämme bedient sich dieser Ausdrucksmöglichkeit mit einem fahlen Grau.) Der Zombie, die Halbleiche, teilt die graue Hautfarbe mit dem Vampir und mit der schon fast leichengrauen alten Hexe. Der Zombie zeigt aber noch ein weiteres visuelles Signal des Schreckens, das besonders im Film gut zu verwirklichen ist.

c) *Visuelle Merkmale von Verrücktheit: Frankensteins Monster* Wie ferngesteuert reagiert der Zombie nicht auf das Sozialverhalten seiner Partner. Diese Eigenschaft charakterisiert auch einige andere Schreckensfiguren, darunter Frankensteins Monster: Sie sind unberechenbar, mordlustig und verrückt. Wahrscheinlich gibt es Verrücktheit, auch gefährliche Verrücktheit, solange es Menschen gibt, und möglicherweise wirkt hier auch ein Schutzmechanismus. Das wirre Haar, das ungepflegte Äußere, die unverständliche, von inneren Regungen durchwühlte Mimik: das sind einige der visuellen Merkmale von Verrücktheit. Auch ein ganz weißes Auge, das weder Blickbewegung noch seelische Regung erkennen lässt, weil ihm die Pupille fehlt, ist ein sehr signifikantes und allein schon ausreichendes Moment zur Visualisierung von erschreckender Unberechenbarkeit. Die oft groben Gesichtszüge der Monster verweisen auf genetische Abweichungen, auf Minderbegabungen, die sie zum unberechenbaren und gefährlichen Werkzeug machen. Fehlende Glieder zeugen von der rücksichtslosen Einsatzbereitschaft des Monsters (siehe wiederum das Piratenbein und die Augenklappe).

d) *Harkonnen und die Visualisierung von Krankheit* Auch körperliche Krankheit ist objektiv gefährlich. Wer in seiner Nähe Pestbeulen oder Merkmale der Pocken sieht, wer die Entstellungen entdeckt, die die Lepra verursacht, der bekommt unmittelbar Angst. Diese Krankheiten sind ansteckend, und es wäre im Sinne des Überlebens nützlich zu fliehen. Allgemein degenerative Veränderungen der Haut werden von den Menschen wenig akzeptiert. Personen mit einem Blutschwamm oder mit umfangreichen Hautverbrennungen im Gesicht müssen oft ein sozial isoliertes Leben führen, weil sie von den Sozialpartnern gemieden werden. Blutunterlaufene oder gelbe Augen müssen hier erwähnt werden, weil sie Merkmale von Krankheit sind. Allein eine Veränderung des Auges kann aus dem freundlichen Mitmenschen ein Monster machen (vgl. Rosemaries

Baby). Viele schreckliche Monsterfiguren, nehmen wir beispielsweise den Führer der Harkonnen in dem Film »Der Wüstenplanet«, weisen solche Hautveränderungen auf, die ›instinktives‹ Zurückweichen auslösen.

e) *Darth Vader und sein Schutzpanzer* Unheimlich sind aber auch Tiere, die sich mit starken Panzern schützen und die uns seelisch ganz und gar fremd sind, also unberechenbar (verrückt) wie die Insekten. Darth Vader, der Führer der imperialen Streitkräfte im »Krieg der Sterne«, hat einen insektenartigen Gesichtspanzer, dessen Schutzfunktion allein schon die Kampfbereitschaft signalisiert. Natürlich ist er schwarz und röchelt böse, was uns wieder auf die Signale menschlicher Aggression verweist.

f) *Die ›wütende‹ Hexe* Die Hexe zeigt Merkmale von Wut: wütendes Schnauben, verachtendes Lachen (Hetzlachen), weitaufgerissene Augen und offenliegende Zähne, die durch Zahnlücken stärker den visuellen Charakter von Raubtierfängen erhalten. Dies alles sind typische Merkmale der Hexe. Alles, was menschliche Wut signalisiert, eignet sich auch für Monsterfiguren.

g) *Der Teufel* Teile der Visualisierungen des Teufels lassen sich unter den genannten Kriterien verstehen. In dem Film »Rosemaries Baby« weist der Teufel, der in einer kurzen Begattungsszene gezeigt wird, deutliche Raubtiermerkmale auf: Katzenaugen mit vertikaler Pupille und Raubtierklauen. Die christliche Tradition hat den Teufel zwar tierisch – und damit unberechenbar und triebhaft – visualisiert, aber doch immer beherrschbar, nämlich wie einen Ziegenbock mit angriffslustigen Hörnern. Ein Pantherteufel würde vielleicht im innerseelischen Zusammenspiel der Vorstellungen mehr Macht als der katholische Bocksteufel gewinnen. Doch auch dieser Teufel wäre prinzipiell beherrschbar. Es könnte eine interessante kunstpsychologische Aufgabe sein, die Visualisierungen des Teufels nachzuzeichnen und angeborene und zeitgebunden-kulturelle Auslöser von Angst und Abscheu in den Darstellungen der Jahrhunderte zu isolieren.

4.12 Schlüsselreize in der zeitgenössischen und in der ›primitiven‹ Kunst

Die zeitgenössische Kunst kann sich der Schlüsselreize erstmals bewusst bedienen. In vielerlei Hinsicht ist die Psychologie und auch die vergleichende Verhaltensforschung zur Grundlagenwissenschaft der Kunst geworden. Entsprechend ist die Rolle von Schlüsselreizen in der zeitgenössischen Kunst nicht unbedeutend.

Als Vorbilder der Zeitgenossen kann die Kunst weniger differenzierter Gesellschaften gelten. Kinder und Geisteskranke (Art brut) verwirklichen eben besonders solche Reizelemente, die leicht zu treffen sind: Gesichter, aufgerissene Augen, bei dem geisteskranken Künstler Friedrich Schröder-Sonnenstern häufig auch sexuelle Merkmale. Gerade die Kunst ›primitiver‹ Gesellschaften in Abwehrornamenten und -zaubern ist nicht darauf angelegt, schön zu sein und den Betrachter zu erfreuen, sondern eine Geister abschreckende Wirkung zu erzielen.

Insofern treten die ausgearbeiteten Lösungen von Abwehr- oder auch Attraktionsproblemen in unsere Kunst ein und entfalten ihre Wirkung.

4.13 Neue Interpretationsmöglichkeiten

Neue Begriffe und Sichtweisen ermöglichen es ihrerseits wieder, neue Phänomene zu beobachten. Hat man einmal begonnen, Darstellungen unter dem Blickwinkel von AAMs (angeborenen auslösenden Mechanismen) bzw. Schlüsselreizen zu betrachten, ist dies mindestens so verführerisch wie die psychoanalytische Suche nach Hohlkörpern und länglichen Objekten, die sich gegen die Schwerkraft heben (dies soll natürlich nicht heißen, dass die psychoanalytische Interpretation nicht auch ihre Berechtigung hat). Es wäre eine lohnende Aufgabe, die Entwicklung von Schlüsselreizen in der Gestaltung nachzuzeichnen und den heutigen Einfluss der Biologie auf die Kunst zu dokumentieren. Dabei ist die Frage, ob die Verwirklichung der Schlüsselreize vom Künstler oder Werbegrafiker bewusst vorgenommen wurde, für die Existenz solcher Phänomene in bildnerischen Gestaltungen von untergeordneter Bedeutung. Der Künstler, der Masken schnitzt oder Abwehrornamente zeichnet, orientiert sich an der Wirkung und gelangt so – oft ohne die Reizelemente zu kennen und ohne sie in ihrer Wirkungsweise zu verstehen – ganz von selbst zu den ›eindrucksstarken‹ Schlüsselreizen.

KUNSTPSYCHOLOGISCHES PRAKTIKUM:

A Schauen Sie einmal bewusst Ihre Katze an, wenn sie wütend droht: Sie klappt die Ohren zurück und zeigt ihre Reißzähne. Sie schaut nun, von vorn betrachtet, genau wie eine Schlange mit aufgerissenem Maul aus. Dazu zischt sie genau wie eine Schlange.

B Prüfen Sie, ob ein Zoo in Ihrer Umgebung von Tieren gemalte Bilder ausstellt oder verkauft. Besichtigen Sie eine solche Ausstellung und vergleichen Sie die Bilder mit Kinderzeichnungen oder mit abstrakter Kunst.

C Suchen Sie Extremisierungen von Schlüsselreizen (also supranormale Auslösereize) in Bildern von Comics oder im Computeranimationen (z. B. in Computerspielen). Hier kommen natürlich besonders Männer- und Frauenkörper in Betracht.

D Versuchen Sie ein angsterregendes Monster zu malen und bedienen Sie sich der hier beschriebenen angstauslösenden Form- und Farbmerkmale (Abb. 49, 50)

E Heben Sie mit Kleidungsformen (Moden) verschiedene Teile des menschlichen Körpers hervor.

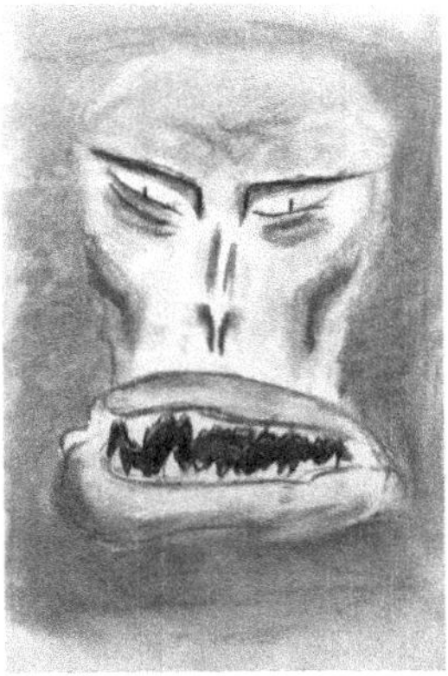

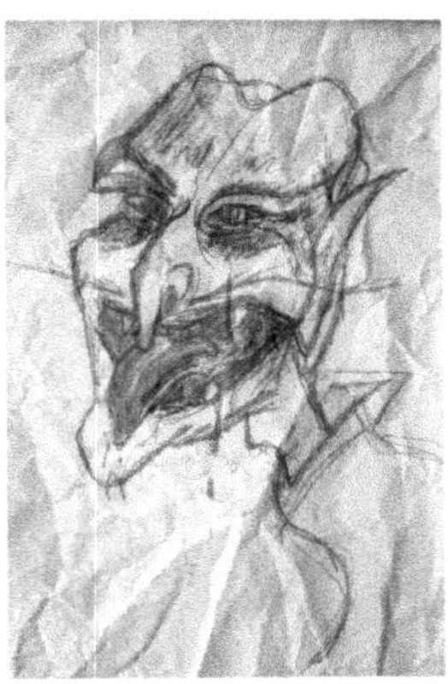

49, 50 Nach den Erkenntnissen der vergleichenden Verhaltensforschung wurden in einem psychologischen Praktikum Monsterfiguren gestaltet, eine Studentin fand ihr Werk so erschreckend, dass sie es zerknüllte und in den Papierkorb warf

5 Was finden wir schön?

Schon über Jahrhunderte stellen Philosophen die Frage nach den Bedingungen des Schönen. Hier geht es darum, was die Psychologie zu dieser Problematik beitragen kann. Es muss aber auch von den Schwierigkeiten gesprochen werden, die sich der Aufklärung der Empfindung des Schönen in den Weg stellen.

Die Kunst und das Schöne Es gab Epochen, in denen die Kunst und das Schöne untrennbar verbunden waren. Viele kunstpsychologische Arbeiten machen bis heute zwischen der Kunst und dem Schönen keinen Unterschied und sind so einem bestimmten historischen Kunstbegriff verpflichtet. Die zeitgenössische Kunst hat aber weitgehend nicht das Ziel »schön« zu sein (vgl. Kapitel 9).

Schönheit der Natur Für das Naturschöne und das Kunstschöne gelten die gleichen Regeln. Oft sogar wird das Naturschöne zum Kunstschönen über den Abbildungsinhalt: Die abgebildete Landschaft ist durch ihre Ausgewogenheit, aber eben auch als Landschaft schön, und das abgebildete Mädchen ist als junges Mädchen und auch durch die künstlerische Bearbeitung schön. Es gibt eine erstaunlich große Anzahl von Kunstbildern, die wenigstens teilweise durch die Schönheit der abgebildeten Sache (Mohnblumen, Sonnenblumen usw.) wirken.

Begriff Es sei angemerkt, dass es zur Benennung der Empfindung angesichts des Schönen kein Wort gibt: ›Ästhetischer Genuss‹ käme der Sache am nächsten (analog zu ›es mundet‹ könnte man ›es auget‹ sagen; dann träte der subjektive Charakter der Empfindung stärker in den Vordergrund). Wir verlagern die Empfindung ins Objekt, das wir immer dann, wenn die Empfindung ›Ästhetischer Genuss‹ auftritt, ›schön‹ nennen. Dieser Sprachgebrauch gibt Anlass zu Missverständnissen.

5.1 Was muss erklärt werden?

Bevor wir uns der experimentellen Ästhetik zuwenden, soll der Phänomenrahmen abgesteckt werden, den eine psychologische Ästhetik abdecken muss. Ein wichtiges Phänomen ist die Veränderung des Geschmacks, wie sie im Entwicklungsverlauf, in den

Moden und in Kunststilen stattfindet. Spricht nicht bereits diese Veränderung ganz offensichtlich gegen generelle Gesetze des Schönheitsempfindens?

a) Veränderung des Bevorzugungsurteils

Am Beispiel der Mode kann gezeigt werden, wie sich der Konflikt zwischen allgemeinen Regeln und dem offensichtlichen Wechsel erklären lässt: Eine Funktion der Mode ist es, gegen Gewöhnungen zu wirken. Hat man eine Farbe immer wieder gesehen, erregt sie keine Aufmerksamkeit mehr (daher ändern auch die Autohersteller immer wieder ihre Farbpalette). So wechselt die Mode die Farben im Rhythmus der Jahreszeiten. Ganz ähnlich gewöhnt man sich (der Fachausdruck heißt habituieren) mit der Zeit an visuelle sexuelle Signale. Also muss der Modeschöpfer, der die erotische Attraktivität seiner Kundinnen erhöhen will, in der visuellen Stimulation einen Wechsel einführen. Dazu steht ihm eine Vielzahl von Möglichkeiten zur Verfügung. Er kann die Beckenform durch Bundfalten betonen, den Busen durch tiefe Dekolletés hervorheben oder die Beinlänge durch kurze Röcke unterstreichen. Die ›ausgestellten‹ Merkmale wechseln, und so bleibt die Attraktivität auch gegen Gewöhnungseffekte bestehen.

Nun ist es nicht so, dass zu einer Zeit das eine Merkmal sexuell stimulierend ist und zu einer anderen Zeit ein anderes, nein, es sind viele Merkmale anregend, und die Mode greift einige heraus. Das Gleiche könnte für eine Ästhetik gelten. Viele Dinge sind attraktiv, schön, und Kunststile bzw. Kunstmoden greifen aus den möglichen einige Merkmale heraus, sie fokussieren die Schönheitsempfindung.

b) Individuelle Differenzen

Eine weiteres Problem stellen individuelle Unterschiede dar: Offensichtlich finden nicht alle Menschen das gleiche Kunstwerk oder dieselbe Person schön. Wiederum gibt die Mode einen ersten Hinweis zur Klärung individueller Differenzen: Wenn man sich an Reize gewöhnen kann, dann können unterschiedliche Individuen in unterschiedlichem Maße ›gewöhnt‹ sein. Der Reiz, der dem einen neu und attraktiv vorkommt, ist dem anderen altbekannt. Dies würde einen individuellen Unterschied erklären. Oder eine Person gewöhnt sich schneller als eine andere an Umweltbedingungen und braucht einen schnelleren Wechsel. Dies allein wird aber nicht der einzige Grund für individuelle Differenzen sein: In Kapitel 1 wurde bereits der individuelle Kunstbegriff angesprochen. Nur wenn dieser persönliche Kunstbegriff beispielsweise abstrakte Kunst zulässt, wird man für die Schönheit einer nichtgegenständlichen Farbkomposition zugänglich sein. Auch subjektive Bedingungen sind am ästhetischen Empfinden beteiligt. Assoziationen, Gedanken, Stimmungen und Kenntnisse, die beim Betrachten einer Sache in den Sinn kommen, beeinflussen das ästhetische Empfinden. Dass ein Werk von einem großen Künstler stammt, das Bewusstsein vom Alter eines Artefaktes oder auch das Bewusstsein vom Wert des Materials können das Urteil beeinflussen. Nun wird verständlich, warum das Schöne und das Gute so benachbart sind. Nur die gute Sache, das Ideal, kann die positiven Gedanken und Assoziationen wachrufen, die das Gefühl des Schönen in die höchsten Ausprägungsgrade trägt.

Veränderungen von Gedanken und Einstellungen bedingen auch den Wandel der ästhetischen Empfindung. Das Überqueren der Alpen wurde lange Zeit als mühevoll und gefährlich angesehen. In frühen Reiseschilderungen klagten die damaligen Zeitgenossen über die hässlich-graue Einöde, die sie durchquerten. Heute ist die Reise durch die Alpen ungefährlich und in dieser neuen Gefühlssituation kann man die erhabene Schönheit der Alpen erleben. Etwas, das große Angst auslöst, wird nicht so leicht als schön empfunden.

c) Was schön ist, hängt vom Vergleichsreiz ab

›Schön‹ ist ein Begriff, der eine Relation bezeichnet: etwas ist schöner als anderes. Ein Gesicht ist schöner als der Durchschnitt, und so bezeichnet man es als ›schön‹. Es kommt also auf den Hintergrund an: Unter sehr schönen Vergleichs-Gesichtern wäre das gleiche Gesicht normal oder sogar hässlich. Dies wirkt sich als Schwierigkeit aus, wenn in der experimentellen Ästhetik ›die Schönheit‹ eines

Reizes festgemacht werden soll. Nach einer Serie von abstrakten Bildern wird ein Landschaftsbild eher schön gefunden als in einer ganzen Gruppe von Landschaftsbildern (Lindauer und Dintruff 1975). Eine Theorie des Schönen muss also immer den ästhetischen Kontrast und nicht allein die isolierte und absolute Schönheit eines gegebenen Reizes berücksichtigen.

d) Nicht alle Gegenstände sind aus dem gleichen Grund schön
Ein bedeutendes Missverständnis ist zu denken, dass alle Sachen, die wir schön nennen, aus dem gleichen Grund schön seien. Eine Analogieüberlegung soll die Absurdität dieser Annahme verdeutlichen. Natürlich sind nicht alle »langen« Dinge aus dem gleichen Grund »lang«. Der lange Mensch hat sein Merkmal geerbt. Das lange Kirchenschiff ist der Architektur geschuldet. Die Ästhetiker der Vergangenheit waren also auf dem falschen Weg, als sie die Merkmale des Schönen, etwa Symmetrie oder Einheit in der Mannigfaltigkeit, suchten. Bei der Gesichtsschönheit gelingt dann die Aufklärung nicht mehr. Hier sind Jugendlichkeit, Gesundheit und durch die Gesichtsarchitektur signalisierte Sozialstimmung die Grundlagen des Schönheitsurteils – keineswegs die absolute Symmetrie oder geometrischen Eigenschaften des Gesichts. Zumindest für einige Gegenstandsbereiche müssen also spezifische Regeln der Schönheit gesucht werden.

In der antiken Philosophie werden zunächst Reizeigenschaften wie Ebenmaß, Symmetrie und Ausgewogenheit genannt, aber auch die Schönheit der göttlichen Ordnung, die man beim Betrachten der Natur erlebt. Das Schöne verbindet sich so mit dem Guten. Das Mittelalter hebt die Schönheit des Lichts, des goldenen Glanzes und der Farbe hervor. Eine psychologische Ästhetik soll aber im Gegensatz zu solchen ›Behauptungen‹ wissenschaftlich überprüfbar sein.

5.2 Die Methode des Experiments in der Ästhetik

Die Psychologie hat aus den Naturwissenschaften die Methode des Experiments übernommen. Aus der komplexen Welt werden einige Variablen isoliert, und es wird in unserem Zusammenhang überprüft, ob die planmäßige Variation der einen Variablen in einem vorhersagbaren Zusammenhang zur eingeschätzten Schönheit eines Reizes steht. Ein Experiment in der Ästhetik könnte sein, die Beleuchtungsstärke von Kunstwerken zu variieren und dabei zu überprüfen, wie die Einschätzung der Attraktivität dieser Kunstwerke von der Helligkeit abhängt. Wenn sich wie im Experiment von Endo (1979) herausstellt, dass eine größere Helligkeit zu höheren Attraktivitätswerten führt, dann könnte dieses Ergebnis auf eine psychologische Ästhetik bezogen werden: Möglicherweise führt die durch größere Helligkeit erleichterte Wahrnehmung zu der ästhetischen Einschätzung.

Weil Menschen nun individuell unterschiedlich reagieren, wird dies in der Psychologie im Allgemeinen nicht am Einzelfall überprüft, sondern die Effekte werden über eine Gruppe von Versuchspersonen gemittelt, um so die störenden individuellen Unterschiede auszugleichen. Diese und weitere Probleme der experimentellen Methode in der psychologischen Ästhetik sind nun zuerst zu besprechen.

a) Die Phänomenlage ändert sich im Verlauf der Zeit

Während heute überwiegend ein ›physikalisches Menschenmodell‹ das Denken der Psychologen beherrscht und ihnen den Optimismus erhält, mit Experimenten Gesetze menschlichen Verhaltens entdecken zu können, weisen die bis hier beschriebenen Beobachtungen und Ergebnisse stärker auf die historische Bedingtheit menschlichen Verhaltens hin. Also müssten die Forschungsmethoden der historischen Wissenschaften, etwa der Vergleich, Anwendung finden. Bemühungen, eine ›neue‹ Psychologie zu begründen, sind im Gang (Jüttemann 1991). Wer etwa empirisch Reihen von Farbbevorzugungen ermittelt, kann entdecken, dass historische Verhältnisse eine Farbe negativ besetzen (wie zum Beispiel das Gelb des Judensterns), während eine nachwachsende Generation die Farbe Gelb als Farbe der aufblühenden Wüste aber wieder schätzt.

Eine empirische vergleichende Methodik kann überraschende Ergebnisse hervorbringen. In einer Studie haben wir überprüft (Schuster und Jezek 1992), ob Kinder die Formen ihrer Zeichnung aus der Umgebung, also von Freunden, Eltern, Sitznachbarn oder

Geschwistern übernehmen. Im Gegensatz zu der oft vorgetragenen ›Kreativität‹ von Kindern fanden wir Beispiele, in denen die Menschzeichnung zu fast 100 % von den Vorbildern übernommen wurde. Es ließen sich Klassenstile und Familienstile nachweisen. Zum Teil ließen sich sogar die Wege aufdecken, auf denen Formen übernommen worden waren: Mädchen orientierten sich mehr an Frauen und Mädchen, während Jungen von beiden Geschlechtern Formen aufgriffen.

b) Typologien werden der menschlichen Unterschiedlichkeit nicht gerecht

Menschen sind eben im Prinzip nicht gleich, und es ist fraglich, ob die Unterscheidung einiger Typen menschliche Unterschiedlichkeit vollständig erfasst. Auch Lebenserfahrungen bedingen individuelle Unterschiedlichkeit: Nicht Ängstlichkeit, sondern die schlechte Erfahrung zum Beispiel mit einem Hund kann die Ursache für eine Angstreaktion sein. Die Vielfalt der möglichen Erfahrungen ist nicht erfasst.

c) Vernachlässigung seltener Ereignisse

Als Folge der experimentellen Orientierung werden seltene psychische Phänomene in der Psychologie kaum berücksichtigt. Das Merkmal oder Ereignis muss alle Stichprobenmitglieder betreffen. Stichproben für seltene Merkmale sind nur sehr schwer zusammenzubekommen. So wird ein seltenes Phänomen wie etwa das Sprechen im Traum in den Lehrbüchern der Psychologie gar nicht erwähnt. Es bleibt offen, ob auch Erlebnisse mit Kunstwerken oder beim Kunstschaffen eher zu der Kategorie einzelner seltener Phänomene zählen, die mit dem Experiment, das auf eine prinzipielle Gleichartigkeit aller Menschen abhebt, nicht zu erforschen sind. Hier wäre beispielsweise an ›Gipfelerlebnisse‹ von Glück und Erleuchtung zu denken, die stark von der individuellen Biografie geprägt sind (Maslow 1984).

d) Im komplexen Bedingungsgeflecht wirken unvorhersehbare Variablen Möglicherweise ist das Bedingungsgeflecht ästhetischer

Reaktionen so komplex, dass der Ausschnitt, den das Experiment erfasst, immer irrelevant ist. So könnte zum Beispiel die Helligkeit beim Anblick von Ikonen eine andere Rolle spielen als bei der Betrachtung von Glasfenstern. Darüber hinaus könnte das Licht bei ermüdeten Personen auf andere Empfindungsmechanismen treffen als bei ausgeruhten Versuchspersonen. Es könnte so viele Bedingungsvariationen geben, dass das mittlere Ergebnis des Experiments in keinem Einzelfall des ökologischen Feldes relevant wäre. Tatsächlich macht die experimentelle Psychologie nicht die erhofften Fortschritte. Hervorragende Fachvertreter, darunter Dörner (1990), äußern auf Kongressen Zweifel an der Ergiebigkeit dieser Methode.

Ein Beispiel soll die Schwierigkeiten verdeutlichen: Beim Billardspiel könnte der Effekt eines Stoßes auf eine Kugel in einer gegebenen Situation experimentell erforscht werden. Mit der Zeit würden sich die physikalischen Gesetze des Kugelstoßes ergeben. Dagegen wäre es völlig sinnlos zu versuchen, aus der Kenntnis der einzelnen Impulse und Stoßrichtungen in einer Lottomaschine den weiteren Verlauf der Kugeln zu berechnen. Kleinste Einflussfaktoren summieren sich zu einem zufälligen Ergebnis. Kleinste Abweichungen zu Beginn führen zu völlig anderen Ausgängen. Hier sei an die Chaos-Theorie erinnert, die bei der Wettervorhersage auf das Phänomen stieß, dass die Luftbewegung durch einen Schmetterling in Peking einige Zeit später einen Sturm in New York verursachen kann. Kleinste Variationen haben mitunter dramatische Auswirkungen. Man kann nun systematisch eine Variable verändern und eine andere untersuchen, aber zu jedem Zeitpunkt sind wichtige Randbedingungen anders, sodass nie ein sinnvolles Ergebnis entsteht.

Trotz aller Schwierigkeiten sollen hier – in einem zusammenfassenden Überblick – einige Ergebnisse der psychologischen Experimente zur Ästhetik vorgestellt werden. Dem Leser wird auffallen, dass mit dem Etikett ›Experimentelle Ästhetik‹ auch Studien versehen sind, die die vorgefundene Varianz des Stimulusmaterials (etwa von Kunstwerken) nur beschreiben. ›Experimentelle Ästhetik‹ wäre dann mehr eine empirisch-statistische Ästhetik.

5.2.1 Die Messung der Schönheit

Man möchte die empfundene Schönheit eines Objekts nun messen. Dazu bittet man die Versuchspersonen um Auskunft: Sie müssen unter anderem auf einer Skala von 1 (gar nicht attraktiv) bis 9 (sehr attraktiv) ankreuzen, welcher Wert für ein bestimmtes Bild zutrifft. Auch dabei kommt es zu Problemen:

a) Metaphorischer Gebrauch des Wortes ›schön‹

Auch wenn direkt nach der Schönheit eines Bildes gefragt wird, kann dieses Wort durchaus metaphorisch (im übertragenen Sinn) verwendet werden (wie in der Redensart »ein schönes Bier«), und es fließen dann keine ästhetischen Bewertungskriterien ein.

b) Soziale Erwünschtheit der Reaktion

Bei solchen Einschätzungen ist ungewiss, wieweit das Urteil von der sozialen Erwünschtheit beeinflusst ist. Kaum jemand wird gern zugeben, Spaß an Horrorszenen zu haben: Dennoch findet sich ein breites Angebot. Auch im Bereich von Nacktheit und Sexualität werden viele Versuchspersonen dem fremden Psychologen gegenüber nicht ganz offen sein.

An vielen Stellen unseres Gegenstandsbereiches gilt der vertrackte Widerspruch von subjektiver wahrer Begründung und objektiver Verhaltensverursachung, der sowohl die Ergebnisse der Befragung als auch die Ergebnisse des Experiments fehlerhaft werden lässt. Vielleicht ist es ein Ausweg, die Experten für besondere und individuelle Ereignisse und deren Schilderung zu Wort kommen zu lassen und als eine Quelle für die psychologische Forschung eben auch die dichterische Selbst- oder Fremdbeschreibung zuzulassen.

Was würden Personen auf die Frage antworten, warum sie ins Museum gehen. Wegen des ›Genusses‹ der Kunst? Weil Kunst ein Bildungserlebnis vermittelt? Weil man neue, innovative Sachen sehen kann? All das ist sicher wahr, aber es ist nur ein Teil der Wahrheit.

Der Blick auf die historische Einbettung liefert neue Einsichten: Zunächst sammelten Angehörige des Hochadels Kunst und gaben Kunstwerke in Auftrag. Was heute in Museen ausgestellt ist, war früher exklusiv Königen und Fürsten vorbehalten. Im Besuch des Museums feiert sich also der demokratische Bürger als Souverän des Staates, der die Rolle der Fürsten übernommen hat.

c) Unterschiedliche Art der Verarbeitung

Bei der Analyse der Reaktion auf die Kunst ist es nicht einfach ein einheitliches ›Betrachten‹ das die Beziehung zwischen Mensch und Kunstwerk ausmacht. Die Menschen können ganz unterschiedlich mit dem Stimulus Kunstwerk umgehen, sie können zum Beispiel in einen Dialog mit dem Kunstwerk eintreten.

Ein Fallbeispiel soll dies illustrieren: Eine ältere Dame erwirbt in der Kunstgalerie der Schwiegertochter eine große Bronze-Eule. Zwar ist der Kauf hauptsächlich von dem Motiv getragen, das Geschäft der Schwiegertochter zu unterstützen, doch unabhängig davon gefällt der Dame die Eule, sie findet sie ›schön‹. Zu Hause aber, so berichtet die Galeristin, wurde die Eule zum Gesprächspartner (wie auch Haustiere diese Funktion erfüllen können), mit dem die alte Dame in Momenten der Einsamkeit, aber gelegentlich auch, wenn Besuch da ist, spricht. Dies mag uns als kurioser Einzelfall erscheinen, aber wie häufig ist in Berichten oder Romanen von der stillen Zwiesprache die Rede, die der Autor mit Kunstwerken (speziell mit religiösen Kunstwerken, die Marien- oder Christusdarstellungen zeigen) hält. Ja, die Kunstwerke geben in der Vorstellung Antworten, die solche Teile der Person repräsentieren können, die oft nicht bewusst sind. In der meditativen Stimmung der ›Zwiesprache‹ werden unterdrückte Gedanken erlaubt, kommt es zu ›Eingebungen‹, worüber in der Religionsgeschichte immer wieder berichtet wird.

Es kommt uns keineswegs merkwürdig vor, wenn sich der Gläubige im Angesicht einer Mariendarstellung einen Rat erdenkt oder erfühlt, auf den er vorher nicht gekommen ist. Das Kunstwerk nimmt so ganz im therapeutischen Sinne die Rolle einer Teilperson im Gesamt der psychischen Bestrebungen des Betrachters ein und erlaubt eine andere und neue Art des inneren Monologs bzw. Dialogs.

Gewöhnlich gibt es Fragebögen und Interviews, um Motive des Verhaltens festzustellen. Würden aber Versuchspersonen zum Beispiel gefragt, ob sie sich erinnern, mit Kunstwerken gesprochen zu haben, antworteten vermutlich viele mit Nein. Sie wissen, dass nur der Verrückte mit Sachen spricht, und die entsprechende Frage verneinen. Fragebögen stoßen also nur zu den gesellschaftlich erkannten (und dazu noch anerkannten) Motiven vor.

d) Schwache Ausprägung der ästhetischen Reaktion

Leider kommen in den vielen Studien kaum Reize vor, die starke ästhetische Reaktionen auslösen. Reproduktionen von beliebigen Kunstwerken treffen ja nicht immer den ›Nerv‹ des Betrachters. Man müsste vielmehr solche Kunstwerke einbeziehen, die ganz besonders stark von den jeweiligen Personen bevorzugt werden, um wirklich hinter die Ursachen von Bevorzugungsreaktionen zu kommen.

Die Pupillenöffnung als Präferenzmaß

Einige der genannten Schwierigkeiten vermeidet ein Beurteilungskriterium, das man nicht absichtlich verfälschen kann: Bei konstanter Gesamthelligkeit verschiedener Bilder gibt anscheinend die Pupillenöffnung Auskunft darüber, wie angenehm ein visueller Reiz ist. Hess (1977) hat ein entsprechendes Gerät entwickelt, das zunächst für die Bewertung von Werbebildern verwendet wurde. Es zeigen sich dabei interessante Phänomene.

Im Bereich des sozial Erwünschten und Zulässigen besteht ein hoher Zusammenhang zwischen der verbal angegebenen Bevorzugung und der Pupillenöffnung. Bei sozial tabuisierten Themen weicht die Pupillenöffnung von der verbalen Reaktion ab. So geben Frauen (zum Zeitpunkt der genannten Veröffentlichung!) an, nackte Männerkörper nicht besonders gern zu sehen, zeigen aber eine starke Pupillenöffnung. Es zeigte sich auch, dass Bilder von Unfällen und Gewalthandlungen von einer Untergruppe der Probanden gern gesehen, aber natürlich von vielen stark abgelehnt werden. Offensichtlich gibt es doch ein starkes Bedürfnis nach Gewaltinszenierung, dem die Religionen und die Kunst aller Jahrhunderte Rechnung tragen (vgl. die Arbeiten des Wiener Aktionskünstlers Hermann Nitsch, beschrieben in Kapitel 9).

Die Gültigkeit dieser Messung wird durch ein anderes Phänomen bestärkt. Konfrontiert man Versuchspersonen mit zwei völlig gleichen Fotos desselben Gesichts, die sich nur in der Größe der Pupillen unterschieden, so werden die meisten Betrachter auf die Frage, welches Gesicht irgendwie attraktiver sei, die Abbildung mit den größeren Pupillen wählen. Dieses Bild signalisiert also stärker als das andere, dass die abgebildete Person etwas Attraktives anblickt: Sie schätzt den Betrachter also mehr. Einen Teil der Gesichtsschönheit scheint die freundliche Sozialstimmung (Lächeln usw.) auszumachen: Das Bild, das eine freundlichere Stimmung erkennen lässt, wird bevorzugt. Neben der Information über die ›Gültigkeit‹ der Pupillenöffnung als Ausdruck der angenehmen Wahrnehmung lernt man noch etwas anderes: Schönheit ist anscheinend nicht in allen Gegenstandsbereichen gleich verursacht. Gebäude lassen sich auf der Ebene der ›Sozialstimmung‹ nicht beurteilen. Vielleicht ist so das heillose Wirrwarr der verschiedenen Ästhetiken entstanden, die jeweils nur Beurteilungskriterien für bestimmte Objektklassen betrachten.

Die Pupillenöffnung ist ein unverfälschbares Maß, das sich nicht von bewussten Rücksichtnahmen beirren lässt. Leider wird es wegen der technischen Schwierigkeiten in der Ästhetikforschung selten eingesetzt. Bei der Verwendung dieses Maßes kommt es aber auch zu einer methodischen Schwierigkeit: Die Messwerte verschiedener Personen sind nicht zu mitteln, stattdessen müssen die individuellen Werte verwendet werden. Dies sollte in der Ästhetikforschung allerdings auch an anderen Stellen versucht werden.

Fortsetzung des Kapitels auf Seite 141

5.2.2 Ergebnisse der experimentellen Ästhetik

Hier sollen einige Merkmale von Kunstwerken, Zustände von Personen und Eigenschaften von Personen genannt werden, die in Experimenten variiert wurden, und natürlich welche Ergebnisse diese Variationen erbrachten. Bei jeder geprüften Variable verweise ich nur auf eine einzige oder wenige Studien.

Reizmerkmale

a) Handwerkliches Geschick

Es gibt einen deutlichen Zusammenhang zwischen dem eingeschätzten handwerklichen Geschick eines Künstlers und dem Präferenzurteil (Moffett 1975).

b) Reizbalance

Die Balance erfordert – in Abweichung von der Symmetrie –, dass die Relation von Flächengrößen und Abständen vom Mittelpunkt auf einer Zeichnung in einer Gleichgewichtsbeziehung steht, wie etwa die Gewichte auf einer Waage nach Größe und Abstand vom Auflagepunkt in unterschiedlichen Gleichgewichten stehen können. Balancierte Gestaltungen sind gefälliger (Dörner und Vehrs 1975).

c) Wiederholte Darbietung und Familiarität

In diesen Studien wurden Bilder einmal oder mehrmals in einer Serie von Bildern gezeigt. Es stellte sich heraus, dass mehrfach gezeigte Bilder bevorzugt wurden (Zajonc u. a. 1971, Leder 2003).

d) Beleuchtung von Bildern

Hier ging es einfach um die Lichtstärke, unter der die jeweils selben Bilder dargeboten wurden. Hellere Beleuchtungsstärken führten zu besseren Präferenzeinschätzungen (s. o., Endo 1979).

e) Prototypikalität

Mit Prototypikalität bezeichnet man den Sachverhalt, ob ein bestimmter Begriff (bzw. seine Abbildung) für die Begriffsklasse typisch ist oder nicht. Ein Bär ist zum Beispiel ein typisches Tier, während ein Känguru ein weniger typisches Tier ist. Die Gedächtnispsychologie geht davon aus, dass prototypische Inhalte bildhaft abgespeichert und im Gedächtnis leicht aktivierbar sind (Martindale und Moore 1982). Daher sind sie »schöner«.

f) Einfachheit und Komplexität

In eher beschreibenden Studien werden in der »neuen experimentellen Ästhetik« (Berlyne 1974) Komplexität und Ordnung in Beziehung zu Präferenzwerten und deren Ursachen, der inneren Erregung bzw. Aktivation, gesetzt. Solche Thesen sind sehr alt. Schon 1893 schreibt Külpe: »So erhalten wir eine einfache psychophysische Interpretation auch der ästhetischen Elementargefühle, die wiederum auf eine Steigerung bzw. Herabsetzung der Erregbarkeit in den Centralorganen hinauskommt.« (Seite 264) Berlynes ›neue‹ Ästhetik ist also eher eine Neuauflage traditionellen Gedankenguts.

Die vielen Studien führen nicht zu einheitlichen Ergebnissen. Am plausibelsten wirkt ein eingipfliger Zusammenhang zwischen Komplexität und Wohlgefallen in der Art, dass mittlere Komplexitätsgrade am meisten Wohlgefallen auslösen.

g) Symmetrie

Unter Symmetrie eines Bildes versteht man Wiederholungen auf der rechten und linken Seite oder oben und unten, jeweils um die Symmetrieachsen herum (es gibt aber auch sehr komplizierte Symmetrien). Symmetrien jeder Art steigern das Präferenzurteil.

h) Goldener Schnitt (Proportion)

Der Goldene Schnitt wurde in Kapitel 2 bereits beschrieben (Abb. 18, S. 49). Kann man experimentell zeigen, dass die Proportion des Goldenen Schnitts bevorzugt wird? Die Ergebnisse der Studien sind enttäuschend, und die Proportion ist auch nicht deutlich von der einfachen Proportion 2:3 getrennt. Auch Teilungen in den einfachen Verhältnissen 1:1 oder 1:2 werden vor anderen Teilungsverhältnissen bevorzugt. Es lässt sich nicht schlüssig nachweisen, dass Bildformate oder Gebäudemaße im Goldenen Schnitt eine Bevorzugung vor anderen Formaten finden (vgl. Höge 1995, Konecni 2006).

i) Folgen der Blickbewegung
Es wurde untersucht, ob es eine ›angenehmere‹ Blickbewegung ergibt, wenn der Titel des Bildes sich auf die rechte oder linke Bildseite bezieht. Es wurde ein Bildtitel bevorzugt, der sich auf den linken Vordergrund bezog (Nelson und MacDonald 1971).

Zustände der Person

a) Stimmung
Höge (1984) untersucht ob die Stimmung des Betrachters die Assoziationen zu einem Bild beeinflusst. Eine depressive Stimmung führte zu mehr negativen Assoziationen. Das ästhetische Urteil kann also nicht allein vom Reiz herrühren, sondern ist auch von aktuellen Personenzuständen abhängig.

b) Prestige-Information
Man gibt zu den Bildern fiktive Informationen, zum Beispiel ob sie von einem berühmten oder wenig bekannten Künstler stammen. Es kommt dann zu feststellbaren, aber nicht sehr großen Unterschieden im Präferenzwert (Farnsworth und Misumi 1931).

c) Selbstaktualisierung
Die Selbstaktualisierung, das heißt das Ausmaß der Bewusstheit von sich selbst, kann variiert werden, beispielsweise indem man sich im Spiegel sieht oder bei der Bildbetrachtung eine Maske trägt. Swartz (1980) glaubt unter solchen Bedingungen eine »gesteigerte ästhetische Sensitivität« festzustellen.

d) Die wahrgenommene Ähnlichkeit zwischen Bild und Selbst
Bildern wie Personen können Eigenschaften zugeordnet werden. Wenn die Eigenschaften, die ein Betrachter für sich selbst als ›ideal‹ einschätzt, auch dem Bild zugeordnet werden, so gefällt ihm dieses Bild besser als andere Bilder.

Eigenschaften von Personen

Ein Einfluss der Eigenschaften eines Menschen, der Persönlichkeit auf die Bevorzugung von Kunstwerken wirkt plausibel. So sollen individuelle Differenzen in den Experimenten berücksichtigt werden. Die Problematik dieses Vorgehens wurde oben besprochen. Für Psychologen wurde der vermutete Zusammenhang zwischen Persönlichkeit und ästhetischer Bevorzugung Anlass zu umfangreichen Untersuchungen , ja es wurde angenommen, man könne die Persönlichkeit mit Hilfe von Kunstwerken testen (Hahn 1980).

Auch hier erweist sich der Gegenstandsbereich jedoch als sperrig, was am Beispiel des Persönlichkeitsmerkmals ›Konservativismus‹ gezeigt wird: Konservative Urteile, die also von einer konservativen Persönlichkeit abgegeben werden, müssen nicht zu jeder Epoche gleich sein. Historische Wandlungen lassen Innovationen wie den Impressionismus von einer abgelehnten Kunst, die nur von einer mutigen ›Avantgarde‹ unterstützt wurde, zu einer allgemein anerkannten Kunst werden, die gerade von Konservativen besonders geschätzt wird. Die Variable ›Allgemeine Anerkennung des Kunststils‹ wurde aber niemals in entsprechende Untersuchungen einbezogen. Dabei ist diese Variable wahrscheinlich wichtiger als objektive Merkmale des Kunstwerkes, wenn es um den Zusammenhang zwischen dem Persönlichkeitsmerkmal Konservativität und der Bildbevorzugung geht.

Die Suche nach einem Zusammenhang von bevorzugtem Kunstwerk und Persönlichkeit wird vermutlich zu einer Suche nach einer großen Zahl von Interaktionstypen werden müssen, um nachvollziehen zu können, wie ein bestimmtes Kunstwerk bestimmte Erlebnisse, Erinnerungen und Gedanken aktiviert. Wie viel ›allgemeine‹ Regeln hier entstehen werden, oder ob es sich um nur individuell, ideografisch beschreibbare Reaktionen handelt, bleibt zunächst völlig offen. Wie bei den Reizdimensionen soll hier aber trotz aller Skepsis eine Liste der Persönlichkeitseigenschaften vorgestellt werden, die in verschiedenen Untersuchungen in Zusammenhang zum ästhetischen Urteil gebracht wurden. Darüber hinaus wurde untersucht, ob es eine ästhetische Begabung, einen ›guten Geschmack‹ geben kann.

a) Ästhetische Begabung / ästhetische Sensitivität

Es wurde diskutiert, ob es eine Form von ästhetischer Begabung gibt, das heißt, ob einige Personen das ›richtige‹ ästhetische Urteil abgeben können und andere nicht. Die ästhetische Begabung wird daran gemessen, wieweit eine Person mit dem Expertenurteil übereinstimmt. Eysenck (1981) glaubt sogar, die ästhetische Begabung sei angeboren. Nun ist das ästhetische Urteil heute nicht mehr so unbestritten gültig, und es fällt schwer, den Maßstab zur Messung dieser (fiktiven) Begabung zu errichten.

b) Extraversion, Introversion
Mit Fragebögen kann festgestellt werden, ob eine Person mehr extravertiert oder introvertiert ist. Eysenck (1941a) glaubt, Extravertierte, die in der Umgebung nach Stimulation suchen, bevorzugen moderne Bilder mit hellen Farben und Introvertierte eher traditionelle Bilder mit dunklen Farben.

c) Psychotismus, Neurotizismus
Wiederum mit Eysencks (1941a) Fragebögen werden diese Eigenschaften erfasst. Personen mit hohen Werten in diesen Skalen geben ›abweichendere‹ Urteile ab. Es wurde aber auch eine höhere ästhetische Sensitivität und die Bevorzugung abstrakter Kunst gemessen.

d) Geschlechtsunterschiede
Das Kaufverhalten von Frauen war nach Bernard (1972) etwas konservativer. Sie kauften impressionistische Bilder und Stadtansichten; abstrakte Bilder wurden eher von Männern gekauft. Solche Unterschiede werden allerdings von der Erziehung und dem Zeitgeist abhängig sein und spiegeln die jeweiligen Geschlechterrollen einer Gesellschaft. Hier wird überdeutlich, dass zu den Ergebnissen von psychologischen Studien auch ›Verfallsdaten‹ angegeben werden sollten, weil sich das Verhalten und das Urteil der Menschen mit den Veränderungen der Kultur bewegt.

e) Bildung
Erfahrenere und gebildete Beurteiler bevorzugen komplexere Bilder.
 Natürlich ist die Übereinstimmung mit dem Expertenurteil bildungs-

Tests zur künstlerischen Begabung und ästhetischen Sensitivität

Der Künstler braucht spezielle Begabungen, was also liegt näher als der Versuch, einen Test zu entwerfen, in dem künstlerische Begabung erfasst werden könnte?
Meier (1939) gibt den Rahmen von Eigenschaften vor, innerhalb dessen eine Messung stattfinden müsste:

a) Handwerkliche Geschicklichkeit
b) Arbeitsenergie und Durchhaltevermögen
c) Ästhetische Intelligenz (ungefähr: ästhetische Sensitivität)
d) Wahrnehmungsfähigkeiten
e) Kreative Vorstellung
f) Ästhetisches Urteil

In einem Test, dem Meier-Art-Test, wird nun nur das ästhetische Urteil geprüft. Es muss entschieden werden, welches von zwei Bildern das Bessere ist. Wenn die Versuchsperson mit dem Urteil von ›Kunstexperten‹ übereinstimmt, hat sie ein gutes ästhetisches Urteil.
Kritik: Wie schon gesagt, ändert sich das Urteil mit der Zeit, der Test kann also nur für seine Epoche gültig sein. Und: Gebildete Personen kommen eher in Kontakt mit dem Expertenurteil und schneiden daher besser ab.

Heute feiern wir als Künstler gerade Personen, die die gültigen ästhetischen Standards in Frage stellten, und die, wie zum Beispiel van Gogh, von der Kunstkritik zunächst abgelehnt wurden. Insofern ist eine Messung fraglich, die gerade die Anpassung an das herrschende Geschmacksurteil erfasst.

Vorschlag: Heute scheint ein Künstler andere Eigenschaften zu brauchen, etwa Offenheit für ungewöhnliche Erfahrungen, die Bereitschaft, die geistigen Strömungen seiner Zeit zu erfassen, und intellektuelle Unabhängigkeit. Tests solcher Eigenschaften zu entwickeln, bringt aber weniger ein, als der Individualität der Künstler-Person im Interview (etwa bei der Zulassung zu Kunsthochschulen) Rechnung zu tragen. Dabei können die Beurteiler eben immer auch für die Ausnahme, für den ganz anderen individuellen Weg offen sein. Gegebenenfalls können hier Fragebögen eingesetzt werden, die in einem anderen Kontext entwickelt wurden. So gibt es einen Fragebogen für »Offenheit gegenüber Erfahrungen von Versenkung und Selbständerung« (openness to absorbing and self-altering experiences; Telegen und Atkinson 1974). Wer hohe Werte auf dieser Skala aufweist, hat zum Beispiel auch mehr Sympathie für abstrakte Kunst (Combs u. a. 1988).

abhängig. Bildung korreliert stark mit sozialem Status. Unterschichten folgen wahrscheinlich nicht so schnell dem aktuellen Kunsturteil und sind deshalb in ihrem Urteil konservativer.

5.3 Ansätze einer psychologischen Ästhetik

Immer, wenn subjektive Bedingungen des Schönen aufgezeigt werden (so könnte man mit von Allesch 1987 argumentieren), handelt es sich um eine ›psychologische‹ Ästhetik. Allerdings verweisen auch objektive Reizbedingungen des Schönen (wenn es sie denn gibt) auf psychische Prozesse. Insofern scheint mir eine Ästhetik dann »psychologisch«, wenn die Empfindung des Schönen mit psychischen Prozessen begründet wird.

In den bisherigen psychologischen Beiträgen werden einmal wahrnehmungsnähere, einmal kognitionsnähere Stufen der Reiz- und Bedeutungsverarbeitung als die Determinante der Schönheit in den Vordergrund gestellt:

Fechner Schon 1871 stellt Fechner mit seiner »Vorschule der Ästhetik« eine empirisch begründete und psychologisch argumentierende Forschung vor. Er hebt seine »Ästhetik von unten«, die die Urteile von Versuchspersonen erfasst, von einer normativen »Ästhetik von oben« ab, die feststellt, was schön sein soll. Bei seinen Forschungen berücksichtigt er auch die sich zu dem Kunstwerk einstellenden Assoziationen (Assoziationsprinzip), die das ästhetische Urteil mitbestimmen. Er geht in einer Zeit, die noch nicht auf eine

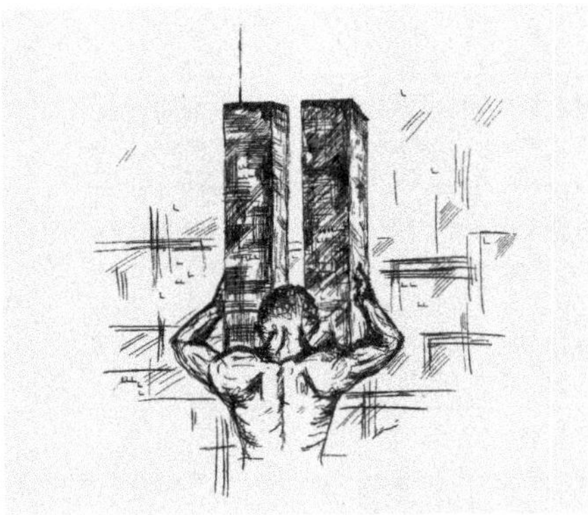

51 Bei den eng stehenden Hochhäusern der Abbildung könnte eine Empathie, ein Sicheinfühlen, das Gefühl des »Zusammengedrückt-Seins« entstehen lassen (Zeichnung S. Schier)

vergleichende Verhaltensforschung zurückgreifen kann, sogar so weit, auch instinktive Anteile für das ästhetische Urteil anzunehmen. So ist dieser Beitrag nicht zuletzt in der vielfältigen Determination des ästhetischen Urteils bis heute kaum übertroffen. Fechner glaubte, eine Bevorzugung des »Goldenen Schnittes« nachweisen zu können.

Lipps Theodor Lipps (1900 nach Herder und Vischer) erklärt Gefühle gegenüber dem Kunstwerk durch einen Akt der Einfühlung: Der Betrachter versetzt sich zum Beispiel in die Marmorstatue und fühlt deren edle Haltung oder auch deren sinnlichen Ausdruck jetzt als eigenes Gefühl. Druck und Gegendruck werden bei der Einfühlung in die Karyatide (als Mädchen gestaltete Säule) erlebbar.

Die »einfache Einfühlung« schreibt dem beobachteten Gegenstand Eigenschaften zu: etwa das einsam blühende Veilchen sei bescheiden. Die »sympathische Einfühlung« ruft stattdessen im Betrachter das wahrgenommene Gefühl wach. In Abbildung 51 ist das ›gedrückte‹ Zusammenstehen zweier Hochhäuser durch eine anthropomorphisierende Einfühlung illustriert.

Aber selbst bei einer Säulenhalle mit Säulen, die den Anschein erwecken, sich unter der Last der Steine zu wölben (Entasis) – ist die Art, wie der menschliche Körper zum Modell für das Kunstwerk wird, keineswegs eindeutig (Abb. 52). Bei einer gebogenen Linie noch weniger: Sie kann eine Wanderspur, aber auch eine Arm-, eine Fuß- oder eine Handbewegung beim Schreiben sein. So können unterschiedlich akzentuierte Einfühlungen zustande kommen und je nach Titel eines Kunstwerks unterschiedliche Einfühlungsvorgänge angeregt werden.

Leider sind kaum Experimentatoren von der Einfühlungstheorie ausgegangen und haben beispielsweise variiert, in welcher Art man sich in eine geschwungene Linie einfühlt. Die experimentelle Forschung zog es vor, von ›objektiven‹ Merkmalen des Kunststimulus auszugehen.

Gesichtsschönheit Dennoch scheint die Einfühlungstheorie ganz Wesentliches bei der Empfindung der Gesichtsschönheit zu leisten. Beim Betrachten eines Gesichts ›tue ich innerlich so‹, als wollte ich dieses Gesicht auch machen, und empfinde dabei eine für das Gesicht des Gegenübers typische Stimmung. Die Gesichtsschönheit ist wesentlich davon bestimmt, ob bei diesem Akt der Einfühlung in das fremde Gesicht angenehme oder unangenehme Gefühle aktiviert werden, ob also im Gesicht des anderen freundliche oder unfreundliche Gefühle aufscheinen.

Dabei werden die Mimik (also die Gesichtsbewegungen) und die Physiognomik (die Statik des Gesichts) verwechselt. Man behandelt die ›Gesichtsarchitektur‹, die Physiognomik, so, als sei sie durch eine Bewegung zustande gekommen (in der mittelalterlichen Ästhetik glaubte man, eine typische Bewegung scheine durch das Gesicht durch).

52 Der Betrachter kann sich auf ganz unterschiedliche Weisen in das Kunstwerk einfühlen, hier einmal in die Säule, ein anderes Mal in die getragene Last

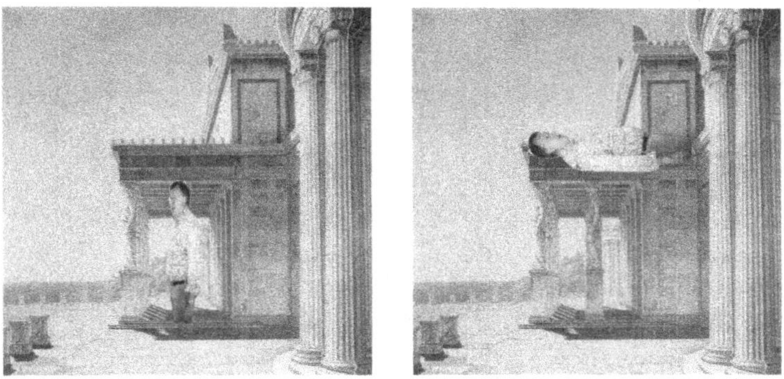

Lersch (1955) beschreibt eine Süß-Mimik und eine Sauer-Mimik (siehe Abbildung 53). Die Süß-Mimik deutet auf eine angenehme innere Empfindung, die Sauer-Mimik auf eine unangenehme. Ein Gesicht, das normalerweise so aussieht wie die Süß-Mimik, fänden wir immer angenehmer als eines, das der Sauer-Mimik nahekommt.

Bei der Gesichtsschönheit spielen aber auch andere Faktoren eine Rolle, darunter Gesundheit, Annäherung an das Kindchenschema (Bambi-Effekt) und die typisch menschliche Frontalität des Gesichts. Zu spitz, ›schnauzenartig‹, auslaufende Gesichter würden wir als ›tierisch‹ ablehnen. Die Behaarung wurde und wird kontrolliert (durch die Rasur oder durch das sorgfältige Abdecken mit Hauben; vgl. Kapitel 4.5).

Eine wichtige Anregung der Einfühlungstheorie für die Kunstpsychologie kann es sein, auf die mentalen Aktivitäten zu achten, die der Betrachter mit dem Kunstwerk vornimmt. Er kann sich in Figuren hineinversetzen und deren Stimmung mitempfinden, er kann in den Bildraum eintauchen und dort umherstreifen. Er kann mit den Personen eines Bildes (z. B. des Heiligenbildes) in einen fiktiven Dialog treten oder ihren Beistand erbitten. Der Betrachter kann sich also nicht nur in einzelne Figuren einfühlen, sondern auch als Person in den Bildraum eintreten und dort Stellen einer von ihm gewünschten Stimmung aufsuchen. Er kann sich vor dem pornografischen Bild sexuelle Handlungen vorstellen (wie es wohl auch häufig passiert) oder vor dem älteren Landschaftsbild in der unzersiedelten Natur der vergangenen Jahrhunderte ›spazieren gehen‹.

Birkhoff (1931/1968) spekuliert über Charakteristika der Informationsverarbeitung. Nur das richtige Verhältnis von Komplexität und Ordnung führt nach seiner Meinung zu einer lustvollen Informationsverarbeitung.

Ordnung und Komplexität des ästhetischen Reizes werden operationalisiert, am Kunstwerk messbar und in Beziehung gesetzt und ergeben das ästhetische Maß M (Birkhoffs ästhetische Formel und auch Eysencks Formel beschreiben Reizvariablen, nicht Prozesse einer Person).

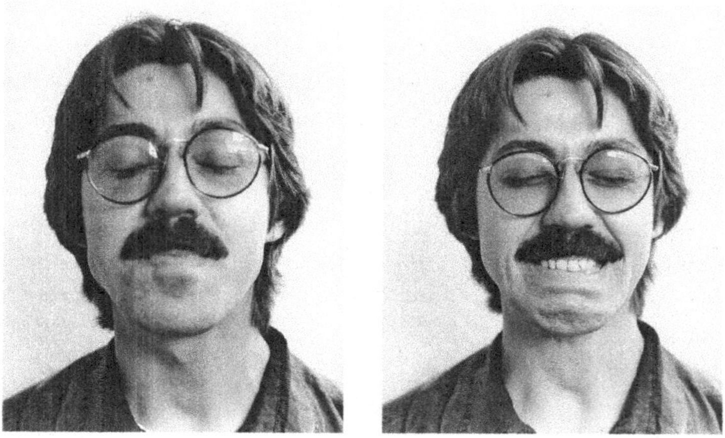

53 Mimik beim Empfinden von süßen und sauren Geschmackseindrücken

M = O/C (Birkhoff 1931/1968) oder M = OxC (Eysenck 1941 b)

Die ›Operationalisierung‹ in Experimenten, die die Gültigkeit der Formel demonstrieren soll, nähert sich der antiken Regel noch mehr: Komplexität ist die Anzahl möglicher Formen (Mannigfaltigkeit) und Ordnung die Wiederholung der Einzelformen (Einheit). Eindeutige Resultate liegen allerdings nicht vor. Wegen der leichten Verwirklichung der Variablen Ordnung und Komplexität in visuellen Arrangements wurde diese Theorie aber zum Anlass zahlreicher Experimente, die letztlich das alte Aristotelische Prinzip von der Einheit in der Mannigfaltigkeit zum Ausgangspunkt haben.

Berlyne (1974) hat die Reizvariable »complexity« mit der Prozessvariablen »arousal« (Erregung) verbunden und markiert insofern einen weiteren Schritt zu einer psychologischen Begründung einer Ästhetik. Der Kontrast von »Spannung« zu »Entspannung« (besser: von schwierigeren zu leichteren Wahrnehmungsbedingungen) schafft die ästhetische Empfindung.

Sprinkart (1982) glaubt, dass ästhetische Bewertungen ganz früh ansetzen, vor der bewussten Aufmerksamkeit, also auf den ersten Stufen der Reizverarbeitung.

Boselie (1988) hält die überraschende Entdeckung von Ordnungsrelationen im Reizmaterial für die Ursache ästhetischen Empfindens. Dort wird also das ästhetische Empfinden in einer Wahrnehmungserleichterung vor der Bedeutungsentnahme angesiedelt.

Leeuwenberg (1988) hält dagegen die überraschende Ordnungsrelation (Gleichheit) von Reizverarbeitung und an die Reizverarbeitung herangetragene begriffliche Prozesse (Top-down- und Bottom-up-Analyse) für wesentlich, was ebenfalls eine Erleichterung der Informationsverarbeitung bringt. Die Komponente der Überraschung verweist auf die aktuelle Vereinfachung der Wahrnehmung, die sich im Prozess der Betrachtung des Kunstwerks einstellt.

Franke Die beiden letzten Theorien haben in Frankes Mehrebenentheorie der Ästhetik einen Vorläufer. Franke (1980) stellt die These auf, dass analoge Strukturen auf verschiedenen Analysestufen, etwa bei Analyse der Textur, der Farben und der Bedeutungen, lustvoll erlebt werden.

Dörner (und Vehrs 1975) hebt in Experimenten ebenfalls auf das Vorhandensein und Entdecken von Ordnungsrelationen, auf die Bildung von Superzeichen ab. Dadurch vereinfacht sich die Reizanalyse. Er bat Versuchspersonen, bewusst schöne und hässliche Rastermuster zu gestalten: Die schönen Muster zeichneten sich durch

54 In einem Test sollen Versuchspersonen schöne und hässliche Rastermuster gestalten (Grafik Bernard P. Woschek)

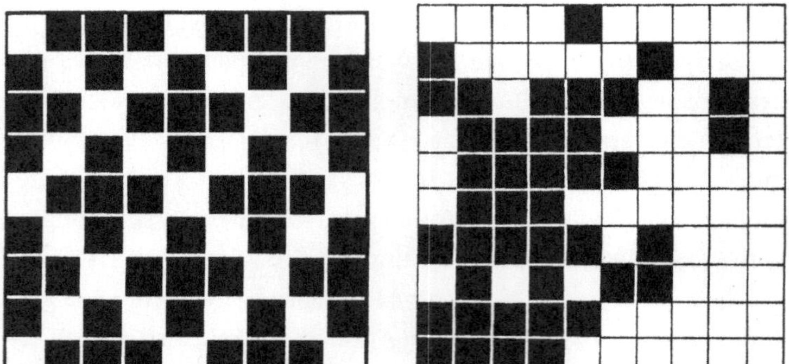

Symmetrie und Ordnung, aber auch durch Vielfalt aus, während die hässlichen Muster langweilig oder chaotisch waren (Abb. 54).

Martindale (siehe Martindale u. a. 1988) hebt die Prototypikalität eines Reizes hervor und zielt dabei auf eine Erleichterung bei der Bedeutungsentnahme.

Winner (1982) legt das Schwergewicht auf die »Herausforderung«, das Kunstwerk zu verstehen, und verlagert das Schwergewicht ästhetischer Prozesse auf den Analyse- und Verständnisvorgang. Das Verstehen aber kann auch in Bezug auf diese Theorie als Erleichterung der Kognitionen aufgefasst werden.

Psychoanalyse Eine emotionale Erleichterung wird dagegen von den psychoanalytischen Beiträgen in den Vordergrund gerückt. Die momentane Erleichterung der Unterdrückung aggressiver oder auch sexueller Impulse führt zum Lachen, die Verfremdung von aggressiven oder sexuellen Botschaften durch den ›Zuckerguss‹ des formal Schönen erlaubt eine sonst verbotene Affektabfuhr.

Stephan Eine Ästhetik von Stephan (1990) stellt die Erregungsprozesse in den Vordergrund, die sich aus der Reaktionshemmung gegenüber einer nur dargestellten Wirklichkeit ergeben. Auch hier ist an die affektive Erleichterung zu denken, angesichts der Szene nicht agieren zu müssen: die Erleichterung des reinen Betrachtens (vgl. hierzu das Stichwort der »ästhetischen Distanz«). Solche Prozesse stellen sich aber nur vor der illusionistischen Darstellung ein (die von einigen Ästhetikern auch in den Mittelpunkt gerückt wurde; z. B. von Lange 1901).

Eine Synopse: Die einfache Wahrnehmung im Dienste der Wahrnehmungserweiterung

Schon im Laufe der bisherigen Darstellung kam die Leichtigkeit der Wahrnehmung als Ursache der Schönheitsempfindung in den Blick. Die Reizvariablen »Symmetrie, Balance, Goldener Schnitt, Superzeichen, die Entsprechungen verschiedener Betrachtungsebenen und die Wiederholung«, die bisher erwähnt wurden, reihen sich zwanglos in die These ein, es sei die Vereinfachung der Wahrnehmung, die zur Empfindung schön führt.

 Allerdings können auch höchst komplexe Reize (die Alhambra

sei ein Beispiel) starke Schönheitsempfindungen auslösen. Also kann die einfache Wahrnehmung allein nicht die Ursache für das ästhetische Empfinden sein.

Wenn aber eine Ordnung gegeben ist, gibt es dadurch eine Wahrnehmungserweiterung, ein Mehr an Analyse. Was könnte lustvoller sein, als eigene Wahrnehmungskapazitäten wachsen zu fühlen?

Gombrichs Beitrag zum »Sense of order« (1979) brachte mich auf diese Idee. Er führt dort aus, wie die laterale Symmetrie das Blickfeld bei gleichem Analyseaufwand verdoppelt. Um ein Wachsen fühlen zu können, müssen natürlich auch komplexe Reize vorhanden sein – Wahrnehmung ohne weiteres Reizangebot würde zu Langeweile führen, man würde die vergrößerten Kapazitäten gar nicht bemerken.

Die Erleichterung der Wahrnehmung hängt nun natürlich nicht an einem einzigen Merkmal des Reizes. Im Vorgang der Wahrnehmung müssen ganz unterschiedliche Aufgaben gelöst werden: Konturen und zusammengehörige Flächen müssen analysiert werden (die Gestaltpsychologie, speziell Arnheim, hat hier zur Analyse der Schönheit und der Kunstwirkung beigetragen). Die wahrgenommene Bedeutung muss aber zum Beispiel auch mit einem gespeicherten visuellen Konzept verglichen werden. Dabei wird die Leichtigkeit der Wahrnehmung von der Prototypikalität des Reizes abhängen.

Die Reizbedingungen, die zu erleichterter Wahrnehmung führen, werden in der hier vorgeschlagenen ästhetischen Theorie den verschiedenen Stufen des Wahrnehmungsprozesses zugeordnet. Erst müssen Objekte isoliert und erkannt werden. Auf dieser Stufe helfen klare Konturen, helle Beleuchtung und Farbkontraste (das farbige Bild finden wir oft »schöner« als das schwarz-weiße). Im weiteren Verlauf der Wahrnehmung geht es um die Objekterkennung. Jetzt erleichtert unter anderem die Prototypikalität des Bildes das Erkennen. Bei der Gesamtanalyse der Bedeutung kann es hilfreich sein, wenn die Ornamente eine metaphorische Hilfestellung für die Bedeutung gegeben haben, wenn also beispielsweise das Rankenwerk des gotischen Doms die Bedeutung des hochaufsteigenden Steins unterstützt.

Die oben beschriebenen Experimente, die Balance, Symmetrie und auch Prototypikalität usw. als Einzeldeterminanten der ästhetischen Präferenz isolierten, finden jeweils einen Einzelfaktor, der das Wahrnehmen, aber auch das Erkennen und Verarbeiten eines visuellen Reizes auf einer bestimmten Verarbeitungsstufe vereinfacht. Dies führt dann zu angenehmen Empfindungen, wenn in einem Kunstwerk auch genug zu sehen ist, wenn der Wahrnehmungsvorgang von der Einfachheit profitiert.

Aber wie viele psychologische Prozesse, die in der Sprache mit einem Begriff beschrieben werden können, aber tatsächlich komplex zusammengesetzt sind, so hat auch die Empfindung von Schönheit nicht nur eine einzige Wurzel. Die starken Schönheitsempfindungen gegenüber dem menschlichen Körper, gegenüber Speisen und Landschaften müssen wahrscheinlich noch nach einem weiteren Prinzip erklärt werden, nämlich nach dem Prinzip der biologischen Nützlichkeit (vgl. Kapitel 4).

Auch die Induktion von Spannung macht etwas für die Attraktivität eines Reizes aus. Wie sich solche Faszination aber auf das Schönheitsurteil auswirkt, ist nicht völlig gewiss.

5.4 Innovative Versuche empirischer Forschung

Forschung im natürlichen Umfeld Neben traditionellen Laborexperimenten hat es Versuche gegeben, kunstbezogenes Verhalten im natürlichen Umfeld zu erforschen. So wurden Personen auf einem Flohmarkt oder in einer Galerie nach einer Kaufentscheidung (die meistens auch eine starke Präferenz-Entscheidung ist) interviewt (Bernard 1972).

Csikszentmihalyi und Kubey (1981) erforschen das Fernsehverhalten und die stimmungsbeeinflussende Wirkung des Fernsehens im natürlichen Kontext, indem sie den Versuchspersonen einen Funkempfänger mitgeben, der in zufälligen Intervallen angefunkt wird. Die Versuchspersonen füllen dann jeweils einen Fragebogen zu ihrer aktuellen Tätigkeit und ihrer aktuellen Stimmungslage aus. Häufiges Fernsehen wird zur Stimmungskontrolle und gegen Einsamkeitsgefühle eingesetzt. Später hinterlässt dieses Verhalten aber Unzufriedenheit.

Analyse individueller Reaktionen Halcour (2002) versucht, aus dem Weltbild, der Motivation und dem Kompetenzerleben eines einzelnen Betrachters die Reaktion auf ein Bild vorherzusagen. Das gelingt nur bedingt (nach der Autorin zu 50 Prozent). Tatsächlich leitet sich in ihrer Studie eine solche Reaktion nicht konsistent aus dem Weltbild ab, sondern manchmal werden ganz unberechenbar spezielle Wissensbereiche abgefragt (Person rätselt zur Überraschung der Autorin immer über den Gesichtsausdruck der abgebildeten Personen). Insofern betritt man ein chaotisches System, das nur bedingt Vorhersagen ermöglicht.

Bekannte als Hilfsversuchsleiter Um die Gründe ästhetischer Bevorzugung, die sehr individuell sind, zu erforschen, habe ich Freunde und Bekannte einer Zielperson gebeten, Vorhersagen darüber zu machen, welche Bilder aus einem gegebenen Bildsatz (Postkartenreproduktionen von Kunstwerken) die Zielperson bevorzugen wird (Schuster 1983). Wenn die Vorhersagen gelangen, mussten die Freunde und Bekannten irgendwie eine ›richtige‹ Theorie über das ästhetische Verhalten der Zielperson haben. Im folgenden Interview wurde diese Theorie dann erfragt. Dabei kamen sehr individuelle Gründe für eine Bevorzugung ans Tageslicht. Eine Versuchsperson wählte (wie es die Ehefrau richtig vorhersah) alle Bilder mit Apfelbäumen, weil sie im Garten selbst Apfelbäume hatte und pflegte.

Die Einbeziehung von Freunden und Bekannten in die psychologische Forschung scheint mir lohnend, weil diese (im günstigen Fall) zu ›Experten‹ für eine bestimmte Person und deren Erfahrungen geworden sind. Dieses ›Expertenwissen‹ sollte genutzt werden, statt mit Fragebögen ein oberflächliches und immer auch durch die Selbstdarstellung verzerrtes Bild einer Person zu erhalten. Selbstbeschreibungen geben oft wünschenswerte und allgemein übliche Erklärungen für das Verhalten. Bekannte und Freunde enthüllen vielleicht eher, dass sich eine Zielperson Kunstwerke nicht aus Kunstliebe, sondern z. B. aus Renommiersucht kauft. Allerdings, auch das, was Bekannte und Freunde an Theorien und Ursachen des Verhaltens anbieten, muss nicht immer richtig sein. Diese Information aber mit einzubeziehen, erweitert das Gesichtsfeld des psychologischen Forschers ganz wesentlich.

Starke ästhetische Empfindungen Bei der experimentellen Erforschung der ästhetischen Gefühle wird dem Betrachter eine Reihe von Kunstwerken dargeboten (oft als Postkarte oder sogar auf dem Bildschirm). Dabei kommt es meist nur zu geringen Gefühlsreaktionen (s. o.). Jeder Kunstliebhaber weiß aber, dass es einzelne Kunstwerke gibt, die besonders starke Gefühle auslösen können. Der Betrachter ist fasziniert oder erschüttert; er ist tief bewegt, oft ohne zu wissen, warum. Solch ein Erlebnis ist eher selten, aber man kann sich meist über die ganze Lebenspanne daran erinnern. Dies nennen wir das »große Kunsterleben«. In einer Studie haben wir solche Erlebnisse erhoben und analysiert (Schuster und Ameln-Haffke 2006). Hier gebe ich drei Beispiele: ein Beispiel für das Erleben negativer Gefühle, ein Beispiel für das Erleben positiver Gefühle und ein Beispiel dafür, wie ein (Film)Kunstwerk nachhaltig in seelische Prozesse eingegriffen hat.

Beispiel 1: Studentin, 23 Jahre, zum Besuch des Petersdoms in Rom

»Die Architektur im Petersdom kam mir so überdimensional, größenwahnsinnig und protzig vor, dass ich, obwohl ich ein ausgeglichener, nicht sonderlich zu Aggressionen neigender Mensch bin, nur noch aggressive Gedanken hatte. Alles war gespickt mit Blattgold, haushohe Säulen ragten überall raus, kilometerlange Gänge mit aufgebahrten toten Päpsten, vergoldete Skelette, riesige Heiligenbilder und dieser viel-säulige Unterstand, wie immer das heißt oder was immer das ist. Als ich also länger dort herumging, fand ich es immer erstaunlicher, dass die Leute alle so friedlich da rumliefen und sich alles mit ehrfürchtigem Interesse ansahen. Der Gedanke, der sich bei mir schließlich durchsetzte, war der, was für ein Aufsehen es erregen würde, wenn eine 23-jährige Frau im Petersdom Amok gelaufen wäre und mit einem Maschinengewehr 30 Menschen mit in den Tod gerissen hätte. Ich fand es verwunderlich, dass so etwas scheinbar die Ausnahme ist, dass Menschen in Kirchen Amok laufen.« Im Petersdom hat es mehrere Säureattentate gegen die Pièta des Michelangelo gegeben (vgl. z. B. Pickshaus, 1988: der Ort scheint tatsächlich ein »Stimulus« für Aggressionen zu sein).

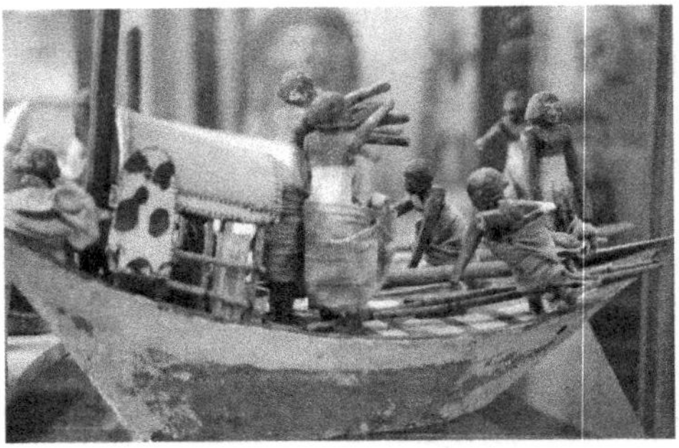

55 Ein Totenschiffchen im ägyptischen Museum rief Erinnerungen an die Kindheit wach

Beispiel 2: Wissenschaftler, 54 Jahre, beschreibt ein Erlebnis, das einige Jahre zurückliegt

»Ich besuchte mit meiner Lebensgefährtin das ägyptische Museum in Kairo. Man hatte sich bei dem Rundgang vor den Vitrinen etwas getrennt. Ich bleibe versonnen vor einigen spielzeugartig kleinen bemalten Holzschiffchen stehen, auf denen Holz-Ruderer stehen. Ich war insgesamt voller Bewunderung für die ägyptische Kunst, aber gerade angesichts dieses kleinen unbedeutenden Kunstwerks ergriff mich eine besondere Rührung. Es kam mir der Gedanke, das einmal nachzubauen. Ich machte auch ein Foto von dem Exponat (Abb. 55). Im Laufe des Tages musste ich noch mehrmals an diese Schiffchen denken, sodass ich darüber staunte und begann, nach dem Grund der Faszination zu forschen. Erst dann erinnerte ich mich daran, dass ich als Kind selbst Modellschiffe aus Holz und Papier gebastelt hatte und dafür auch einiges Lob und Anerkennung erhalten hatte. Die Schiffchen hatten anscheinend – ohne dass ich das sogleich bemerkte – die Stimmung der Kindheit ein wenig ins Bewusstsein gehoben und auf diese Weise das starke Angerührtsein erzeugt.«

Beispiel 3: Studentin, 24 Jahre

»Es handelt sich um den Film »Es« von Stephen King. Eine Freundin war zu Besuch, meine Eltern waren ausgegangen. Ich war damals 14 oder 15 Jahre alt. Eigentlich machten mir Horrorfilme nichts aus. Der Clown Pennywise hat sich aber in mein Gedächtnis geprägt. Das Gesicht verwandelte sich während des Films in eine ekelhafte, Angst einflößende Grimasse. Ich habe mich zu Tode erschrocken und wollte eigentlich weggucken, aber meine Freundin saß neben mir, und ich wollte nicht wie ein Feigling aussehen. Plötzlich wurde das Gute, der Clown, zum Bösen. Ich glaube, dass mein Unterbewusstes immer, auch heute noch, wenn es einen Clown sieht, Böses erwartet. Ich finde es erschreckend, dass eine Figur aus einem Film eine so starke Wirkung auf mich und vielleicht auch auf andere haben kann."

Wir haben die Stärke dieser großen Kunsterlebnisse mit den stärksten emotionalen Erlebnissen des Lebens vergleichen lassen. Zu unserem Erstaunen waren sie oft genauso stark wie Erlebnisse bei der Geburt der Kinder oder bei neuen Verliebtheiten. Dagegen hatten wir erwartet und gefunden, dass solche Erlebnisse häufiger in den Ferien und häufiger im Kunstmuseum stattfinden. Im Museum sieht man eben viele Kunstwerke, sodass das eine, das zur seelischen Lage passt, leichter dabei ist. Es sind nämlich – wie in der oben erwähnten Studie – oft ganz speziell inhaltliche (trivial-) autobiografische Bezüge von Kunstwerk und Mensch, die das große Kunsterlebnis auslösen können. In den Ferien ist allgemein die Erlebnisbereitschaft geöffnet. Man denkt nicht so sehr an die Probleme des Alltags, sondern kann sich auch dem Kunsterlebnis gegenüber öffnen.

6 Bildnerische Kreativität

Mit keinem anderen Beruf verbindet sich das Etikett »kreativ« so eng, wie mit dem Beruf des Künstlers. Das ist allerdings selbst ein historisches Phänomen: Die Ikonenmalerei zum Beispiel, die sich über Jahrhunderte an einen vorgegebenen Formenkanon hält, aber sicher auch Kunst ist, konserviert die vorhandene Formensprache. Die ägyptische Kunst bleibt sich über Jahrhunderte gleich.

Zunächst waren es dann die Erfindungen auf dem Weg zu einer immer naturalistischeren Darstellung, die Ziel künstlerischer Kreativität waren. Heute nachdem diese Aufgabe die Fotografie übernommen hat, ist es sogar der Sinn der Kunst selbst, der immer wieder neu erfunden werden muss.

Aus welchen Quellen wird die künstlerische Kreativität gespeist, welche Bedingungen sind ihr förderlich? Um diese Fragen geht es im folgenden Kapitel.

6.1 Innovation und Kreativität

Das Wort ›kreativ‹ wird oft in einem zweifachen Sinn verwandt. Der Künstler ist ›kreativ‹, weil er etwas erschafft, was noch nie dagewesen ist, zum Beispiel eine Statue oder ein Bild. Doch das macht allerdings auch der Hobbykünstler, der eine Landschaft mit Aquarellfarben aufs Papier bringt. Diese Seite des Begriffs sollte vielleicht besser mit dem Wort ›generativ‹ (im Sinne von etwas erzeugen) bezeichnet werden.

Der kreative Künstler erfindet eine neue Art und Weise, wie man zu Bildern und Skulpturen kommen kann. Er überschreitet dabei Grenzen der bisherigen menschlichen Denk- und Auffassungsmöglichkeiten. Künstler, die solche Innovationen hervorbringen, werden berechtigt wie die Erfinder und Entdecker in anderen Bereichen der Kultur gefeiert und oft als genial verehrt.

6.2 Wie kommt es zu Innovationen in der Kunst?

Zunächst scheint die Kunstgeschichte zur Beantwortung dieser Frage mehr beizutragen. Neue Theorien oder Geistesströmungen geben Anstöße zu neuen Themen. Freud ist geradezu als Vater des

Surrealismus zu bezeichnen (s. o.). Die Wendung zu östlichen Religionsideen und zur Zen-Philosophie ließ eine ›Meditationsmalerei‹ entstehen. Gedanken über den Entropietod (Ausgleich aller potenziellen Energien zum gleichmäßigen, lebensfeindlichen Zustand hin) der Erde stoßen eine um jeden Preis originelle Kunst an.

Das ›Neue‹ entsteht also nicht allein im Künstler, sondern in einer – oft mutigen – Reaktion auf neue Zeitströmungen, seien sie intellektuell oder visuell präsent.

›Grüne Themen‹ waren in der Kunst schon lange Zeit aktuell, bevor sie von der Politik aufgegriffen wurden (z. B. durch den Künstler H. A. Schult). Künstler müssen zu Seismografen der gesellschaftlichen Veränderung werden.

Eine gewisse Sensibilität für neue Zeitströmungen und die Fähigkeit Neues und Unerwartetes zu sehen, sind wohl eher die Voraussetzungen der künstlerischen Kreativität als das Finden vieler ungewöhnlicher und neuer Ideen. Absolut neue Formenwelten, die keinen Bezug zu wesentlichen Entwicklungen der Gesellschaft haben, würden vom Publikum auch aller Voraussicht nach abgelehnt.

6.3 Methoden der künstlerischen Erfindung

Dennoch gibt es »Methoden« der künstlerischen Erfindung, über die die Künstler schon immer gern den Schleier des Geheimnisses legten. So kann der – durchaus erwünschte – Nimbus des Genies leichter beansprucht werden.

Tatsächlich bedient man sich allerlei Hilfsmittel, z. B. um zu einer naturalistischen Darstellung zu gelangen. z. B. hatten Künstler der Renaissance bereits die »camera obscura«, also eine Art Fotoapparat, der das Bild aber nicht fixieren konnte. Das auf der Rückseite projizierte Bild musste der Maler abpausen. Vielleicht war es schon Vermeer, der eine »camera obscura« benutzte. Manches spricht dafür. Die Größenrelationen entfernter Gegenstände auf seinen Bildern sind fotografisch korrekt. Es gibt Glanzlichter, und seine Bilder hatten alle ein oder zwei gemeinsame Größen, eben die Projektionsfläche der Kamera (Steadman 1995). Als dann die Fotografie erfunden wurde, malten Künstler nach Fotos. Franz von Stuck z. B. hat seine Bildentwürfe fotografisch geplant. Im Keller der Villa

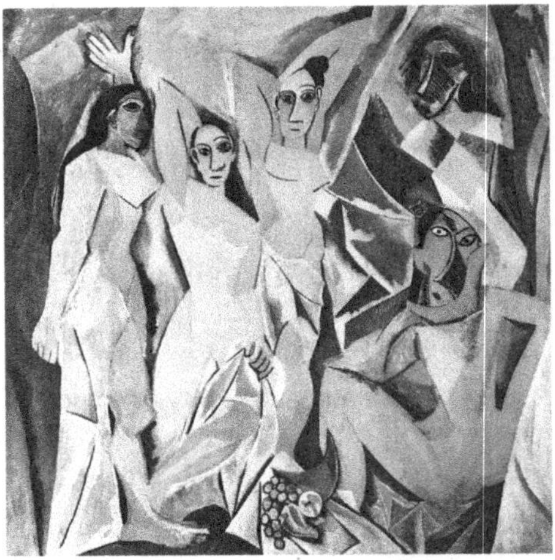

56 Die Wiedergabe der Gesichter verrät den Einfluss afrikanischer Masken (Pablo Picasso, Les Demoiselles d'Avignon, 1907, Öl auf Leinwand, 245 x 234 cm, New York, The Museum of Modern Art)

Stuck in München entdeckte man das fotografische Atelier und die Fotos. Dies wurde aber lange geheim gehalten, um den Ruf des Künstlers nicht zu beschädigen (s. o.).

Als die naturalistische Darstellung von der Fotografie verdrängt wurde, suchten die Künstler nach neuen Vorbildern. Die Suche nach einer neuen und noch nicht ausgebeuteten Bildwelt wurde geradezu zur bevorzugten Methode der Innovation in der modernen und zeitgenössischen Kunst.

Die Entdeckung des Grabes von Tutenchamun führte zu einer neuen Begeisterung für die ägyptische Formenwelt, die sich im Kunst(gewerbe)stil des Art déco widerspiegelte. Picasso und die Künstlergruppe um ihn herum entdeckten die Kunst der ›Primitiven‹, die dann ganz direkt zum Vorbild der Malerei wurde (vgl. das Bild »Les Demoiselles d'Avignon«, in dem die Formensprache afrikanischer Masken in die Darstellung integriert wird; Abb. 56). Die Einflüsse ›primitiver‹ Kunst reichen bis in die Gegenwart, in der sie nicht mehr auf formale Aspekte beschränkt sind, sondern auch schamanistische Rituale zu beschwören scheinen (vgl. Aufführungen von Beuys). Der Jugendstil übernahm die Formensprache der importierten japanischen Farbholzschnitte, und auch die Arbeiten der Geisteskranken oder der Kinder wurden zum Vorbild aktuellen

Kunstschaffens, das diese neuen Elemente den alten Techniken und Formen und die Techniken wiederum den neuen Sujets anpasste (Rubin u. a. 1984).

In der Pop-Art war es die Warenwelt, und Andy Warhol nutzte das emotionsgeladene Pressebild.

Dalí verwendete eine Methode der Bildfindung, die auch schon veröffentlicht war (homospatiales Denken), gab ihr aber einen klingenden Namen: Er rühmte sich der »kritisch paranoischen Methode«. Er schilderte, wie es geht. Er stellte sich zwei oder drei Gegenstände so vor, dass sie zu einem neuen Gegenstand verschmelzen, z. B. Giraffe und Elefant. Das führte dann zu dem spinnenbeinigen Elefanten, der auf manchen seiner Bilder zu sehen ist.

6.4 Psychologie und künstlerische Kreativität

Könnte man angehende Künstler auf »Kreativität« testen?

In den Kreativitätstests soll der Proband möglichst viele Assoziationen hervorbringen oder verschiedene Verwendungen eines üblichen Objekts erfinden. Für eine Psychologie der künstlerischen Kreativität ist das wenig geeignet.

Der Künstler muss seine Zeit, seine Gesellschaft in sich abbilden und wesentliche Tendenzen vor seinen Zeitgenossen erfassen: Da scheint zunächst einmal Lebenserfahrung, Rollenübernahme, aber auch interessierte Teilnahme am kulturellen Prozess gefragt. Es wäre zu prüfen, ob und wieweit der Erfolg von Künstlern damit zusammenhängt, dass sie Kontakt zu den bedeutenden geistigen Innovationen und Strömungen ihrer Zeit haben. (Ein abgewogenes Urteil müsste ihnen auch noch erlauben, die wesentliche von der unwesentlichen Innovation zu unterscheiden.)

Eine Psychologie der Offenheit gegenüber dem Neuen, der Fähigkeit neue Vorbilder zu entdecken, oder aber auch des Mutes, sich allein und als erster neuen Vorbildern zuzuwenden, ist kaum aus der heutigen psychologischen Kreativitätsforschung abzuleiten.

Beiträge der Psychohistorie

Erst in jüngster Zeit wird versucht, die Veränderungen im geschichtlichen Verlauf für psychologische Forschungen nutzbar zu machen

(Simonton 1978 und 1999). Solche Prozesse entfalten sich über Generationen hinweg und entziehen sich der unhistorischen Betrachtung der gegenwärtigen Psychologie.

Rollenmodelle Nach den Ergebnissen der historischen Analyse der Bedingungen der Kreativität entstehen dann bedeutende kulturelle Leistungen in Kunst, Wissenschaft und Politik, wenn die geeigneten Rollenmodelle zur Verfügung stehen, also im direkten Umfeld der vergangenen Generation von kreativen Genies. Berühmte Familien (wie die Bachs oder Bernoullis) geben vielleicht weniger nur einen günstigen Gen-Satz weiter als vielmehr die Erziehung zu musikalischem oder mathematischem Interesse, die gekoppelt ist mit dem Zugang zur zeitgenössischen Avantgarde der Musikproduktion oder etwa des mathematischen Denkens. Korrelationen der genialen Produktion über die Generationen weisen auf einen Einfluss der Eltern-, aber auch der Großelterngeneration auf das junge Genie hin. Erst die jungen Wissenschaftler der Enkelgeneration sind bereit, die neuen und genialen Gedanken oder Bildlösungen der Großelterngeneration zu akzeptieren (Simonton 1984).

So können Zeiten kultureller Armut erst nach Generationen zu Zeiten reichen kulturellen Schaffens werden, weil die Lösungen der Vorfahren erst erarbeitet werden müssen, auf die sich das junge Genie dann bezieht.

Kulturelle Vielfalt Kulturelle Vielfalt, wie sie z. B von den vielen Gruppen des jüdischen Volkes in der Diaspora erlebt wurde, fördert die geniale Leistung, weil die Erziehung das junge Genie nicht allein auf eine Weltsicht festlegt und die Umgebung unterschiedlichste Lösungen für die Probleme der Gesellschaft vorgibt.

Die marginale Persönlichkeit Bei vielen kreativen Menschen war der frühe Verlust der Eltern oder eines Elternteils zu beklagen. Unter den Genies finden sich häufig Waisen bzw. Halbwaisen, die später – wie etwa Isaac Newton – Höchstleistungen vollbringen. Vielleicht ist es für die Entfaltung der eigenen Kreativität manchmal hemmend einen autoritären Vater zu haben, vielleicht lernt das Waisenkind früh seine eigenen Interessen wahrzunehmen und unabhängig zu sein, die Fürsorge anderer, an die anzupassen es sich lohnte, hält sich in Grenzen.

Formale Erziehung Ein Zuviel an formaler Erziehung (Doktorgrad und mehr) behindert die Entfaltung von genialer Kreativität eher, möglicherweise weil in Promotionen, Habilitationen und entsprechenden akademischen Prüfungen zu viel Anpassung gefordert wird, die sich dann in der Reproduktion des Bekannten und Anerkannten niederschlägt. Viele Künstler wie van Gogh oder Dalí verließen die Kunsthochschulen vorzeitig, viele waren auch Dilettanten, die gar keinen Kunstunterricht genossen hatten.

Lebensalter Das kreative Potenzial des Innovators wird anscheinend in der Jugend und im frühen Erwachsenenalter geprägt. Im restlichen Leben wird – unabhängig von den oft widrigen Umständen – das kreative Potenzial aktualisiert.

Unterschiede in der kreativen Bedeutsamkeit von Personen werden von Simonton durch das Prinzip des kumulativen Vorteils erklärt. Unter gleichen persönlichen Ausgangsbedingungen und Ressourcen führt der frühe Erfolg zu einer sich kumulierenden Serie von Vorteilen, seien es nun Stipendien, sei es der Zugang zu den wichtigen Journalen oder Galerien.

Weiterhin wird ein statistischer Altersabfall der bedeutenden Beiträge auch dadurch bedingt, dass die weniger erfolgreichen Wissenschaftler und Künstler aus der Konkurrenz ausscheiden und sich anderen Lebensbereichen zuwenden. Lebenskrisen und bestimmte biografische Ereignisse können, wie etwa im Leben des Malers Francisco Goya, Innovation aber auch anstoßen.

Doppelerfindungen Der ›Zeitgeist‹ muss auch reif für die Innovation sein – was dazu führte, dass in der Wissenschaft immer wieder Erfindungen und Entdeckungen von verschiedenen Personen zur gleichen Zeit erreicht wurden.

Die individuelle Befähigung zur Kreativität kann also, betrachtet man die historische Einbettung der Höchstleistung, immer nur eine von mehreren notwendigen Bedingungen sein. Ungewöhnliches Denken ist möglicherweise durch ungewöhnliche psychische Prozesse bedingt, es bedarf aber auch des Kontakts zum Problemstand der Zeit.

Kreativität und Geschlecht So ist zu verstehen, warum in der Geschichte so wenige berühmte Künstlerinnen zu verzeichnen sind. Die Rolle der Frau erlaubte lange keine Berufsausbildung, also auch keine künstlerische Ausbildung, sodass der wichtige Problemkontakt nicht zustande kam. Als Töchter von Künstlern hatten einige Frauen die Chance, sozusagen unbeabsichtigt, die notwendigen Geschicklichkeiten zu lernen. Solche Frauen konnten – wie Artesia Gentilleschi – sehr wohl Künstlerinnen auf dem Qualitätsstand ihrer Zeit werden. Als Gattin des berühmten Malers Ribera gelang es z. B. Frieda Kahlo eine wichtige Innovation zu finden, nämlich die Entdeckung der Bildwelt der indianischen Kunst

6.5 Motive künstlerischer Kreativität, Motive des (kreativen) Sammelns

Der Weg zum Erfolg ist dornig und fordert von dem Aspiranten Anstrengung, Ausdauer und die Fähigkeit Rückschläge zu ertragen. Das muss man nicht nur können, das muss man wollen, das muss irgendwie energetisiert werden.

Kompensation des Mangels Es ist das Motiv diskutiert worden, das ›Schöne‹ kompensatorisch als Ausgleich für eigene Schönheitsmängel herzustellen. Diese These wird durch zahlreiche Künstlerbiografien nahegelegt (so war Henri de Toulouse-Lautrec körperbehindert, Adolph Menzel kleinwüchsig, und Jacques-Louis David wie Michelangelo hatten eine Gesichtsentstellung; vgl. Niederland 1989). Das gleiche Motiv wird sich auch im Leben des Hobbykünstlers nachweisen lassen. Ganz im Sinne von Adlers These (1965) von der Organminderwertigkeit kommt es zu einer ästhetischen Kompensation. Die Schönheit, die der Künstler selbst nicht hat, schafft er in seinem Werk und repariert so seinen Mangel. Bei wechselnden Zielrichtungen von Kunst hat diese These aber nur begrenzte Gültigkeit. In dem Maß, in dem die Kunst nicht mehr die schöne Gestaltung anstrebt, eignet sie sich auch nicht mehr zur Überwindung der narzisstischen Kränkung.

Die Suche nach Erfolg, wie sie sicher das Streben vieler Künstler motiviert, kann auch ganz allgemein durch die stark empfundene Minderwertigkeit (zum Beispiel die kindliche Minderwertigkeit, aber eventuell auch andere Minderwertigkeiten, wie sie durch geistige Abweichungen verursacht werden) motiviert sein. Gilt ein

Mensch als weniger leistungsfähig, so mag der Erfolg, der sich in Anerkennung der Genialität ausdrückt, besonders wichtig sein.

Ein Fallbeispiel aus den Schriften von Niederland (1989) möchte ich ausführlicher schildern: Niederland arbeitet in einer Therapie mit einer Frau mittleren Alters, die immer mit einem ›Muttermal‹ (einem Hämangiom) leben musste, das sich über einen großen Teil ihrer Wange erstreckte. Es gelang ihr aber, dieses ›Muttermal‹ mit einer Make-up-Schicht zu überdecken. Sie hatte ihr ganzes Leben lang das überstarke Gefühl, hässlich zu sein, das Gesicht eines Monstrums zu haben. So war ihr Leben durch die Entstellung deprimierend verlaufen. »Während ihrer ganzen Kindheit und der frühen Adoleszenz schickte die Mutter sie ins Badezimmer, sobald unangemeldeter Besuch kam oder ein Nachbar an der Haustür läutete, damit sie während der Dauer des Besuches versteckt blieb.« (Seite 192) Gerade diese Patientin entwickelt nun ein besonderes Interesse am Zusammenspiel der Farben. Das ›Muttermal‹ hatte schillernde Farben, und das Make-up musste diese Farben überdecken. Sie beschäftigte viele Schneiderinnen, die ihr Bedürfnis nach farblicher Perfektion kaum befriedigen konnten. Sie sammelte zwanghaft Halbedelsteine und Edelsteine, die das Licht in »sich überschneidenden Bändern und Streifen reflektieren«. Sie selbst berichtet, dass diese Steine der Unreinheit ihres eigenen Körpers entgegenwirken. Sie kaufte Häuser, die sie jahrelang umdekorierte, wobei sie besonders die Verteilung von Licht und Schatten beachtete. Wenn die »Erneuerung« fehlschlug, reagierte sie mit depressiven Verstimmungen. Es wird deutlich, wie der eigene Mangel das Interesse am Lichtspiel, an den Farben und am Schönen begründet.

Auch die Kunstsammlung kann also aus dem empfundenen Mangel motiviert sein. Der »schöne« Gegenstand ist eine symbolische Selbstergänzung. Einer der ersten dokumentierten Sammler sammelte Urkunden. Seine eigene Herkunft war ungewiss. Mit jeder erworbenen Urkunde gewann er ein Moment gefühlter Sicherheit, der allerdings wieder von Zweifel abgelöst wurde und in den neuerlichen Erwerb von Urkunden mündete (Sir Thomas Phillips, analysiert in: Münsterberger 1995). Die Kunstsammlung kann ganz

einfach einen Mangel an Selbstwert lindern, sie kann Fortschrittsliebe oder Bildung respektive Kunstverstand des Sammlers ausweisen.

Hier im Kapitel »Kreativität« sei kurz darauf verwiesen, dass auch Sammlungen mehr oder weniger kreativ sein können. Wenn z. B. Hartmut Kraft (der Autor eines Buchs über die Kopffüßlerdarstellung) Kopffüßlerdarstellungen sammelt, so bildet er einen neuen Evidenzkörper innerhalb des Bestandes der Kunst. Die ersten Sammler von Bakelit-Gegenständen trugen etwas zu der Frage bei, wie sich Design ändert, wenn vom Material keine Einschränkungen ausgehen.

Bewältigung von Verlusten Der Künstler kann verlorene Objekte wieder erstehen lassen. Ob man so weit geht – wie psychoanalytische Autoren – die verlorene Mutterbrust hier zu bemühen, bleibt dem Leser überlassen. Sicher ist das verlorene Liebesobjekt Anlass zu Wiederherstellungsversuchen, wie etwa die Werkserie von Ferdinand Hodler zu seiner sterbenden Verlobten Valerie. Der Verlust eigner Fähigkeiten kann vielleicht wie bei Picasso zu einer rasenden Alterskreativität antreiben. Viele Alterswerke der männlichen Künstler kreisen um die erotische Befriedigungen, die im Alter nicht mehr so leicht erreicht werden können (z. B. Picabia, Picasso, Dalí, Breker).

Ruhmsucht Der Wunsch berühmt zu sein, kann natürlich ein Aufbegehren gegen innere Minderwertigkeitsgefühle sein. Ihm scheint aber eben auch ein natürliches Streben nach Dominanz und Überlegenheit (die dann die eigenen Ressourcen und auch Reproduktionschancen erhöht) zugrunde zu liegen. Auf dem Weg zum Ruhm kann die »Größenphantasie« über Widerstände und Rückschläge hinweghelfen (Kraft 2009). Wenn man für Größenphantasie aber einen anderen Begriff verwendet, nämlich Tagtraum von der eigenen Größe, erkennt man leichter die damit verbundenen Gefahren. Der Träumer bleibt passiv und ist schon durch seinen Traum zufrieden gestellt.

Ewiges Leben Wiederum ist eine psychoanalytische These zu erwähnen: Der Mann, dem das Gebären von Kindern unmöglich ist, schafft auf dem Weg über das Kunstwerk oder eben über die dauerhafte kulturelle Höchstleistung ein eigenes Kind (z. B. Gedo 1973).

So befremdlich diese These auch anmutet, es muss zugestanden werden, dass die kulturelle Leistung (ebenso wie das eigene Kind) die Endlichkeit des Menschen in der Zeit zumindest verlängert und somit eine Form der Todesüberwindung ist.

6.6 Genie und Wahnsinn

Manche Geisteskrankheiten erlauben trotz aller Einschränkungen Höchstleistungen in den Künsten (aber praktisch nicht in den Wissenschaften). Ob Genies (speziell Maler und Dichter) häufiger psychische Krisen und Krankheiten erleben, ist nicht völlig geklärt, aber wahrscheinlich (vgl. Lange-Eichbaum und Kurth 1979).

Schizophrenie Die Schizophrenie ist generell mit einer gesteigerten Ideenproduktion verbunden. Der schizophrene Künstler Adolf Wölfli z. B. häufte ganze Berge von Zeichnungen an und verfasste daneben noch mehrbändige Texte. Die Assoziationen der Kranken verlaufen auf ungewohnten Bahnen (oft mehr nach Klangähnlichkeiten als nach Bedeutungszusammengehörigkeiten), sodass eben auch ungewöhnliche Werke entstehen können.

Angstschübe und belastende Halluzinationen geben einen Antrieb (die »Notlage«) ab, der das rastlose Schaffen motiviert. Dazu kommt noch eine wichtige Bedingung für den künstlerischen Erfolg. Schizophrene Kranke und noch normale Grenzfälle in dieser Richtung scheren sich wenig um die soziale Rückmeldung. Sie bleiben bei der einmal eingeschlagenen innovativen Richtung und können so ein breites Fundament für einen späteren Erfolg legen.

Depression Die Depression lähmt den Menschen und blockiert auch seine Kreativität. Dennoch gibt es auch in manchen Fällen der Depression manische Phasen gesteigerter Kreativität (De Chirico soll depressiv gewesen sein).

Sicher ist auch der Kampf für die neue Idee aufreibend und führt zu menschlichen Konflikten, die in abweichendes Verhalten und ungünstige Persönlichkeitsentwicklungen münden können.

6.7 · Günstige Bedingungen für Kreativität

Geringer Leistungsdruck Leistungsdruck und Druck auf Konformität behindern die kreative Leistung (z. B. Getzels und Jackson 1962). Bei der Entdeckung des Aufbaus der menschlichen Erbsubstanz hatte das Forscherteam lange Phasen, in denen überwiegend Tennis gespielt wurde. Die spielerische Interaktion erlaubte eine weitergehende, unbewusste Bearbeitung des Forschungsproblems.

Die Gruppe Der Einfluss der Gruppe der Gleichgesinnten wäre ein weiteres Thema. In der Wissenschaft stellt die Gruppe der Fachleute das notwendige Korrektiv dar. Auf Kongressen werden Forschungsergebnisse verglichen. Etwas Ähnliches sind in der bildenden Kunst Vereinigungen wie die Gruppe der Surrealisten, der Impressionisten oder der Brücke-Maler. Diese Gruppen verfolgen ein als richtig erkanntes Ziel und bestärken die Mitglieder gegen die oft scharfe Kritik des Publikums in der neuen Idee. Sie bieten aber auch interne professionelle Kritik. (Kunst-!)Ausstellungen wie »Männerbünde« des Kölner Rautenstrauch-Joest-Museums heben auf die Tradition ab, solche Gruppen unter Männern zu bilden, und sind Aufforderung und Ermutigung für Künstlerinnen.

Anregung Die Wahrnehmung des Neuen und Fremden kann zu neuen Assoziationen und Gedanken führen. So sind die vielen Reisen der Künstler zu verstehen (Italien-Reisen, z. B. Macke), die neue Anstöße und auch Farbeindrücke geben können (z. B. auch Rupprecht Geigers Erfahrungen in Russland). Wiederum scheint der Wechsel von Phasen der Zurückgezogenheit und Einsamkeit (vgl. auch Worpsweder-Künstlergruppe) und der Anregung durch Ausstellungen und Großstadtatmosphäre optimal. Der Künstler hat die Ruhe, in sich hineinzuhören und seinen Weg zu finden, erlebt aber auch Kritik und anregende Diskussion.

6.8 Quellen des bildhaften Denkens, Quellen der Kreativität

Lösungen von wichtigen Problemen stellen sich im Traum bzw. im Halbschlaf bildhaft ein (Hadamard 1954). Das bildhafte Denken, dessen Ergebnis das bildnerische Kunstwerk ist, scheint selbst eine Grundlage der Kreativität zu sein. So könnte es sein, dass Kunst nicht nur aus ihrer Definition heraus Innovation verlangt, sondern dass sie, indem sie das bildhafte Denken anstößt, auch besonders auserlesen ist, der Gesellschaft Innovation zu schenken.

Die besonderen Leistungen unbewussten bildhaften Denkens werden, leider mehr akklamativ, von Ehrenzweig (1974) beteuert, der glaubt, dass sich solche Begrenzungen wie die Figur-Grund-Gliederung im »Primärprozess« dem Denken nicht in den Weg stellen (vgl. zum Prinzip von Figur und Grund auch Kapitel 2). Viele psychoanalytische Autoren, aber auch die jahrhundertealte Traumdeutung sind immer davon ausgegangen, dass der Traum Einsichten vermitteln kann, die dem Bewusstsein nicht oder fast nicht zugänglich sind.

Im Gegensatz zum geisteskranken Künstler muss der ›normale‹ Künstler es lernen, sich dem Primärprozess gelegentlich zu überlassen, ohne in die Geisteskrankheit abzusinken. Kris (1977) spricht von einer »Regression im Dienste des Ich« oder von einer »gewissen Lockerheit der Verdrängungen«.

Möglicherweise hat Arnheim (1974) recht, wenn er glaubt, das Denken funktioniere eigentlich nur über den anschaulichen Begriff, über interne visuelle Prozesse und nicht vermittels des streng definierten Begriffs. Immerhin haben viele große Entdecker und Erfinder immer wieder die Rolle der Vorstellung im kreativen Prozess hervorgehoben (z. B. Einstein).

Als Schüler gelang es uns durchaus, den Kunstlehrer mit der Frage zu ärgern, warum denn das ganze Kunstwerk mühevoll hergestellt werden müsse, wenn doch die Botschaft, die das Ergebnis der Analyse des Kunstunterrichts war, in einem oder wenigen Sätzen vermittelt werden könne.

Erst heute, aus der Kenntnis über bildhafte Denkprozesse und auch über unbewusste Verarbeitungsmodi, ist mir eine Antwort möglich. Wenn die Analyse die Bedeutung korrekt in Worte ›übersetzt‹, so reduziert sie sich auf einige wenige Sätze. Die Wirkung der ›nonverbalen Kommunikation durch Bilder‹ ist aber eine andere. Bilder werden nicht so bewusst verarbeitet wie verbale Botschaften, stehen aber gleichzeitig dem emotionalen Leben viel näher: Es entwickelt sich ein tiefes Gefühl des Verstehens, gerade ohne verbale Analyse. Diese nämlich ruft die ›Wachhunde des Intellekts‹ auf den

Plan und kann (wie so oft im Schulunterricht) die Wirkung der non-verbalen Kommunikation zerstören.

Bildhaft-räumliche Denkprozesse sind als eigenständiger Prozess auch empirisch nachgewiesen. Sperry (1968) kann an Patienten mit (operativ) getrennten Gehirnhälften demonstrieren, dass sich eine Gehirnhälfte auf bildhaftes, die andere auf verbales Denken spezialisiert. Bilder und Worte werden also in verschiedenen Gehirnarealen bearbeitet (vgl. Kapitel 1).

Entsprechend führen Störungen der rechten Gehirnhälfte (die bei Rechtshändern für die bildhafte Informationsverarbeitung zuständig ist) bei Künstlern zu schweren Beeinträchtigungen oder zu gravierenden Veränderungen der künstlerischen Leistung. Jung (1974) verweist auf die Beispiele von Lovis Corinth und Anton Räderscheidt. Bei Verletzungen der linken Hemisphäre hingegen – auch wenn zum Beispiel die Sprachfähigkeit schwer beeinträchtigt ist – bleibt die künstlerische Leistung bei Malern unverändert bestehen. Schriftsteller dagegen können nach einem Gehirnschlag der linken Gehirnhälfte ihre künstlerische Tätigkeit nicht mehr fortsetzen.

Es hat immer wieder Versuche gegeben, das bildhafte Denken, das weniger bewusst ist, zu fördern und vordringen zu lassen.

6.9 Verstärkter Kontakt zu bildhaften Denkprozessen

Künstler müssen nun versuchen, dieses primärprozesshafte (oder wie man heute sagen würde: rechtshemisphärische) Denken zu verstärken, was einerseits durch ›Abstinenz‹ von allzuviel begrifflicher Analyse geschehen kann, andererseits aber auch durch Drogeneinnahme, Alkoholgenuss oder auch einfach nur durch einen ungeplanten, spontanen Lebenswandel.

Drogen Viele Künstler haben mit LSD experimentiert, das visuelle visionäre Erfahrungen ermöglicht; die psychedelische Kunst entstammt diesen Versuchen. Die Droge ist nicht selbst produktiv (Leuner 1981), sondern es muss eine Bearbeitung der Erlebnisse stattfinden. Hartmann (1974) berichtet von Versuchen einiger Künstler, unter ärztlicher Aufsicht mit LSD zu arbeiten. Natürlich geht dabei der bekannte Stil eines Künstlers mehr oder weniger verloren, sodass die beteiligten Künstler mit dem Ergebnis oft nicht zufrieden waren.

Der Zugang zu inneren Bildwelten unter Drogeneinfluss wird von Aldous Huxley (1970) in zwei Aufsätzen kompetent beschrieben. Wie er haben sich auch andere Schriftsteller der Drogenerfahrung unterzogen (z. B. Ernst Jünger). Es soll hier keine entsprechende Empfehlung an nachwachsende Künstlergenerationen gegeben werden: Viele Drogen putschen nur auf oder beruhigen, ohne Bildprozesse anlaufen zu lassen (wie z. B. Kokain oder Crack).

Alkohol Von Künstlern werden häufig Alkoholprobleme berichtet (Roe 1946). Gerade der Alkohol lähmt das bewusste Denken und erlaubt eine größere Nähe zu archaischeren bildhaften Denkformen.

Spontaner Lebenswandel Gelegentlich wird auf einen spontaneren, nicht so bewusst geplanten Lebenswandel vieler Künstler verwiesen, der dem bildhaften Denken näher steht. Wie im Schlaf können die bildhaften Erfahrungen auch unter völliger Entspannung und bei einem Verzicht auf verbale Denkprozesse bewusst werden. Ein verbales Nachdenken über die eigenen Probleme verhindert bekanntlich Einschlafen und Traum. Insofern enthalten sich Künstler oft auch der verbalen Analyse ihrer Werke, die sie gern anderen überlassen (vgl. z. B. René Magritte). Strikte Lebensplanung wäre auch eine eher verbale Aktivität, die dann die bildhaften Denkprozesse möglicherweise in den Hintergrund drängte.

Kreativitätstechniken Viele Kreativitätstechniken regen den Anwender zu bildhaften Vorstellungen an. In den »Synectics« (Gordon 1961) wird zum Beispiel vorgeschlagen, man solle sich selbst als die zu erschaffende Sache fühlen. So könnte man sich vielleicht bei der Erfindung eines Reißverschlusses vorstellen, auf welche Art Arme und Beine ineinandergreifen und sich wieder lösen.

Meditation Entspannung und Meditation erleichtern deutlich den Zugang zu bildhaften Prozessen in der Art und Weise des Tagtraums. Viele Künstler bedienen sich solcher Mittel, um Bildentwürfe zu schaffen.

Es ist immer wieder behauptet worden, dass im bildhaften Denken Möglichkeiten schlummern, die unsere Kultur nicht nutzt.

Bildhafte Prozesse und visionäre Erfahrungen Vielleicht vermitteln Träume und Drogenerfahrungen einen Zugang zu neuen Realitäten, die in unserem Weltbild so nicht festgeschrieben sind. Transpersonale Erfahrungen, also Erfahrungen über die Grenzen unseres Ich und unserer Lebenszeit, werden möglich (Grof 1985). Träume erlauben Vorausahnungen, wie auch der Wahrsager als Stimulation bildhaften Denkens die vielen Reflexe und schemenhaften Brechungen der Glaskugel verwendet. In diesem Zusammenhang ist interessant, dass auch Jung (1952) bei seiner Methode der aktiven Imagination (eine Tagtraumtechnik) auf rätselhafte Phänomene des akausalen Zusammentreffens inhaltlich verbundener Ereignisse stößt. Er prägt für diese Phänomene den Begriff der Synchronizität.

Hier kann auch erwähnt werden, dass viele Künstler, Dichter und Maler von visionären Erfahrungen berichten. So hat Dante seine Besuche der Hölle visionär erfahren, und Max Klinger berichtet von sich, seine Bilder beim Aufwachen in großer Klarheit vor sich gesehen zu haben. Max Ernst erkannte in der Wüste Arizonas die Berge, die er schon vorher gemalt hatte.

Der große Wert der Kunst, speziell innovativer Kunst, liegt möglicherweise auch darin, dem Einzelnen diese Transzendenz über die Grenzen des westlichen Erfahrungshorizonts zu erlauben, natürlich ohne dass solche Einsichten bewusst kommuniziert würden. Insofern ist bildende Kunst immer auch im positiven Sinne ›visionär‹ und kann kreativ sein, da sie die Chance hat, die traditionellen Grenzen menschlichen Denkens zu überwinden.

Gerade die Surrealisten, die ihre inneren Bilderfahrungen aufsteigen ließen, malten prophetische Bilder. Doch sie sind nicht die Einzigen: Victor Brauner malte sich 1931 auf einem Selbstporträt als Einäugigen (vgl. Abb. 28). 1938 verlor er ein Auge, als er eine Wirtshausschlägerei schlichten wollte (Schmied 1980). Möglicherweise ist die bildhafte Erfahrung die Möglichkeit der Transzendenz, über die sich visionäre Erlebnisse (vgl. auch die Bildwelten der Hildegard von Bingen) mitteilen und kommuniziert werden können.

Schließlich ist die begeisterte Aufnahme der Werke geisteskranker Künstler gerade wieder durch Künstler (vgl. die Sammlung Art brut von Dubuffet oder aber die ›positive‹ Hervorhebung der Geisteskrankheit de Chiricos durch Breton) ein Spiegel der Tatsache, dass unbewusstes bildhaftes Denken das Bewusstsein des Geisteskranken überschwemmt und dieser also direkt und ohne Mühe aus diesen so geheimnisvollen Schichten des bildhaften Denkens heraus schaffen kann. Die Kunst der Geisteskranken wird als das Fenster in die Mechanismen bildnerischer Kreativität auch der ›normalen‹ Menschen benutzt.

6.10 Der Ruhm der Künstler

Das Publikum ist gern bereit, das Genie, den großen Künstler für ›göttlich‹ oder aber für geistig gestört zu halten, weil dadurch Vergleiche mit der eigenen Lebensleistung weniger schmerzhaft ausfallen. Solche Künstlerverehrung hat heute wie früher ihre ganz standardisierten Formen: Kris und Kurz (1934/1979) haben Künstlerbiografien untersucht und dort weniger historische Wahrheit als vielmehr standardisierte Formen des Ausdrucks der Künstler bewunderung gefunden, wie etwa die frühe Entdeckung des Genies durch einen großen Meister.

Gemeinhin möchte man meinen, der Ruhm belohne die kreative Leistung eines Künstlers. Von Schneider (1992) lernen wir, dass dies keineswegs so sein muss. Es ist vielmehr manchmal die rührende Lebensgeschichte, wie bei van Gogh, die einen Ruhm begründet. Wer sich inszeniert und seinen Nachruhm pflegt, wie Picasso oder Dalí, hat größere Chancen, berühmt zu werden.

Der Künstler-Ruhm ist zudem eine Angelegenheit mit historischem Verlauf. In der Antike gab es berühmte Künstler, wie den Phidias, im Mittelalter kaum, dann in der Renaissance entwickelte sich mit Vasaris Künstlergeschichten eine Ruhmbereitschaft gegenüber dem Künstler. Heutige bildende Künstler sind nicht mehr allzu berühmt. Die meisten Menschen kennen sie nicht (wie viele von hundert Deutschen werden schon den berühmten Künstler Anselm Kiefer kennen?). Musiker dagegen wie Elvis Presley sind extrem berühmt. Wie kommt es zu dieser Entwicklung?

Der wird berühmt, der für die Menschen etwas tut: der als Sportsieger ihr Selbstwertgefühl hebt, der als Musiker für angenehme

Gefühle sorgt, der als Maler »schöne« Bilder malt, die den Menschen gefallen. Die heutige zeitgenössische Kunst ist eher in die Rolle des Mahners geraten, auf jeden Fall kaum gefällig. So ist der Ruhmesstern der Bildenden Künste gesunken.

Ist einer von uns berühmt, ist das auf jeden Fall ein Gewinn für das Selbstwertgefühl eines jeden, weil die »Wir-Gruppe« solche eminenten Persönlichkeiten hervorbringt, also aus wertvollem Material gemacht ist.

6.11 Das Kunsthobby

Auch ›Alltagskreativität‹, die nicht zu ›hoher Kunst‹ führt, ist Gegenstand der Kunstpsychologie. Die Bezeichnung »Kreativität« bezieht sich beim Hobby Künstler allerdings eher auf den Aspekt der Erzeugung von Werken und weniger auf die konzeptuelle Innovation.

Wenn es ein Kontinuum vom Sonntagsmaler zum kreativen Künstler zum »Dilettanten« (Künstler ohne Ausbildung) gibt, dann könnte die Innovation, die sich im Werk zeigt, zum Unterscheidungskriterium werden.

Der Hobbymaler Zunächst gehört das Malen und Zeichnen zur Kindheit fast eines jeden Menschen. Kaum eine andere Kompetenz bringt dem Kind in gleichem Maß echte Bewunderung und Zustimmung ein, sodass dieses frühe kreative Hobby dem Kind wichtig wird. Dann aber bleibt die Kinderzeichnung in dem ihr eigenen Schematismus stecken, und die immer naturalistischere Abbildung gelingt eben nicht. Auf der anderen Seite entwickeln sich im Leben des Jugendlichen andere Kompetenzbereiche, die seine Aufmerksamkeit nun stärker anziehen als das Malen und Zeichnen.

Gerade aber die Entwicklung der modernen und zeitgenössischen Kunst bietet auch dem Hobbykünstler Möglichkeiten an. Abstrakte und halbabstrakte Bilder lösen den Hobbykünstler vom Zwang der Naturnachbildung und erlauben, ohne selbstkritische Abwertung, den Umgang mit Farbe und Malstift weiter zu pflegen. Bei unseren Untersuchungen zeigte sich entsprechend, dass der bei weitem größte Anteil der selbstangefertigten Bilder an den Wänden von Wohnungen abstrakt war. So kann ›Schönheit‹ ohne Abbildungsinhalt verwirklicht werden (Schuster undKrämer 1978).

Wiederum gibt der Kunstbegriff, nämlich die Vorstellung vom ›schönen‹ (z. B. impressionistischen) Bild, den Rahmen für die Hobbykreativität. Auch dabei könnte die Entwicklung der zeitgenössischen Kunst eine Befreiung vom Ziel ›schöner‹ Gestaltung einbringen. Die persönlich bedeutsame Erinnerung, die Archivierung eigenen Erlebens, die seelisch aktive Gestaltung könnte es sein, die auch dem Hobbykünstler wieder möglich wird, nachdem die Kunst sich individuellem Erleben zuwandte (z. B. Metken 1977).

Eine psychologische Determinante der Hobby-Kreativität ist sicher der Stolz auf die Leistung, auf das (schöne) Produkt. Es schmeichelt dem Selbstwertgefühl sehr, einen kleinen Zipfel der künstlerischen ›Genialität‹ selbst zu besitzen. Entsprechend gewinnt die Signatur eine große Bedeutung, die mitunter übermäßig Raum einnimmt.

Mit den genannten Faktoren ist die Funktion der Hobby-Kreativität aber nicht ausreichend beschrieben. Viele Hobbykünstler stellen ihre Werke nicht zur Schau, sind vielleicht mit den Produkten sogar unzufrieden, aber sie genießen den Prozess des Malens und die dabei entstehende eigentümliche, meditative Stimmung. Die Kunstpsychologie kennt leider keine Untersuchung, die den Stimmungsverlauf beim kreativen Gestalten dokumentiert, und vielleicht gibt es für diese Art subtiler Stimmungsschwankungen auch keine geeigneten Messinstrumente. Ein Fragebogen würde gerade wieder den verbalen Denkmodus aufrufen, der in der gestalterischen Tätigkeit ausgeschaltet ist. In Untersuchungen zur transzendentalen Meditation wurden physiologische Maße erhoben: vielleicht gibt es dort Anregungen. Wie beim Tagtraum des Katathymen Bilderlebens übernimmt eine rechtshemisphärische Denkweise (siehe Kapitel 1.3.1.) das Kommando.

Das Zeitgefühl geht verloren; der Maler arbeitet selbstvergessen an seinem Werk und hat in diesem oft tranceähnlichen Zustand Kontakt zu Prozessen des Unbewussten, die sich in Traum und Tagtraum auch bildhaft darstellen. Insofern stellt dieses kreative Tun auch eine besondere Art von Erholung her, die im Zuge der Kunsttherapie (vgl. Kapitel 8) auch therapeutisch nutzbar gemacht werden kann.

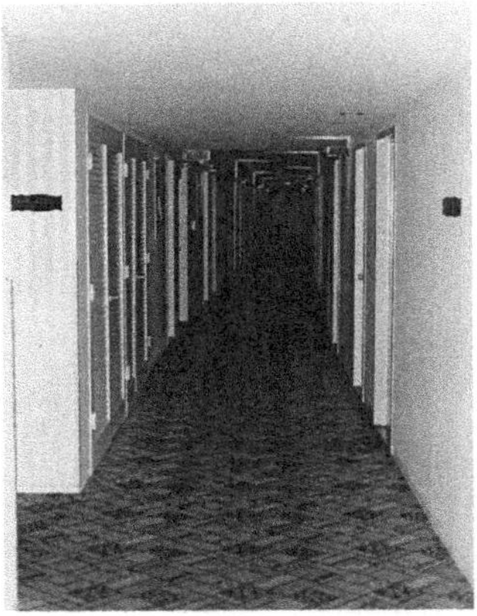

57 Der Hotelflur, der in Amerika immer mit einem gewissen Schaudern durchschritten wurde

Beim (Hobby-)Malen können auch Gipfelerlebnisse, Momente besonderen Glücks erlebt werden, die einerseits aus der kompetenten Ausführung einer Handlung heraus entstehen (Flow-Erlebnis; Csikszentmihalyi 1985), andererseits aus der Aktivierung eines traumartigen, bildhaften Denkmodus.

Unterweisungen für den Hobbykünstler sollten deshalb nicht zu einseitig auf die Fähigkeit zur naturalistischen Wiedergabe eines Motivs zielen, sondern auch die meditativen Qualitäten des Hobbys fördern, indem zum Beispiel die Kalligrafie oder das abstrakte Farbstimmungsmalen vorgestellt werden.

Besonders im höheren Lebensalter, also in einer Phase, in der wieder mehr Zeit für spielerische Aktivitäten bleibt, eignet sich das Kunst-Hobby zur rückbezüglichen Sinnstiftung. Entsprechend begeistert werden Angebote an Senioren aufgenommen. Wenn dort im Zuge eines traditionellen Kunstbegriffs die naturalistische Darstellung und das Kunstschöne auch ganz besonders im Vordergrund stehen, so erleben die Teilnehmer von Malkursen doch bald die entspannende und gleichzeitig anregende Wirkung des Hobbys (Sprinkart 1979). Allerdings scheint ein literarisches oder gestaltendes Hobby im höheren Lebensalter nur dann möglich, wenn diese Interessen auch in der Jugend und im Erwachsenenalter gepflegt wurden (Lehr 1972; Dohr und Forbes 1986). Gerade von einer ›Seniorenkunst‹, die aus der Erfahrung des individuellen Lebens gespeist wäre, könnten Impulse für das Selbstverständnis einer Gesellschaft ausgehen.

Es gibt nur wenige Studien über Hobbymaler (bzw. Freizeitkünstler). Dies ist in zweierlei Hinsicht erstaunlich. Zum einen hat das »kreative« Hobby eine wichtige Funktion im Leben der Menschen, zum anderen stellen die Dilettanten, die nicht ausgebildeten Künstler, sehr wohl ein großes Reservoir für die Ruhmeshallen der Kunst. Nicht nur Rousseau, viele Surrealisten kamen von fremden Berufen zur Kunst. Gauguin war lange Zeit Börsenmakler. Manchmal ist es gerade die Berufsferne, die den neuen Weg in der Kunst ermöglicht.

In ihrer Diplomarbeit hat Juliane Melches (im Jahr 2001) 36 Hobbykünstler interviewt und Motive und Typen von Hobbykünstlern festgestellt. Das Malen hat bei ihnen eine Funktion für das Wohlgefühl, z. B. erlaubt es eine meditative Versenkung oder eine Entspannung (auch Flow-Erlebnis). Das Malen hat Bedeutung für das Selbstwertgefühl, man fühlt sich als Schöpfer und ist stolz auf die eigene Kreativität. Nur jeder Dritte misst seinem Werk eine künstlerische Bedeutung zu. Wie bei Künstlern kann der Zugang eher a) emotional (Bauchkünstler) oder b) rational sein. Je nachdem werden die Werke a) auch eher als private Liebhaberei betrachtet oder b) der Öffentlichkeit präsentiert.

In einer alternden Gesellschaft wird bei körperlicher und seelischer Gesundheit viel Energie in Hobbys investiert. Dies gesellschaftlich nutzbar zu machen, wäre auch Aufgabe des Kunst- und Ausstellungsbetriebs. z. B. könnte man sich Kunstpreise für »Spätberufene« Künstler vorstellen. Galerien nämlich werden sich solchen Werkes kaum annehmen, weil sie sich von ihrem Künstler eine lange Verwertungsphase erwarten.

Der Amateurfotograf Die Fotografie erlaubt natürlich die Produktion naturalistischer Bilder. Die Alltagserfahrung zeigt, mit welchem Stolz gerade auf die ästhetische Gestaltung der gelungenen Urlaubsfotografie hingewiesen wird.

In einer Fotopsychologie (Spitzing 1985) wird die Gefahr der Bewusstseinsverarmung« durch die Fotografie beschworen. Der

Tourist konzentriere sich auf sein Foto und sei erlebnismäßig nicht mehr in der besuchten Welt. Dies scheint nicht die ganze Wahrheit zu sein. Das Foto entlastet auch von der Verpflichtung, sich das bedeutende Baudenkmal, den wichtigen Ort einzuprägen. So erlaubt es eine unbeschwerte Begegnung mit den besuchten berühmten Stätten.

In Wettbewerben siegt das schöne, plakative, auch aussagefähige Bild. Die Möglichkeit zur autobiografischen Erforschung des eigenen Lebens könnte wie in der Hobbymalerei aus den Entwicklungen der zeitgenössischen Kunst gewonnen werden. Im Normalfall fotografieren die Menschen im Urlaub die schönen Landschaften und Bauwerke. Der Blick aufs Hässliche und Verschandelte wird durch Motivwahl und Ausschnitt des Bildes sorgfältig vermieden (vgl. eine Arbeit zu Urlaubsfotografien von der französischen Küste, Laulan 1978). Gerade die Sehenswürdigkeiten sind natürlich von professionellen Fotografen dokumentiert und in Bildbänden erhältlich (die oft nur wenig teurer sind als die eigenen Bilder mit Entwicklung und Abzügen). Das eigene Foto liefert über den Abglanz der ›Schönheit‹ des Motivs hinaus auch noch den Beweis der eigenen Reise und möglicherweise auch noch einen Beweis der glücklichen Urlaubsstimmung.

Im Zuge der Subjektivität zeitgenössischer Kunst sind aber auch noch andere, radikal subjektive Bildmotive möglich wie das Urlaubsessen, die am Strand gefundene Muschel, die überhöhte Rechnung, das Innere des Hotelzimmers, der Blick aus dem Fenster, das zerwühlte Bett: Motive, die durch ihren Inhalt allein nicht unbedingt schön oder von übergreifendem Interesse sind, aber in ganz anderem Maß als die Bauwerke der Region persönliche Erinnerungen aktualisieren und so Dokumente der vergangenen Emotion werden. Solche Fotos tragen natürlich weniger den ›stolzen‹ Dia-Abend, vielmehr stellen sie wie ein Tagebuch den Kontakt zur eigenen Vergangenheit wieder her (Abb. 57, in der Fotopsychologie von Schuster 2005 werden viele Aufgaben für eine »radikal persönliche Fotografie gestellt).

KUNSTPSYCHOLOGISCHES PRAKTIKUM

A Überlegen Sie, ob sie eine neue Vorbildwelt finden (das Röntgenbild, das Tumorgramm und die Fotokopie sind schon ausgenutzt!). Wenn Sie eine Idee haben, versuchen Sie eine künstlerische Umsetzung. Beispiele:

B Verwenden Sie auch einmal die »kritisch paranoische Methode«. Verschmelzen Sie zwei Vorstellungen von Gegenständen, Tieren oder Menschen zu einem neuen Bild, beispielsweise Krabbe und Mensch.

C Versuchen Sie ein Foto zu machen, dass nur für Sie alleine eine wichtige Erinnerung aufruft (z. B. altes, verlorenes Spielzeug, das Sie auf dem Flohmarkt finden.)

D Überprüfen Sie einmal, wer in Ihrem Bekanntenkreis das Bild eines zeitgenössischen (lebenden) Künstlers besitzt (nicht gemeint sind Bilder von Hobby-Malern und Bekannten). Wie berühmt ist der Maler des Bildes?

7 Kunst der Geisteskranken, Zustandsgebundene Kunst, Outsiderkunst

Die Bezeichnung »Kunst der Geisteskranken« wird von vielen Menschen als herabwürdigend betrachtet. Daher spricht man heute von »Outsiderkunst« oder von »Zustandsgebundener Kunst« (nach Navratil). Der Zustand ist eben die psychiatrische Beeinträchtigung. Auch die Kunst von Menschen mit Down-Syndrom oder Autisten kann unter diesen Begriff gefasst werden. Im Text wird aber hier dennoch auch von der Kunst der Geisteskranken gesprochen, weil diese Bezeichnung in der kunstwissenschaftlichen Literatur über lange Zeit eine Art Markenzeichen gebildet hat.

Hier gliedere ich den Abschnitt über die Outsiderkunst an das Kapitel Kreativität, weil aus der Analyse der geisteskranken Künstler ein Licht auf die Kreativität im Allgemeinen fällt. Woher kommen die geheimnisvollen Formenwelten der Kranken? Welche therapeutischen Funktionen hat das kreative Tun für den Kranken und für den gesunden Betrachter?

7.1 Outsidergruppen mit Kunstproduktion

Schizophrenie, Depression Unter den Geisteskrankheiten ist es vor allem die Schizophrenie, die es dem Kranken noch erlaubt, künstlerische Arbeiten anzufertigen. Die Ursachen der Erkrankung, deren Hauptsymptome in Halluzinationen, Wahnideen, Beeinflussungserlebnissen sowie gefühlsmäßiger und sozialer Abweichung zu sehen sind, liegen bis heute im Dunkeln.

In der Beschäftigungstherapie, die den Alltag der Kranken auflockern sollte, entstanden erstaunliche Bildwerke, die zunächst den behandelnden Psychiatern auffielen. Mit verbesserten Medikamenten treten Zustände des schizophrenen Wahns heute weniger »blühend« auf. So gibt es eine historische Veränderung der Kunst schizophrener Patienten.

Bei depressiven Patienten ist eher ein Versiegen des Gestaltungsdranges festzustellen, sodass nur ganz wenige der hier erwähnten Künstler als depressiv zu diagnostizieren wären. Vielleicht ist Giorgio De Chirico die berühmteste Ausnahme.

Theoretische Orientierung Die in den Krankenanstalten und Heimen tätigen Psychiater sind meist – neben der allgemeinen ärztlichen Ausbildung – in Terminologie und Erklärungssysteme der Psychoanalyse eingeführt und wenden analytische Therapien an. Psychologen, die andere theoretische Richtungen vertreten, arbeiten dagegen erst in den jüngsten Jahren mit Psychiatern zusammen, sodass die bildnerischen Tätigkeiten der Kranken zunächst psychoanalytisch erklärt und interpretiert der Öffentlichkeit zugänglich gemacht wurden (z. B. durch die berühmte Prinzhornsammlung, Prinzhorn 1922).

Probleme der Diagnose Es besteht keine vollständige Klarheit darüber, ob die heute als Schizophrenie diagnostizierten Krankheiten tatsächlich eine einzige Krankheitsgruppe darstellen oder ob verschiedene Erkrankungen unter einer beschreibenden Sammeldiagnose zusammengefasst sind. Noch viel weniger klar ist, ob die in älteren Schriften erwähnten Diagnosen zutreffend sind. Anders ausgedrückt: Die Diagnose Schizophrenie wurde leicht im Nachhinein gestellt, wenn ein Künstler sozial abweichende Verhaltensweisen zeigte. Auch auf eine historische Veränderung ist hinzuweisen: Der Gestaltungsdrang und die ungewöhnliche Kreativität manches schizophrenen Kranken entfalten sich nur, wenn die Krankheit nicht medikamentös unterdrückt wird und ist also heute seltener zu beobachten.

So galt Vincent van Gogh lange Zeit als schizophrener Künstler, dann wurde die Diagnose Epilepsie favorisiert, während andere Autoren seine Symptome als Folge des Absinth-Konsums erklärten. Manche der in der älteren Literatur beschriebenen Künstler mögen gar nur abweichende Persönlichkeitsentwicklungen durchlaufen haben, die nicht als eigentlich psychische Erkrankung einzuordnen sind. Operationaler und sicherer als die Bezeichnung »Kunst geisteskranker Künstler« wäre die Bezeichnung »Kunst von Insassen der Heilanstalten für psychisch Kranke«. Das trifft auf nicht wenige sehr berühmte Künstler zu.

Down Syndrom Gibt es neben der verbalen Intelligenz eine davon unabhängige bildnerische Intelligenz? Diesen Eindruck können wir (mit Max Kläger 1999) gewinnen, wenn wir die komplexen und

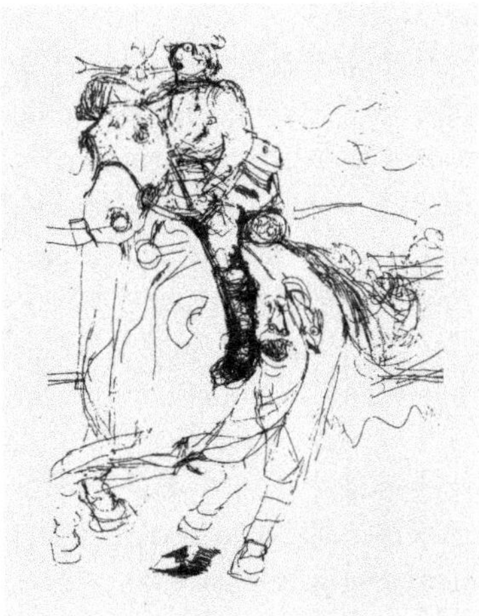

58 Die autistische Nadja konnte im Alter von vier Jahren fast wie Leonardo da Vinci zeichnen

ästhetisch anspruchsvollen Werke der Down-Syndrom-Künstler betrachten. Verschmelzungen, Vermischungen von Symbolwelten, komisch-groteske Elemente, Zusammenziehungen von Gegensätzen (Blending), spielerisch symbolische Elemente sind Merkmale ihrer Kunstwerke. Sie wirken auf der einen Seite »naiv«, können aber durch eine große Schönheit beeindrucken.

Autismus Auch autistische Menschen können ganz ungewöhnliche zeichnerische und bildnerische Talente zeigen. Die vierjährige Nadja konnte naturalistische Abbildungen fast auf dem Niveau von Leonardo da Vinci erreichen (Selfe 1982, Abb. 58, 59). Als sie später sprechen lernte und nach dem Tode ihrer Mutter, mit der zusammen sie gern zeichnete, fielen ihre Zeichnungen auf das Niveau von Kinderzeichnungen zurück. Wieder denken wir an ein künstlerisches Talent, dass sich gerade erst deswegen entfalten kann, weil die begriffliche Entwicklung verzögert ist. Andy Warhol wirkt in vielen seiner Interviews »autistisch« verschlossen. Sein besonderes ästhetisches Talent ist vermutlich diesem Zustand geschuldet.

Schlaganfälle und Gehirnverletzungen Ist die rechte Gehirnhälfte betroffen, in der die bildhaften Denkprozesse lokalisiert werden, kommt es zu einem erliegen der künstlerischen Produktion. Ist dagegen die rechte Hälfte betroffen, kann der Künstler, trotz ver-

59 Zeichnung von Leonardo da Vinci

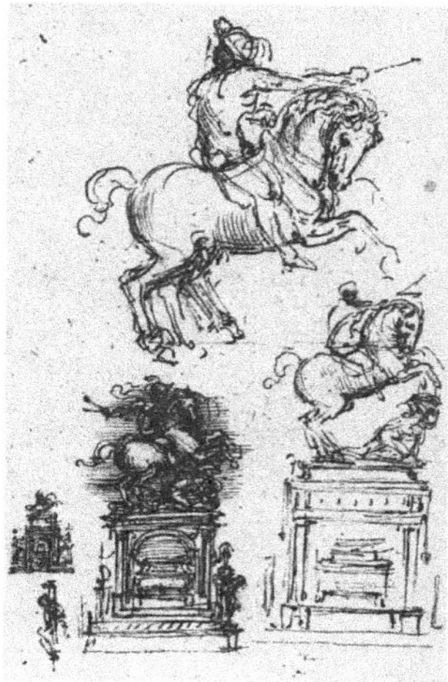

schiedener Beeinträchtigungen, z. B. Sprachstörungen, weiterarbeiten. Sein Stil ist aber nun verändert, er wird »malerischer« oder auch »ungestümer«. Anton Räderscheidt und Lovis Corinth sind Beispiele betroffener Künstler. Wieder sehen wir, wie eine Ausschaltung oder Behinderung des sprachlichen Denkens Hemmungen und Kontrollen der künstlerischen Produktion wegfallen lässt.

Die transformative Krise Im Leben von Künstlern kann sich bei der Abwendung von überkommenen Malweisen oder bei der sensiblen Wesensschau von Bruchstellen der Gesellschaft eine Wandlungskrise mit den Symptomen geistiger Krankheit einstellen, aus der der Künstler aber nicht nur geheilt, sondern gewandelt und initiiert hervorgeht, vergleichbar mit der Krise bei der Initiation zum Schamanen. Kraft (2005) spricht von Plus-Heilung und nennt Joseph Beuys als ein Beispiel für eine solche transformative Krise.

Kunst der Geisteskranken und professionelle Kunst Sehr früh entdeckten Künstler die Arbeiten der Geisteskranken. Sie wurden unter anderem für Dubuffet zum Vorbild, der eine frühe Sammlung anlegte. Er sieht darin die eigentliche Kunst, die »inkognito« auftritt.

Max Ernst hatte seinerzeit den Prinzhornkatalog von Werken geisteskranker Künstler im Gepäck, als er nach Paris aufbrach. In seinem Werk finden sich Übernahmen aus den dort abgebildeten

Bildern (Carl Brendels »Teufel« beispielsweise regte Max Ernsts Skulptur »Der Schwachsinnige« an).

7.2 Die kreativen Grundfunktionen

In ›normalen‹ Kunstwerken und verstärkt, gelegentlich übertrieben, in der Kunst der Geisteskranken finden sich nach Bader und Navratil (1976) drei kreative Grundfunktionen:

a) Physiognomisierung

In der einfachsten Bedeutung: den Dingen ein Gesicht verleihen. Die gesamte Umwelt wird als belebt oder ausdruckshaltig erlebt und dargestellt. In Landschaften sind Gesichter, häufig Augen zu sehen. Die Physiognomisierung ist eine natürliche Qualität menschlichen Erlebens (Weitbrecht 1968).

Bei manischen und bei schizophrenen Kranken, aber auch in den Kunstwerken vieler ›normaler‹ Künstler findet sich oft eine übersteigerte Physiognomisierung. Der Mensch versteht – man denke an das Kind, das seinen Ball tadelt, wenn er nicht so springt, wie er soll – seine Welt zunächst ›natürlicherweise‹ als belebt und muss lernen, dass die Dinge keinen Willen haben, keine Wahrnehmung, keine eigene Lokomotion. In Stadien geistiger Verwirrtheit geht diese Erkenntnis wieder verloren, die Welt wird in stärkerem Maße als lebend, beobachtend und ausdruckshaltig gesehen.

Bilder von geisteskranken Künstlern beeindrucken durch ihre Disproportionalität. Auch Bader und Navratil (1976) sehen das als ein Merkmal der Kunst der Geisteskranken. Offensichtlich fällt es dem psychisch Kranken schwer, ästhetische Forderungen zu erfüllen. Die Proportionen stimmen nicht mehr, aber gerade dadurch ruft diese Kunst einen besonderen und fremden Eindruck hervor. Es bleibt offen, ob die Disproportionalität eine bewusste Übersteigerung der Ausdruckshaltigkeit durch den schizophrenen Künstler/Kranken ist.

b) Formalisierungen

Ornamente (der Begriff soll hier umgangssprachlicher als in der kunstwissenschaftlichen Literatur gebraucht werden), rhythmische

Wiederholungen, Muster, die sich fortsetzen, sind wiederum gemeinsame Kennzeichen der Kunst der verschiedensten Zeitepochen und der künstlerischen Werke der Geisteskranken. Wer orientalische Kunstwerke kennt, weiß, dass dort (aus religiösen Gründen) nur Ornamente und Muster die Wände der Moscheen und die berühmten Teppiche und Kupferschmiedearbeiten schmücken. Auch in der abendländischen Kunst finden sich an vielen Stellen Muster oder – in der Sprache der Psychiatrie ausgedrückt – Perseverationen, ständige Wiederholungen einer Grundform.

Der griechische Mäander lässt sich da ebenso als Beispiel anführen wie die Blattornamentik von schmiedeeisernen Toren. Auch auf Bildwerken tauchen ornamentale Elemente auf, so etwa in den phantasievollen Pflanzendarstellungen der exotischen Landschaften Henri Rousseaus (Abb. 60).

In der Psychose findet sich wiederum eine übersteigerte Tendenz zur Stereotypisierung, die sich formalästhetischen Prinzipien nicht so zwanglos unterordnet und deswegen bisweilen nicht als ›schön‹ oder angenehm empfunden wird.

Adolf Wölfli Das Bild von Adolf Wölfli (Abb. 61) verwendet nur ornamentale Elemente, die sich in gleicher Weise wiederholen, perseveriert werden. Deutlich werden auch Tendenzen zur Symmetrisierung. Der Künstler ordnet seine formalen Elemente um eine

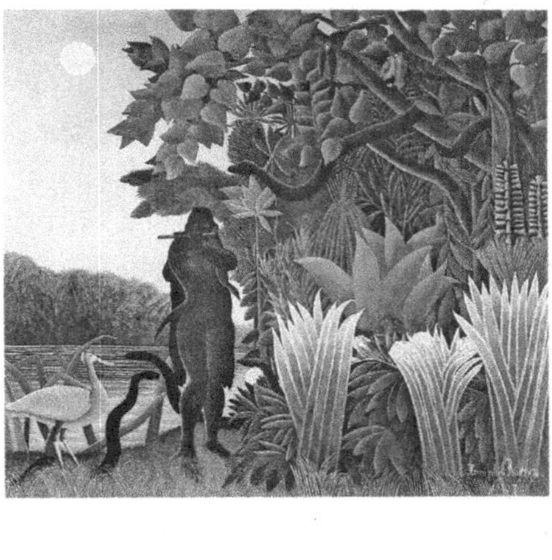

60 Die üppig wuchernde exotische Pflanzenwelt bekommt ornamentalen Charakter (Henri Rousseau, Urwaldlandschaft mit untergehender Sonne – Neger, von einem Jaguar angefallen, um 1909, Öl auf Leinwand, 112 x 168 cm, Basel, Kunstmuseum)

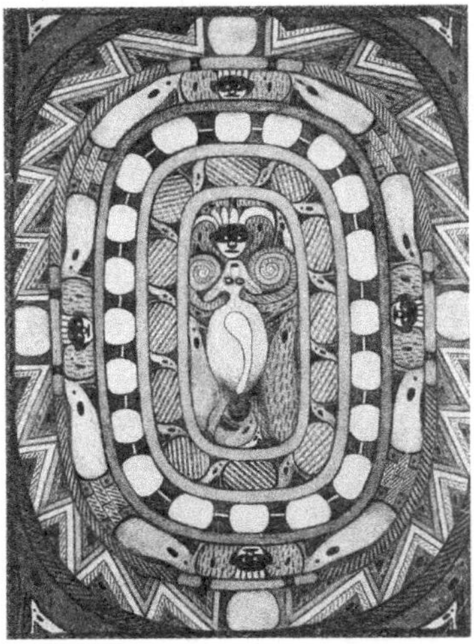

61 Wölflis Bilder sind durch Wiederholungen (Perseverationen) gekennzeichnet (Adolf Wölfli, Die Göttliche Allmacht und Weisheit, im Zenitt, 1904, Bleistift auf Zeitungspapier, 74,5 x 99,3 cm, Bern, Kunstmuseum, Adolf-Wölfli-Stiftung)

Mittelachse. In allen seinen Bildern fallen betonte Grenzen, Trennungen von Bildteilen ab. Man kann dies als Versuch sehen unerwünschte sexuelle Phantasien und Schuldgefühle abzutrennen, zu isolieren.

c) Symbolbildung

Über Symbole wurde bereits gesprochen (vgl. Kapitel 3). Bilder normaler und geisteskranker Künstler drücken Gedanken und Wünsche oder Handlungsmöglichkeiten in einer archaischen (vgl. die Bemerkungen über die Archetypenlehre), einer bildhaften Weise aus. Verschiedene Figuren oder Bilder werden zu neuen Bildern verschmolzen. Ein klassisches Beispiel einer solchen Bildzusammenschau ist der Pferdemensch, häufiges Motiv der griechischen Mythologie, oder auch der elefantenköpfige Gott Ganesha aus dem hinduistischen Pantheon (Abb. 62). Agglutinierung nennt man diese Verschmelzung von verschiedenen bekannten Bildern zu einem einzigen neuen Bild mit oft grotesk anmutendem Inhalt. Die absonderlichen Gestalten von Friedrich Schröder-Sonnenstern (Abb. 63) verschmelzen zum Beispiel einen Hahnenkopf mit männlichen und weiblichen Genitalien zu einem Fabelwesen.

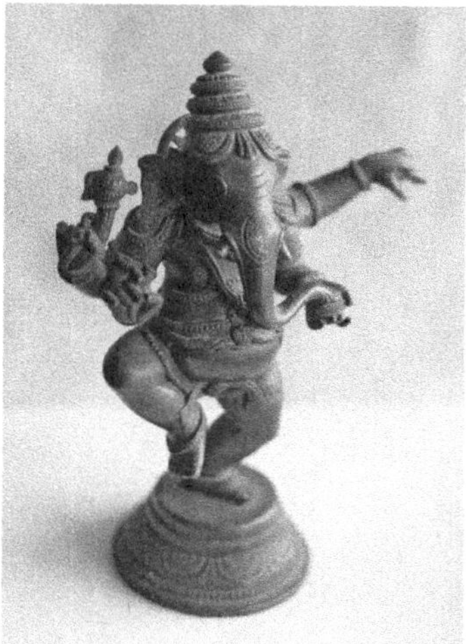

62 Der hinduistische Gott Ganesha – Gott der Klugheit, des Lernens, der Wissenschaft und Politik, Entferner von Hindernissen am Erlösungsweg und vieles mehr – ist eine Mischfigur aus Mensch und Elefant

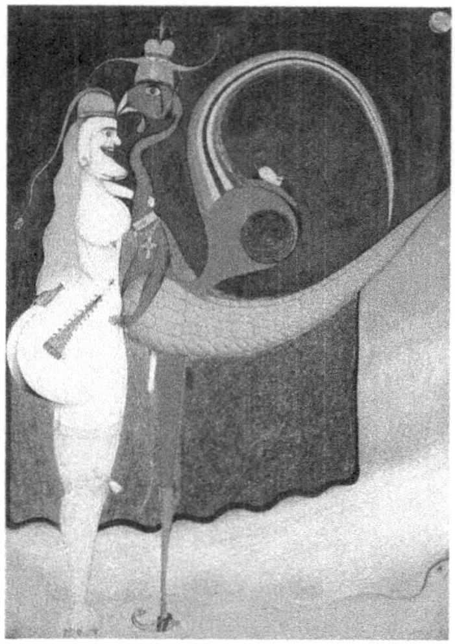

63 Friedrich Schröder-Sonnenstern malt stark ›sexualisierte‹ Bilder, sodass ein direkter Zugang zu Triebwünschen des Unbewussten plausibel erscheint (Friedrich Schröder-Sonnenstern, Meta-Physik mit dem Hahn. Der Präsident des Mondstandesdünkelamts als Brautwerber, 1952, Farbstifte auf Karton, 101 x 73 cm, Sammlung Alfred Bader)

Dem Verschmelzen einzelner Motive in den Bildern entspricht das Zusammenziehen von Worten in den Bild-Titeln. Kris (1932, S. 355) weist auf die fremdartigen Denkprozesse hin, die zu Produktionen führen, die ein ›normaler‹ Künstler mit seinen normalen, inhaltlich verknüpften Vorstellungen wahrscheinlich nicht erreichen könnte: »Die Dinge wechseln ihren Sinn; eine gewisse äußere Ähnlichkeit bildet die Brücke, auf der eine Vorstellung sich an die andere fügt.« Kris führt als Beispiel an, wie das Wort ›Rübezahl‹ nach der Wortklangähnlichkeit in ›Reue bezahlt‹ umgewandelt wird.

Die fusionierten Inhalte in den Werken der geisteskranken

Künstler erlauben dem ausgebildeten Analytiker Schlüsse auf die

Motivstruktur. Zumindest entsprechen die sexuellen Inhalte der Bildern den von Freud vermuteten Inhalten des Unbewussten. Insofern werden gerade die mit sexuellen Bildelementen aufgeladenen Arbeiten Schröder-Sonnensterns zu einem Beleg psychoanalytischer Thesen.

Die besonders charakteristischen Merkmale der Malerei von schizophrenen Patienten, also die Bildmerkmale, die sich in Werken gesunder Künstler nicht so häufig – wenngleich gelegentlich – finden, sind katalogartig auch von Rennert (1975) zusammengestellt. Es handelt sich um Bildmerkmale, die in einer extremen Verwirklichung den ästhetischen Gehalt des Werks zerstören und Spiegel einer anderen Funktion des Vorstellungsablaufs sind: vertikale Blickwinkelverschiebung (der Horizont wandert nach oben), barock verschnörkelte Formen, ›Bildsalat‹ (gedrängtes Durcheinander), Kombination einzelner Objekte mit Körperteilen, flächenfüllende Wiederholungen von einzelnen Elementen oder Symbolen, Verlust der Komposition, Auflösung der Physiognomie in einzelne Augen, einzelne Sinnesorgane.

Diese Merkmale lassen sich zum Teil in eine Korrespondenz zu typischen Symptomen der psychischen Erkrankung bringen, der ›Bildsalat‹ zum Beispiel zur Gedankenflucht. Oberflächliche (Klang-) Ähnlichkeit von Begriffen bestimmt den Vorstellungsverlauf. Zum anderen handelt es sich einfach um besonders starke Ausprägungen von Bildmerkmalen, wie wir sie auch bei gesunden Künstlern finden.

Der durch äußere Ähnlichkeit oder vagen Zusammenhang bestimmte Denkablauf des Geisteskranken ist weniger in der Lage, die komplexen Konfigurationen von räumlicher Tiefe, von Schattierungen oder auch vom Zusammenspiel der Mimik in der richtigen Anordnung wiederzugeben. Die Werke erinnern oft an die Gestaltungen der ›Primitiven‹ oder an Kinderzeichnungen, denen auch oft Schattierung und Perspektive fehlen.

Xaver Messerschmidt Ein Beispiel dafür ist der von Kris (1932) beschriebene Künstler Franz Xaver Messerschmidt, der an einer Schizophrenie erkrankte, die ihn in gewissem Ausmaß bis an sein Lebensende begleitete. Messerschmidt war ein anerkannter Bildhauer des 18. Jahrhunderts, dessen Büsten während der Zeit der Krankheit eine charakteristische Veränderung erfuhren – der Gesichtsausdruck wurde extremer und gleichzeitig weniger stimmig, das heißt, dass sich die Stellungen von Augenspalte, Mund und Stirn nicht zu einem einfühlbaren Zustand zusammenfügen ließen. Allerdings bleibt offen, ob der Künstler nicht ganz im Sinne des Pioniers, des Erforschers von Neuland, die Wirkung verschiedener Ausdruckskomponenten erforschen wollte.

Diagnose aus Zeichnungen Künstlerische Gestaltungen sind in der Regel nur von solchen Patienten zu erwarten, die bereits vor der Erkrankung und Einweisung künstlerisch kreativ waren oder zumindest künstlerisches Talent erkennen ließen. Allerdings beeindruckt der Kranke – auch der Kranke ohne künstlerische Fähigkeiten – oft durch einen starken Schaffensdrang, einen Drang zur Wahl von darstellenden Ausdrucksmitteln, der dazu führt, dass manchmal künstlerische Begabungen auch erst in der Klinik sichtbar werden. Von dem Patienten Schröder-Sonnenstern wie auch von Wölfli wird berichtet, dass ihre Krankenzimmer mit Stapeln von bemalten Blättern und Niederschriften gefüllt waren – leider wurde nur ein Teil des umfangreichen Materials ausgewertet.

Wenn man wissen will, wie sich seelische Krankheiten ganz allgemein auf die Zeichnungen der Patienten auswirken, kann man nicht von der einen isolierten Zeichnung oder dem einen Kunstwerk ausgehen. Halten wir nur eine einzige Zeichnung in der Hand, können wir die Einflüsse der Zeichenfähigkeit, die spezielle individuelle Darstellungsart und die Veränderung durch die Krankheit auf die Zeichnung nicht unterscheiden. Erst der Vergleich verschiedener Zeichnungen derselben Person mit dem gleichen Inhalt (z. B. Menschzeichnung) erlaubt es uns, die Auswirkungen der seelischen Krankheit zu erkennen. Es ist der Verdienst von István Hardi (z. B. 1999), uns in seiner dynamischen Zeichnungsuntersuchung diese Einsicht zu vermitteln, aber auch über seine Lebensspanne das geeignete Untersuchungsmaterial gesammelt und ausgewertet zu haben. Er definiert Abbaureihen, die spezifisch für verschiedene psychiatrische Diagnosen sind. Nur bei schizophren Erkrankten kann er eine gesteigerte Kreativität erkennen.

7.3 Fischers Erregungskontinuum und Kreativität

Ein allgemeines Denkmodell, das die Wurzeln des Normalen und des kreativen Schaffens von Kranken in ein anschauliches Bild bringt, wurde von Fischer (1974) vorgestellt. Er bezieht die seelischen Zustände auf ein Kontinuum zwischen höchster Erregung und absoluter kontemplativer Entspannung. Bei sehr hoher Erregung treten die Funktionen der normalen Wahrnehmung zurück; es kommt, wie zum Beispiel unter dem Einfluss von Rauschgift, zu Halluzinationen. Wird die Erregung weiter gesteigert, stellen sich ekstatische Phänomene mit rhythmischen Muskelzuckungen und einer totalen Wahrnehmungslähmung ein.

Am anderen Ende des Spektrums finden sich Zustände, wie sie zum Teil durch asiatische Meditations- und Entspannungsübungen (Yoga-Zazen) erreicht werden können, gelegentlich verbunden mit Depersonalisationserlebnissen: Man scheint seinen Körper von außen her zu erleben. Zwischen diesen Extremen liegt eine Gruppe von Erregungsniveaus, die eine kreative Tätigkeit erlauben. Einerseits ist die normale Wachwahrnehmung noch erhalten, andererseits ermöglicht die erhöhte Erregung bereits Ansätze bildhafter Halluzinationen, also eine Steigerung der Vorstellungskraft. Das Schöpferische und das Schizophrene gehen so ineinander über. Die kreative Tätigkeit wird in beiden Fällen durch die gleichen psychischen Vorgänge ermöglicht.

7.4 Die Kunst der Geisteskranken im kulturellen Kontext

Die Kunst der Geisteskranken ist keineswegs allein Ausdruck des krankhaft veränderten Denkens, sondern bedient sich weiter der Formensprache der künstlerischen Kultur des Kranken. So werden in Neuguinea von Erkrankten die dort üblichen Masken und Themen aufgegriffen (Billig und Burton-Bradley 1978). Mit vertiefter Krankheit kommt es dann zu einem stärkerem Zerfall in Richtung Abstraktion und Geometrisierung. Die Kranken bringen also Erfahrungen mit, die auch in der Geisteskrankheit weiter wirksam sind. Die gestalterisch-technische Ausführung muss der Patient schon vorher beherrscht haben, sonst könnten die Visionen nicht in Bilder umgesetzt werden.

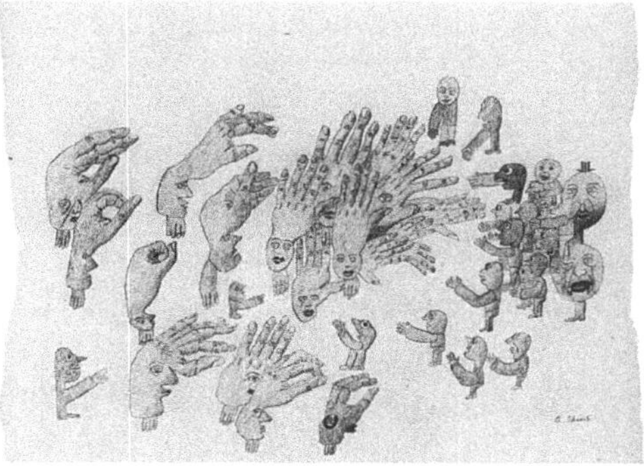

64 Nach dem Interesse an seinen Kopffüßlern weicht dieser Patient des Psychiaters Hartmut Kraft auf Kopfhänder aus (Augustin Wilhelm Schnietz, Kopfhänder, 1980, Bleistift auf Papier, 42 x 58 cm)

Schließlich reagieren kranke Personen in ihrer Kunst auf die institutionelle Einbettung und auf die Reaktion der Therapeuten. Kraft (1986) berichtet, dass sein Interesse an den ›Kopffüßlern‹ eines Kranken zunächst motivierend war, dann aber als Druck empfunden wurde: Der Patient wich aus und malte fortan ›Kopfhänder‹ (Abb. 64).

Wenn – wie bei Navratil in Klosterneuburg – mit den Werken der Kranken Ausstellungen veranstaltet werden, die Kranken sich also selbst als Künstler empfinden, bewirkt dies wiederum, dass die Kranken sich dem annähern, was sie selbst als Kunst der Zeit empfinden.

7.5 Kunst der Geisteskranken oder Kunst der Normalen?

Die Kunst der Geisteskranken ist nicht etwa eine besondere Kunst, sondern eine Kunst der ›Normalen‹ – die aus den Werken der Kranken das heraussuchen, was ihrem Kunstbegriff entspricht. Bestimmte Produkte der Kranken werden nicht berücksichtigt, etwa pantomimische Darstellungen katatoner Schizophrener, weil niemandem einfallen würde, etwas Künstlerisches darin zu entdecken: Ein tautologischer Kreislauf, der nur seine eigenen Definitionen bestätigt. So ist es denn nicht erstaunlich, wenn alle genannten Autoren einhellig zu der Ansicht kommen, die Kunst der Geisteskranken unterscheide sich nicht von der Kunst der Normalen. Denn sobald sich die Produkte der Geisteskranken unterscheiden, werden sie nicht mehr als Kunst angesehen (vor allem nicht, wenn man von einer Kunstdefinition ausgeht, die Kunst als wenigstens in gewissem Maße ›verstehbar‹ definiert).

Offensichtlich werden die künstlerischen Fähigkeiten und Fertigkeiten durch die Krankheit nicht total zerstört; sie sind also sehr widerstandsfähig und ursprünglich: Wenn Geisteskranke und Outsider Bilder produzieren, die wir schätzen können, dann müssen diese Funktionen noch intakt sein.

Gleichzeitig wird deutlich, dass auch fremdartige Inhalte uns tief beeindrucken können. Unser ästhetisches Empfinden und unser Symbolverständnis erlauben große Abweichungen von üblichen Formen.

Die besondere Faszination, die von Werken psychisch Kranker ausgeht, ist sicher auch darin begründet, dass deren bildhafte Vorstellungen Kommunikationsversuche aus der Welt des Wahns sind und dem gesunden Betrachter einen – oft mit gewissem Erschauern aufgenommenen – Eindruck von dieser fremden Vorstellungswelt gewähren: möglicherweise einen Eindruck, der direktere, offenere Zugangsmöglichkeiten zu den vulkanisch heißen, tieferen (Lersch 1955) Schichten unserer Seele bietet und damit zugleich Aufschlüsse über unsere eigene Person vermittelt.

Das Bewusstsein des Betrachters wird – zeitweilig – von unbewussten Inhalten überschwemmt; es kommt zu einer ›Scheininfektion‹ mit dem Wahn. Neue Gedanken, neue Assoziationen – also Kreativität – werden im Moment angeregt. Dabei ist zu berücksichtigen, dass bei den verschiedenartigen Inhalten des Wahns und bei der individuellen psychischen Determination der Krankheit die Überschwemmung des Bewusstseins nur in einem besonderen Moment seelischer Passung erfolgen kann: wenn beim Betrachter und dem geisteskranken Künstler Ähnlichkeiten der Konfliktlage vorliegen, die einmal aus dem gesunden Bewusstsein, ein anderes Mal aus dem Unbewussten bearbeitet werden. Ob allerdings der Betrachter aus dem ›Selbstheilungsversuch‹ des Kranken Gewinn zieht, bleibt fraglich, weil die Kranken sich nicht heilen, sondern ihre grafische Gestaltung oft mehr ein hilfloses Aufbäumen ist.

Sicher befindet sich der ›normale Mensch‹ unserer Gesellschaft auch in der Situation, bei wechselnder Umwelt Stabilität und Orientierung suchen zu müssen. Insofern mag der Ordnungsversuch einen Anreiz für den Betrachter haben; so jedenfalls erklärt Kraft (1986) die Wirkung der Kunst von Geisteskranken. Aber andere Kunstgattungen scheinen mir da ebenso relevant. Auch konstruktivistische Arbeiten, geometrische Ordnungen usw. suggerieren den Aufbau und die Stabilität, die der moderne Mensch braucht.

Ich füge eine einfachere These hinzu: Die ungewöhnliche Art der Inhalte und der Darstellung weckt ungewöhnliche Assoziationen und bietet eben die Menge Weckreiz, Erregung, Orientierungsreflex, Aufregung, die als lustvoll erlebt wird (Berlyne 1971; arousal).

Es wäre spannend zu erfahren, wo die Bildwelten des Wahns herkommen. Beobachtungen geben eine Richtung vor (Floru 1975). Ein schizophrener Mohammedaner setzte eine Sure des Koran ins Bild, an die er sich fast wörtlich erinnerte: Sind es also die Bildphantasien der Kindheit, die subjektiv verarbeiteten Auffassungen von Mythen und Märchen, die wir dort in der Outsiderkunst miterleben?

Die Kunst der Geisteskranken gibt den Patienten eine willkommene Möglichkeit Stolz zu erleben, etwas Anerkanntes zu schaffen. Es ist der Verdienst von Prinzhorn, Morgenthaler, Navratil und vielen anderen, diese Möglichkeit geschaffen zu haben.

KUNSTPSYCHOLOGISCHES PRAKTIKUM

A Der Hobbymaler kann versuchen, seine bewusste Rationalität beim Malen etwas zurückzudrängen. Das geht durch Malen bei lauten Trommelschlägen, durch Malen unter mäßigem Alkoholeinfluss oder indem Traumbilder bearbeitet werden.

B Suchen Sie sich, wie die Künstler der Art-Brut, ein Bild aus dem Prinzhornkatalog oder einer anderen Sammlung der Kunst geisteskranker Künstler und bearbeiten sie es in einem eigenen Bild.

C Versuchen sie das schizophrene Denken nachzuahmen, indem sie sich ein Thema nehmen und dann nach Wortklangassoziationen daran weiterarbeiten.

8 Kunsttherapie

In diesem Kapitel geht es um eine Form der Psychotherapie, in der künstlerische Werke entstehen. Obwohl diese Kunsttherapie meist auf psychoanalytischen Gedanken aufbaut, kann sie auch andere Therapiekonzepte wie z. B. die Verhaltenstherapie nutzen.

8.1 Ursprung und Begriff

Mit der Veröffentlichung der Prinzhorn-Sammlung bildete sich in Europa eine Tradition der Kunst der Geisteskranken (vgl. Kapitel 7). In den USA dagegen wurde mehr der therapeutische Wert des bildnerischen Schaffens in den psychiatrischen Krankenhäusern beachtet. Naumburg (1966) betonte die Vorteile bildhafter gegenüber verbaler Kommunikation in der psychoanalytischen (Art-)Therapie. Von Amerika kam der Begriff nach Deutschland. Nun ist allerdings der amerikanische Terminus ›art therapy‹ nicht ohne Weiteres mit ›Kunsttherapie‹ zu übersetzen. Art therapy ist ganz allgemein eine Mal- oder Gestaltungstherapie. Im deutschen Begriff Kunsttherapie steckt die hohe Bewertung von Kunst. Ob diese aber im therapeutischen Handeln der europäischen Kunsttherapeuten eine Rolle spielt, sei dahingestellt.

Meist verdient die kreative bildnerische Tätigkeit des Klienten die Bezeichnung Kunst nicht und strebt sie auch nicht an.

Mit wachsendem Interesse der Kunsthochschulen und Künstler an der Kunsttherapie gewinnt diese Disziplin jedoch neue Bedeutung. So gestalten Künstler mit Klienten rituelle Heilungsformen, wie sie auch in der zeitgenössischen Kunst gepflegt werden. Es bleibt abzuwarten, wie sich die Kunsttherapie in der Hand der Künstler und unter ihren Kompetenzen entwickelt. Dies ist natürlich auch eine Chance für die Therapieszene insgesamt, die eine Zeit lang in den klassischen Denkmustern von Psychoanalyse und Verhaltenstherapie erstarrt war (einen neueren Überblick bietet Schuster 1986b).

Kränkungsfreie Therapie Für viele Klienten mag die Bezeichnung Kunsttherapie günstig sein, weil sie nicht die gleiche narzisstische Verletzung hervorruft wie etwa die Bezeichnung Verhaltenstherapie oder analytische Psychotherapie. Der Klient stellt in der Therapie selbst etwas Wertvolles – nämlich Kunst – her, er ist also nicht nur ›neurotisch‹. Tatsächlich kann über diese ›lustvolle‹ kreative Tätigkeit auch Kontakt mit Klienten aufgebaut werden, die sonst nur schwerlich in Psychotherapien mitarbeiten, wie etwa Strafgefangene, Kinder und Jugendliche oder drogenabhängige Personen. Insofern hat die Bezeichnung Kunsttherapie, auch wenn sie im Einzelfall sachlich nicht voll gerechtfertigt sein mag, dennoch ihre Vorteile.

Indikation Besonders indiziert ist die Therapie über die ›nonverbale Kommunikation durch Bilder‹ auch bei Klienten, denen die verbale Kommunikation erschwert ist, wie Autisten, Stotterern, kleinen Kindern oder auch geistig behinderten Klienten. Gerade bei diesen Gruppen können Brücken geschlagen werden, wo verbale Interaktionen versagen.

8.2 Psychoanalyse und Kunsttherapie

Sigmund Freud entdeckte für die Psychotherapie die archaischen bildhaften Denkprozesse des Unbewussten. Er übersetzte den Trauminhalt, um die unbewussten Konstellationen einer bewussten Bearbeitung zugänglich zu machen. Genauso wie die Träume können die Kunstwerke als bildhafte Kommunikation des Unbewussten analysiert werden, und entsprechend gibt es bereits von Freud grundlegende Interpretationen von Kunstwerken.

Vor der Deutung von Träumen und analog auch der Deutung von Kunstwerken steht natürlich das Verständnis von bildhaften Botschaften, die die Situation eines Klienten betreffen. Manches darüber konnte man in diesem Buch lernen. Der Therapeut muss Symbolisierung und Verdichtung verstehen, aber auch die Decodierung von Bildmetaphern beherrschen, vergleichbar mit dem Lösen eines Bilderrätsels.

Das Verstehen der Botschaften aus dem eigenen bildhaften Denken (z. B. in der Traumdeutung, in der Deutung von bildhaften Phantasien oder von künstlerischen Ausgestaltungen) kann für das Bewusstsein recht überraschend sein und Korrekturen der bisherigen ›eigenen‹ Sichtweise anregen. So kann – in einem gegebenen

Fall – die Aggression gegen das Pflegekind oder andere Beziehungspersonen, die immer etwas verdrängt wurde, deutlich gemacht und nun bewusst ver- und bearbeitet werden. Auch Ängste und Gefühlsmischungen erscheinen in neuem Licht und sind jetzt der bewussten Bearbeitung zugänglich.

Klient und Therapeut deuten die Gestaltungen, die in der Kunsttherapie entstehen und gehen dann wie in einer psychoanalytischen Therapie vor: Sie erreichen die Heilung über die Bewusstmachung unbewusster Konflikte und Ängste. Die Deutung kann möglicherweise die frühen Wurzeln von Ängsten aufdecken. Ein Neudurchleben der alten Situation mit den entwickelten seelischen Fähigkeiten des Erwachsenen kann nun die Angst auflösen, kann die Einsicht ermöglichen, dass die alte Angst nicht mehr angemessen ist. Nach Moreno (und Kipper 1968) kann so ein gelungenes ›zweites Mal‹ die Folgen des ›ersten Mals‹ aufheben. Im Bild kann sich das Kind trauen, angstbesetzte Inhalte vorzubringen. Bildbotschaften werden eben kaum bewusst zensiert. In der Praxis der Gerichtsgutachter wird zum Beispiel misshandelten Kindern ein Satz von ›diagnostischen Puppen‹ angeboten, die ein ›Psychodrama‹ der eigenen Situation anregen.

Die Kunsttherapie nutzt (manchmal etwas gemischt) die verschiedenen Aspekte: Einmal leistet sie eine Diagnose aus den Bildprozessen heraus. Dann stellt sie die heilende Kraft des bildhaften Agierens allein in den Vordergrund (intrapersonale Kommunikation ohne Deutung, aber auch wirksam als Katharsis, als Abfuhr von blockierender emotionaler Energie oder die Neubearbeitung und Glattstellung emotional belastender Erinnerungen). Das Malen setzt bei den Klienten auf jeden Fall Phantasien in Gang und stößt die bildhafte Kommunikation über seine Situation zwischen den Instanzen der Person (intrapersonal) an. Insofern setzt die Kunsttherapie auch ganz ohne jede Deutung und oft auch ohne den Rückgriff auf eine theoretische Grundlage die bildhafte, nonverbale Kommunikation in Gang, die eventuell (ganz im Sinne von Rogers 1951) auch auf kreative Fähigkeiten des Unbewussten, also auf Ressourcen, zugreifen kann, die eine Selbstheilung ermöglichen. Dies gilt besonders dann, wenn der Prozess des bildhaften Denkens (als

Folge des bildhaften Gestaltens) in einer angstfreien und nicht direktiven Atmosphäre zugelassen wird.

8.3 Carl Gustav Jung und seine Nachfolger

Bei Jung werden die Kunstwerke und die kulturellen Phantasien darüber hinaus zum Belegmaterial für die Manifestationen eines kollektiven Unbewussten. In Märchen und Mythen suchte er Gemeinsames, um auf die Knotenpunkte in der Karte eines überindividuellen Unbewussten zu schließen, das in die Stammesgeschichte der Menschheit verweist. In den Märchen und Überlieferungen, auch in den Texten der Alchemie, liegt die Weisheit dieses kollektiven Unbewussten, die in den Dienst des Heilungsprozesses der Psychotherapie gestellt werden kann. Dabei verwendet Jung in seinen Therapien die Methode der Amplifikation, Das heißt, er reichert das Material aus den Berichten und den Träumen seiner Klienten mit den kulturellen Überlieferungen an und prüft, ob sich so Lösungshinweise ergeben.

Als bildhaftes Ausgangsmaterial verlässt sich Jung nicht nur auf Träume, sondern er ruft in den Therapiestunden Tagträume hervor (das ist die Methode der aktiven Imagination.). Er geht von der Überzeugung aus, der Traum sei durch zu geringe Energieausstattung verstümmelt und verzerrt, wogegen der Tagtraum der aktiven Imagination einen direkten und unmittelbaren Zugang zu den bildhaften Denkprozessen biete. In dem Aufsatz »Die transzendente Funktion« (1916) äußert er auch die Meinung, dass die bildhafte Ausgestaltung der Tagtraumphantasien weiteres unbewusstes Material zutage fördere und in den Therapieprozess einbringe. Hier liegt also eine wichtige theoretische Wurzel für eine Mal- bzw. Kunsttherapie, in deren Verlauf bildhafte Phantasien auf dem Papier materialisiert werden.

Katathym imaginative Psychotherapie Von Leuner (1985) wurde die Tagtraumtechnik zur Grundlage der Psychotherapie des Katathymen Bilderlebens (heute auch als Katathym Imaginative Psychotherapie bezeichnet, KIP) gemacht. In einer tiefen Entspannung werden dem Klienten symbolische Motive vorgegeben, die er in der Phantasie bildhaft weiterspinnt. Er berichtet über den Verlauf der

Phantasiereise, und der Therapeut greift nach bestimmten Regieprinzipien ein und korrigiert damit ungünstige Konstellationen in der Welt des bildhaften Vorstellens.

Bei Leuner und Jung wird die ›Einbahnstraße‹ der Psychoanalyse aufgehoben, die in der nur einseitigen Übersetzung der bildhaften Prozesse in bewusste Einsichten besteht. Über den Kanal der Bildkommunikation werden auch direkt in das Unbewusste hinein Anregungen und Ratschläge kommuniziert.

Die bildhafte Kommunikation ist nicht ausschließlich auf die Malerei angewiesen. Auch mit Worten können – wie im Roman – bildhafte Vorstellungen hervorgebracht werden. Die Geschichten der Bibel etwa sind solche Kommunikationen, die den tieferen, bildhaften Schichten des Denkens Einsichten vermitteln. In dieser Kommunikationsform werden die Inhalte kaum von den ›Wachhunden des Intellekts‹ geprüft.

Hypnotherapie Milton Erickson (und Rossi 1981) setzte in seiner Hypnotherapien häufig die Technik ein, dem Klienten eine Geschichte zu erzählen, die sich auf dessen Problemlage bezog und eine Lösung anbot. Dabei wird (mit den Worten der Geschichte) direkt mit der Schicht des bildhaften Denkens Kontakt aufgenommen. Der Klient kann dann, anders als bei einem Ratschlag, selbst entscheiden, ob er die Botschaft der Geschichte für sich verwenden will.

8.4 Bildhafte Kommunikation in das Unbewusste

Wenn der Therapeut mit dem jugendlichen Klienten in der ersten Therapiestunde mit ganz einfachen Mitteln ein Spielzeug repariert, so wird damit bildhaft ausgedrückt, dass beschädigte Dinge in der Therapie noch einen Wert haben, nicht fortgeworfen werden und ganz unkompliziert repariert werden können. Das Kind könnte sich nämlich ebenfalls als eine solche Sache empfinden und durch die aktionale bildhafte Kommunikation der ersten Stunde Vertrauen zu dem Therapeuten fassen (Roy-Kremberg 1982).

Auch Rituale sind eine Form der bildhaft-aktionalen Kommunikation. Die katholische Prozession zum Beispiel setzt den gemeinsamen Fortschritt ins Bild und das Eintauchen in die Quelle bei der

Taufe verbildlicht das Abwaschen des Alten und das Neugeborenwerden aus dem Wasser. Rituale der Heilung und Wandlung erklären den bildhaften Prozessen des Denkens die Grundlagen der Situation und bringen dadurch die Gedanken und die Gefühle in einen gemeinsamen Takt. So ist es nicht verwunderlich, wenn Rituale der Trauer (Abb. 65–67) in Therapien eingesetzt werden, um Trennungsprozesse zu verarbeiten, oder wenn das Ritual der Wandlung bei der Drogentherapie (Wandlung zu einem neuen, drogenfreien Leben) erfolgreich Anwendung findet. Die Gestaltung des Rituals ist nicht beliebig, sondern erfordert den Kulturwissenschaftler und Künstler,

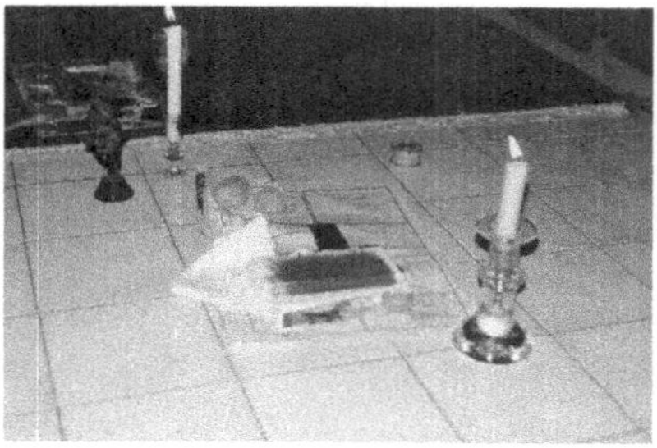

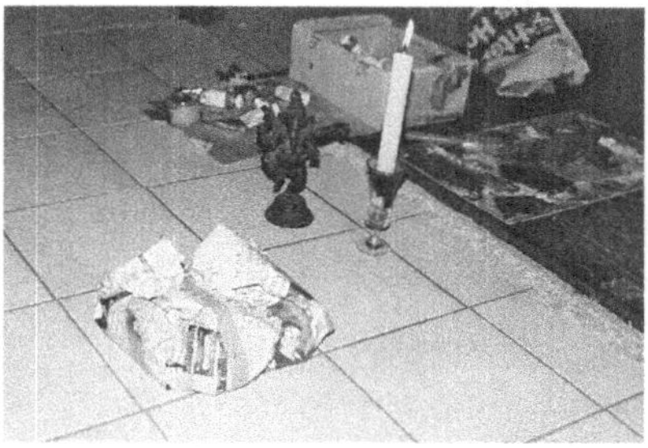

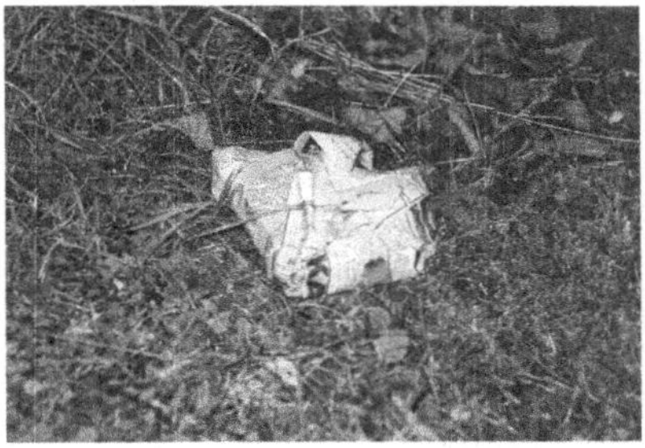

65 –67 In der Kunsttherapie wird ein Trauerritual gestaltet: Die Trauer – als blutroter Schmerz – wird verbunden, eingepackt und später vergraben

der die Dimensionen der Rituale kennt und sie gleichzeitig kreativ für die Situation des Klienten umsetzen kann (van der Hart 1978).

8.5 Weitere Wirkungsprinzipien von Kunsttherapie:

- Die Maltätigkeit knüpft an den Stand der Kinderzeichnung an und ist daher besonders geeignet, auch die Emotionen der Kindheit wieder hervorzurufen.
- Viele Techniken erlauben auch dem Laien, Schönes zu gestalten und können so im Klienten, der vielleicht seit Langem nur negativ von sich denkt, Gefühle des Stolzes wachrufen. Verschiedene Klientengruppen werden speziell solchen Nutzen aus der Kunsttherapie ziehen. Behinderte Kinder zum Beispiel, die in ihrem Leben viele Beschämungen haben hinnehmen müssen, die täglich erleben, dass sie Anforderungen nicht gerecht werden, können große Befriedigung daraus ziehen, einmal die Bewunderung ihrer Umgebung zu gewinnen.
- Der Umgang mit Farbe weckt Emotionen und löst emotionale Verkrustungen; ja, das Schmieren in der Farbe kann die längst kanalisierte Lust am Spiel mit Schlamm und Kot anklingen lassen und insofern Kontrollen auflockern.
- Beim Malen muss der Klient, wenn auch nur in einem individuellen Rahmen, Erfindungen machen und kreativ sein. Diese neu geweckte schöpferische Kraft könnte in das Leben übernommen werden und auch dort zu neuen Versuchen führen, die eine erfolgreichere Lebensführung erlauben.
- Therapeutische Trance: Es wird gemalt, und es entsteht dabei ein Produkt. Welche psychischen Prozesse sind damit verbunden?

Beim Thema Hobbymaler wurde schon auf die das Wohlbefinden förderliche Funktion des Malens hingewiesen. Es kommt zu einem flow-Erleben; der Maler ist entspannt und gerät ein wenig in Trance. Das bildhafte Denken ist aktiviert. Dies ist ein Zustand, der sowohl in schamanistischen Ritualen als auch z. B. auf der Couch in der psychoanalytischen Therapie stattfindet. Ob dieser Zustand Zugang zum Unbewussten gewährt, ob er Körperblockaden löst oder ob er eine Bearbeitung bildhafter traumatischer Erinnerungen erlaubt, auf jeden Fall ist er eine essentielle Komponente von Heilungen.

Von hier aus könnte es zu einer eigenständigen Theoriebildung für die Kunsttherapie kommen. Es entsteht ein Produkt, auf das der Zeichner stolz ist. In den meisten Fällen ist eine Förderung des Selbstwertgefühls für die Psyche förderlich. Das Produkt wird aber auch irgendwie ein »Dritter« in der Kommunikation von Therapeut und Patient, allein indem die Blicke beider auf diesem Produkt ruhen. Es wird z. B. Träger tieferer Bedeutung, z. B. archetypischer Inhalte. Der Klient kann mit seinem speziellen Leid eine Einbettung in die seelische Gemeinschaft aller Menschen und eine Berechtigung seines Andersseins erleben.

Um sich besser vorstellen zu können, was konkret in den Kunsttherapien geschieht, werden hier einige bekanntere Techniken vorgestellt.

8.6 Techniken der Kunsttherapie

Von den verschiedenen Therapeuten sind sehr unterschiedliche Techniken entwickelt worden, die jeweils auf spezifische Weise wirken. Hier können nur einige Beispiele gegeben werden. Jeder Therapeut wird seine eigene Vorgehensweise zusammenstellen. Tatsächlich ist die jeweilige Technik weniger wichtig als die gewährende und wertschätzende Haltung gegenüber dem Klienten, dem es ermöglicht wird, sich bildhaft und kreativ auszudrücken. Die therapeutische Beziehung kann auch nicht einfach durch den schematischen Einsatz von Techniken gestaltet werden. Gerade in der Kunsttherapie erlaubt es der individuelle Fall, individuelle Vorgehensweisen zu schaffen.

a) Das dialogische Malen

Therapeut und Klient malen abwechselnd abstrakte Zeichen auf die Zeichenfläche. Dabei wird beobachtet, wie der Klient den Raum ausnutzt, aber auch, wie er mit Provokationen umgeht, zum Beispiel mit einem Eindringen der Zeichen des Therapeuten in seinen Teil der Zeichenfläche. Das Verhalten des Klienten wird diagnostisch als metaphorischer Ausdruck des Interaktionsstils verwertet und besprochen. Verhaltensalternativen können wiederum grafisch eingeübt werden (Abb. 68).

b) Darstellung des Körperinneren

Auf einer großen Papierbahn wird der Körperumriss gemalt, den der Klient nun grafisch ausfüllen soll. Dabei werden Organe wie Herz oder Magen oder auch Sexualorgane dargestellt. Form und Farbgebung, Grenzen oder Verbindungen schildern sehr eindrücklich die Situation des Klienten, eventuell auch Punkte von Spannungen und Schmerzen. Wiederum werden die Lösungen (auch in der Gruppe) besprochen und in den Kontext der individuellen Biografie gestellt (Farbabb. 12). Der schwarze Bereich in der Magengegend verweist auf Spannungen und Schmerzen.

68 Beispiel für dialogisches Malen nach Grätz (1978): Der Therapeut zeichnet den (blauen) Strich 1, auf den der Klient mit dem (gelben) Strich 2 antwortet (Nachbesprechung des Klienten: »Das kann ich auch – da ziehe ich gleich.«); die unterbrochene (grüne) Reihe des Therapeuten wird dann vom Klienten mit (roten) Verbindungsstücken geschlossen (Nachbesprechung: »Verhältst Dich komplementär zur Formeinheit.«); die Abfolge Therapeut 5, Klient 6 wird dann vom Klienten kommentiert (»gefilterte Aggressivität, auch gedämpfte Aggressivität«); in 7/8 zieht sich der Klient ebenfalls in seine Ecke zurück und zeigt auch in der Folge 9/10 das gleiche spiegelbildliche Verhalten; nachdem dies dem Klienten auffällt, antwortet er auf 11 mit der großen (rosa) Fläche 12 (Nachbesprechung: »Dann bin ich voll da. Kann expansiv werden.«); die als angenehm erlebte (rote) Umkreisung 13 wird mit einem kontrapostischen (roten) Fleck 14 beantwortet (Nachbesprechung: »Da bin ich mit meinem ganzen Gefieder.«). Im zeichnerischen Dialog werden typische Kommunikationsmuster sichtbar, die dann mit dem Klienten besprochen werden

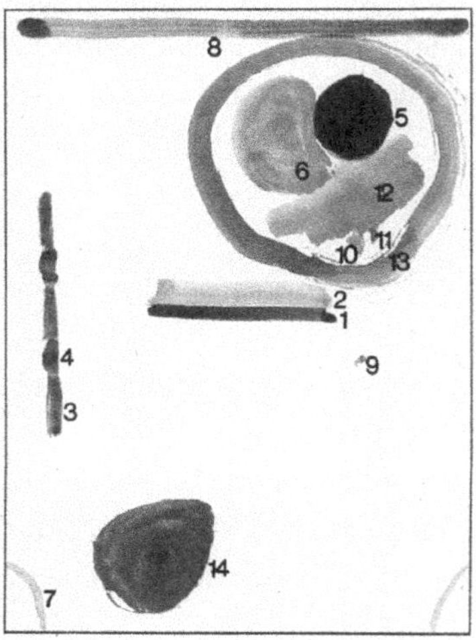

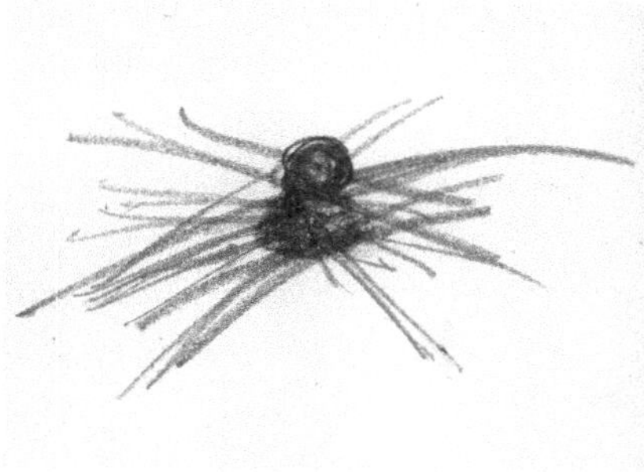

69 Ein Gefühl, hier Wut, wird mit Farben zum Ausdruck gebracht

c) Gefühlsmalen

Ein starkes Gefühl (z. B. Trauer oder Wut) wird in der zeichnerischen Gebärde aktualisiert und durchlebt. Im Sinne des Focussing (Gendlin 1981) kann dann eine neue Verarbeitung der wesentlichen Gedanken und Erinnerungen (felt sense) versucht werden, die mit diesen Gefühlen zusammenhängen (Abb. 69).

d) Aktualisierung von Kindheitserinnerungen

Mit Hilfe von Fotoalben können frühe Erinnerungen aktiviert werden. Dabei geben die Fotos (z. B. durch Platzieren einer Person in den Mittelpunkt oder durch die Berührung von Personen) dem geübten Betrachter Auskunft über die damalige Familienkonstellation. Die Bedeutung der damaligen Situation für die Gegenwart wird thematisiert.

e) Unbewusste Prozesse manifestieren sich in ›zufälligen‹ Spuren automatischen Malens

Der Klient kritzelt unregelmäßige Formen auf das Blatt, bis sich ›zufällig‹ nach seiner Interpretation Bedeutungen einstellen. Dann werden – möglicherweise in einer anderen Farbe – diese gesehenen Bedeutungen nachgezeichnet. So können sich beim Entstehen (Milner 1957), aber auch bei der Bedeutungserkennung, wie in einem projektiven Test persönliche und unbewusste Inhalte manifestieren. Die Zeichnung wird dann auf die gegenwärtige Situation des Klienten bezogen (Farbabb. 10).

f) Kunstwerke, rezeptive Kunsttherapie und Bibliotherapie

Salber (1977) und auch Ratcliffe (1977) arbeiten mit Kunstwerken, die einen Zug des Konflikts ihres Klienten aufnehmen, und versuchen die Lösungspotenzen dieser Kunstwerke für das Leben des Klienten zu nutzen. Insofern führen sie Jungs Therapiemethode der Amplifikation weiter (siehe Seite 205).

Eine andere Möglichkeit besteht darin, solche Kunst- oder grafischen Werke herauszusuchen, die beim Klienten einen tiefen Eindruck hinterlassen haben, um dann zu analysieren, wie die psychischen Konstellationen des Klienten sich in diesem Werk manifestieren (siehe auch Freuds Analysen der Werke des Michelangelo – insbesondere des »Moses« in Rom, San Pietro in Vincoli; Seite 57 ff. –, die nicht nur über Michelangelo, sondern auch über die psychodynamische Situation Freuds Auskunft geben.). Heute hat sich eine »rezeptive Kunsttherapie« etabliert, die eben an der biografischen Einbettung des Erlebens von Kunstwerken therapeutisch eingreift (Leuteritz 1993).

In der Bibliotherapie zum Beispiel werden literarische Quellen ausgesucht, die zu der Problemlage des Klienten passen und Lösungsanregungen geben können.

g) Thematische Vorgaben

Viele thematische Vorgaben, die die Konfliktkonstellation des Klienten in metaphorischer oder symbolischer Form aufnehmen, wurden erwähnt. Thematische Vorgaben können als Zeichnung, aber auch einfach als Phantasie (oder Phantasiereise) gestaltet werden, wenn der Klient fürchtet, nicht zeichnen zu können. Sind die Anforderungen, die der Klient an seine malerischen Fähigkeiten stellt, zu hoch, kann der Therapeut auf das Medium der Collage ausweichen: Aus einem Stapel Illustrierter wird das relevante Material gesammelt, das dann zu einem Bild zusammengestellt wird.

Je nach Klient oder Konfliktsituation werden unterschiedliche Malthemen vorgeschlagen: Mit Klienten höheren Lebensalters kann ein Lebensrückblick gestaltet werden, der die verschiedenen Ereignisse in den Lebenslauf einordnet. Einem Studenten mit Leistungsängsten wird man vielleicht das Motiv »Bergbesteigung« vorgegeben, das die Leistungsthematik metaphorisch aufnimmt. Jung ließ in einigen Therapien nach anfänglich spontanen Mandala-Motiven speziell ein Mandala ausarbeiten, das auf den Archetypus der Wandlung, der Individuation hinweist.

In der Psychotherapie gibt es heute eine Tendenz weg von einem einheitlichen Vorgehen bei allen Krankheitsbildern hin zu symptom-spezifischen Techniken. In der Therapieevaluation kann dann viel leichter die Wirkung dieser gut definierten Vorgehensweisen bewertet werden (wenn man generell die Wirksamkeit von Kunsttherapie überprüfen wollte, wäre die unterschiedliche Arbeitsweise verschiedener Therapeuten sicher ein Problem). Auch in der Kunsttherapie gibt es heute solche Versuche (z. B. von Spreti 2005, Trüg 2005).

8.7 Kunsttherapie und zeitgenössische Kunst

Manche zeitgenössische Künstler, darunter Hermann Nitsch und in gewisser Weise auch Joseph Beuys (dessen Werk im Kapitel 9 ausführlicher gewürdigt wird), treten in der Rolle des Schamanen auf und haben ebenfalls ›Heilung‹ – in diesem Fall der Gemeinschaft – zum Ziel. Die Kunst wird nicht mehr durch einen mächtigen Auftraggeber bestimmt und als Manipulator im Sinne der Macht eingesetzt, sondern jeder Künstler wählt seine Rolle, er entscheidet selbst, welche Ziele er mit seiner Kunst verfolgt. Wenn sich nun der einzelne Künstler in den Dienst der Gemeinschaft stellt, kann er Hilfe bei den sachlichen aber auch emotionalen Problemen der heutigen Menschen anbieten. Auch ›grüne‹ Ideen in der zeitgenössischen Kunst (z. B. H. A. Schult) lassen sich als Versuch werten, die Gesellschaft vor Fehlentwicklungen zu bewahren oder sie mit den Mitteln der Kunst davon zu heilen. Der therapeutische Charakter der zeitgenössischen Kunst soll nun an einigen (willkürlich gewählten) Beispielen erläutert werden.

a) Michael Buthe

Der Künstler versteht sich als ›Schamane‹ und schafft im Sinne des Psychopompos, des Führers durch das Totenreich, ein Kunstwerk für das Sterbezimmer. Eine große gelbe Sonne steht für das Licht, nach dem die Seele strebt (Farbabbildung 11). Buthe sagt dazu: »Ich habe lange gesucht, bis ich diese alte Scheibe fand. Es ist ein alter Faßboden von einem Weinfaß. Es ist ein Material, das viel Gelebtes und viele Energien gespeichert hat, ich könnte mich damit identifizieren // Meine Sonne ist für mich wie alle Bilder ein Gebrauchsgegenstand zum Sehen, zum Fühlen, zum Träumen, zum Sich-etwas-Klarmachen // Heilungswirkung in der Kunst kann ich mir gut vorstellen. Ich kenne Medizinmänner in Nigeria – das sind Ärzte, die für mich eigentlich ganz große Künstler sind –, die Heilungsprozesse einleiten, das funktioniert wunderbar.« (Smerling und Weiss 1986, S. 29.)

b) Arnulf Rainer und die ›Übermalung‹

Als ich meinem damals dreijährigen Sohn ein Krokodil aufzeichnete, bekam er doch etwas Angst. Er nahm den Farbstift und ›übermalte‹ das Tier mit dicken Strichen – er stellte es also hinter eine Wand oder machte es ungeschehen, auf jeden Fall fühlte er sich dann sicherer (Abb. 71).

Arnulf Rainer hat eine Serie Übermalungen von Totenmasken vorgelegt (Abb. 70) und zeigt damit die ›Verdrängung‹ des Todes in

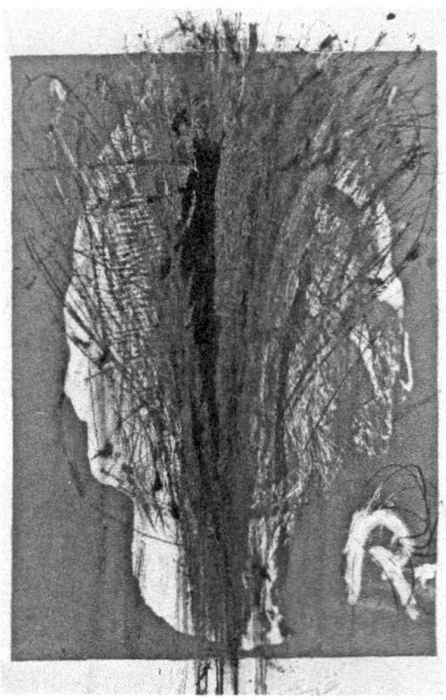

70 Die Übermalung als Zeichen einer Verdrängung (Arnulf Rainer, Totenmaskenübermalung – Der heilige Joseph von Calasanza, 1982/1984, Ölkreide, Öl, Foto, Holz, 120 x 80 cm)

71 Das gemalte Krokodil scheint dem dreijährigen Simon gefährlich, er übermalt es schnell

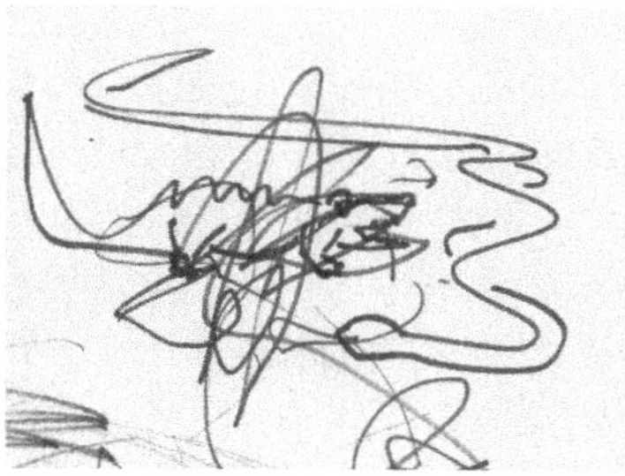

unserer Kultur. Da wollen wir lieber gar nicht so genau hinsehen, und stellvertretend für unsere Abwehrreaktion setzt der Künstler die Übermalung ein – ein bildhaftes Mittel, das sofort verstanden wird, ohne dem Bewusstsein direkt zugänglich zu sein.

Der »naive« bzw. kunstunerfahrene Betrachter könnte den Kommentar geben: »Was für ein Geschmiere.« Oder: »Und dafür soll man Geld bezahlen.« Trotzdem werden seine bildhaften Denkschichten angeregt. Er versteht die in unserer Gesellschaft fast kindliche Verdrängung des Todes und von allem, was mit dem Tod zu tun hat.

Heilen heißt eben auch ganz machen, und aus diesem Blickwinkel ist zu verstehen, dass sich gerade die zeitgenössische Kunst der negativen Themen des menschlichen Lebens, wie Leiden, Tod und Krankheit, annimmt.

c) Max Ernst

Eingeleitet wurde diese Entwicklung bereits in Werken der klassischen Moderne, und einige ihrer Vertreter erhoben den Anspruch einer Therapie der Gesellschaft und des Individuums. Nach dem Ersten Weltkrieg wollte Max Ernst (der, wie schon vor ihm Picasso, Formen der afrikanischen Stammeskunst, die in schamanistische Funktionen eingebettet sind, samt deren ›magischer‹ Wirkung in unseren Kulturkreis übertrug) keine ›schönen‹ Werke mehr schaffen, sondern Bilder, die aufrütteln, auf ein Utopia verweisen und alles Bestehende auflösen.

Dies sind nur einige Beispiele von Künstlern, die aus unterschiedlichen theoretischen Begründungen heraus und mit verschiedenen Ansatzpunkten therapeutisch wirken woll(t)en. Die Liste ist willkürlich und ließe sich beliebig erweitern. Auch eine neue Einsicht, die ein Künstler durch sein Werk vermittelt, kann therapeutisch sein, und so können Künstler mit ihren Werken Menschen dazu verhelfen, ihr Leben neu zu ordnen.

An der Schnittstelle von Kunst und Psychotherapie könnten sich neue Heilungsrituale entwickeln. Sie gewinnen die unbestrittene Heilkraft schamanistischer Rituale für die Kunsttherapie. Dabei können sie gleichzeitig eine von fremden kulturellen und zufälligen Einflüssen freie, kontrollierte Bildkommunikationen anbieten (vgl. Schuster 2008). Gerade dabei wäre die bildnerische Kompetenz von Künstlern wesentlich.

KUNSTTHERAPEUTISCHES PRAKTIKUM

A Versuchen Sie ein unangenehmes Gefühl in ein Bild zu legen. Erlauben Sie dabei, dass sich das Gefühl verstärkt. Nach der Gestaltung ist das Gefühl ein wenig »abgearbeitet«.

B Stellen Sie eine Collage eigener Stärken zusammen. Vor wichtigen Aufgaben betrachten Sie diese Collage, um Ihr Selbstvertrauen zu verbessern.

C Analysieren Sie Kindheitsfotos: Welche Stimmung haben Sie auf den Bildern? Wie ist Ihre Beziehung zu den anderen Personen? Wie werden Sie ins Bild gesetzt? Überlegen Sie, wie sich diese Dinge in Ihr heutiges Erwachsenensein hinein entwickelt haben.

9 Psychologie der zeitgenössischen Kunst und Kunstpreise

Braucht man zum Verständnis der zeitgenössischen Kunst andere psychologische Grundlagen als zur Analyse früherer Kunstepochen? Dies legt ein eigenes Kapitel zu diesem Thema nahe. Die heutige Kunst stellt sich andere Aufgaben als die der Kunst vergangener Epochen. Die psychologische Analyse muss sich also diesen speziellen Zielsetzungen widmen. Die Ergebnisse der vorangegangenen Kapitel sind hier weiter relevant, sie müssen aber im einzelnen auf spezielle Künstler und Kunstwerke bezogen werden. Abstrakte Kunst hat es in den vergangenen Kunstepochen nicht gegeben. Handelt es sich um eine ›Verdrängung‹ gegenüber Inhalten der Zeit? Ist es der Versuch, ›reine‹ Schönheit ohne den Inhalt zu verwirklichen, oder ist die abstrakte Kunst die andere Seite der abstrakten Wissenschaften, wie es Koch (1971) formulierte? Gleichzeitig kann alles, was an anderer Stelle über Farben, Farbigkeit und Balance ausgeführt wurde, hier im speziellen auf die abstrakte Kunst angewandt werden.

Die Kunstgeschichte der letzten 150 Jahre ist auch die Geschichte eines Verdrängungswettbewerbs. Die naturalistische Abbildung leistet nun die Fotografie. Wunschtraumwelten werden von der Werbung ausgearbeitet. So kommt es, dass die Künstler sich immer mehr zum Mahner und zum Heiler der Wunden der Zeit entwickeln. Wenn man einen Namen für die Kunst der Gegenwart finden wollte, könnte man sie durchaus als »Therapismus« bezeichnen.

Indem Künstler dabei auch den Sinn der Kunst jeweils neu erfinden und dafür eigene Lösungen anbieten, ist das einzelne Kunstwerk gar nicht mehr so leicht zu verstehen. Erst wenn man den Sinn kennt, den der Künstler seiner Kunst gibt, kann man seine Lösungsversuche zur Erlangung dieses Sinns verstehen und beurteilen. Daher ist die zeitgenössische Kunst oft erklärungsbedürftig, d. h. man kann sie nicht allein aus der Betrachtung des Kunstwerks verstehen. Damit knüpft sie an die Salonmalerei des 18. und 19. Jahrhunderts an, die man auch nur »verstehen« konnte, wenn man die griechischen Mythen und Fabeln kannte. Wieder wird die Liebhaberei der

Kunst an Bildung gekoppelt und der, der Bildung ausweisen will, kann das durch demonstrative Kunstkennerschaft erreichen.

Wer keinen Kontakt zur heutigen Kunst mit ihren Begründungszusammenhängen hat, erwartet meist von Kunstwerken etwas ganz anderes, z. B. Schönheit. Insofern kann er Ausstellungen zeitgenössischer Kunst nicht genießen, sie regen ihn auf. Wir haben die Erlebnisverläufe in einer Ausstellung zeitgenössischer Kunst (»Zeitwenden«) und in einer Ausstellung der klassischen Moderne (Ordnung der Farbe, mit Künstlern wie Macke und Delaunay) erhoben und verglichen. Bei den »schönen« Bildern der klassischen Moderne waren alle Besucher durchgehend positiv gestimmt, und sie haben die Ausstellung genossen. Bei den »Zeitwenden« gab es immer wieder Momente der Wut und der Unlust (Ameln-Haffke und Schuster 2006). So kommt es, dass sich viele Menschen von der heutigen Kunst abwenden und ihre Umgebung mit Spielzeug, Gartenzwergen oder Flohmarktwaren schmücken (z. B. einer Playmobil-Eisenbahn im Garten, Abb. 72).

Die zeitgenössischen Künstler würden noch unbekannter sein als sie ohnehin sind, wenn sie nicht durch Skandale (Tabubrüche) auf sich aufmerksam machten. Solche Tabubrüche haben auch wieder ihre Regeln. Sie können sexuelle Sitten betreffen, religiöse Einstellungen oder auch körperbezogene Ekel- und Schamgefühle (Beispiele sind: Hagens Körperwelten, Baselitzs Skulptur eines onanierenden Knaben oder Bramlys Frau am Kreuz).

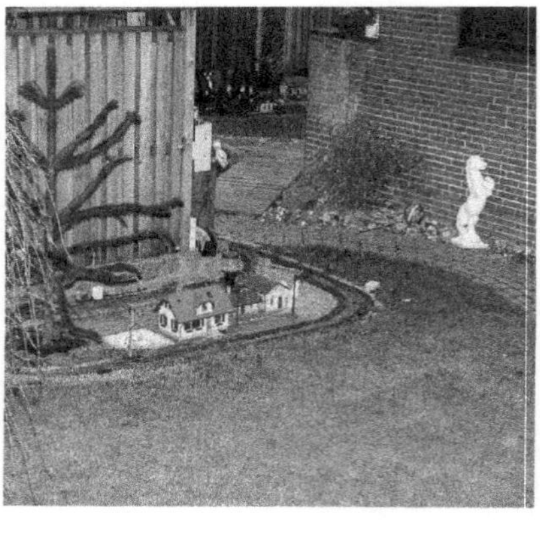

72 Das naturalistische Playmobil-Spielzeug wird in dieser Gartenskulptur zum Kunstersatz

Die Tabubrüche haben einen Effekt auf die Gesellschaft. Sie gewöhnt sich an immer stärkere Provokationen, und so werden die Sitten in den Bereichen der Tabubrüche verschoben. Nach der Aufklärung ist in unserer Gesellschaft eine areligiöse Haltung entstanden, die sich im religiösen Tabubruch manifestiert. In islamischen Gesellschaften – ohne die historische Erfahrung der Aufklärung – müsste der Künstler bei solchen Tabubrüchen um sein Leben fürchten (man denke an die Aufregung um die dänischen Mohamed-Karikaturen).

Allerdings: Auch bei uns wird nicht jeder Tabubruch toleriert. Immer sind die Künstler auf die Zustimmung des Kunstbetriebs mit seinen politischen Posten (Museumsdirektoren, Kulturdezernenten, Sponsoren usw.) angewiesen. Kunst, die stark gegen die Überzeugungen dieser Personen verstößt, hätte in der Szene keine Chance (man stelle sich einfach mal einen Tabubruch durch eine »Ausländer-Raus-Kunst« vor).

Es gibt also gar nicht die zeitgenössische Kunst, sondern verschiedene Versuche und Ansätze. Eine Blutopfer-Kunst von Hermann Nitsch arbeitet mit anderen psychischen Mechanismen als etwa eine Fluxus-Performance von Joseph Beuys. Hier kann nicht alles aufgegriffen werden. Zunächst sollen zwei Beispiele zeitgenössischen Kunstschaffens psychoanalytisch gedeutet werden. In beiden Fällen entstehen Deutungen, die über die klassischen analytischen Thesen hinausgehen und spätere Fortschritte der analytischen Arbeit mit einbeziehen.

9.1 Psychoanalytische Deutungen der zeitgenössischen Kunst

Gerade in der Filmkunst – etwa bei Luis Buñuel oder auch bei Alfred Hitchcock – können psychoanalytische Theorien mit Gewinn angewandt worden. Der Film »Die Vögel« zum Beispiel hat auch die symbolische Unterbedeutung hemmungslos befreiter Sexualität. Ein Werk, das die Jugend unserer Zeit besonders fasziniert hat, ist »The Rocky Horror Picture Show«. Sie soll hier als Beispiel einer Nachtmeerfahrt, eines archetypischen Symbols im Sinne Jungs, betrachtet werden.

9.1.1 »The Rocky Horror Picture Show«

Es geht um ein puritanisches amerikanisches Paar (Janet Weiss und Brad Major), das mit der befreiten, aber auch schöpferischen Sexualität eines außerirdischen Transvestiten konfrontiert wird. Im Verlauf der Handlung wird – wie eine göttliche Schöpfung in sieben Tagen – ein neuer Mensch vollkommener Schönheit nur für die Liebe und Sexualität geschaffen. In diesem neuen Menschen verdichtet sich die Möglichkeit, durch Sexualität Leben zu schaffen und die Wandlung zum erwachsenen, schönen, sexuellen Menschen.

Weil die Wandlungsthematik im Zentrum des Films steht, spricht er besonders Jugendliche an, deren Sexualität aus den Banden elterlicher Unterdrückung befreit werden soll, die also selbst die Aufgabe der Wandlung vollbringen müssen, sich zum eigenen Körper und den eigenen Trieben zu bekennen. Dieser Film soll nun exemplarisch (als ein Beispiel für Kultfilme, die ein – stellvertretendes – Ritual unserer Zeit sind) untersucht werden. Viele Leser werden gerade diesen Film im Original im Kino oder auch in einer Fernsehausstrahlung gesehen haben (Abb. 73).

Um ›The Rocky Horror Picture Show‹ hat sich ein besonderer Kult entwickelt. Während der Filmvorführung vor Zuschauern, die den Film oft schon viele Male gesehen haben, werden Wunderkerzen abgebrannt, es wird Reis geworfen und den Filmdarstellern werden Kommentare zugerufen. Die Zuschauer nehmen also am Ritual teil, das zunächst harmlos beginnt: Eine Hochzeitsfeier endet mit der Verlobung zweier Gäste, die amerikanisch, bürgerlich, normal und eher etwas verklemmt wirken. Dennoch mischen sich zu diesem Zeitpunkt schon düstere Zeichen ein. Eine Person, die später als Riff Raff eingeführt wird, steht am Kircheneingang, ohne am Hochzeitsritual teilzunehmen. Im Gegenteil: Er bringt einen Kindersarg in die Kirche. Ende (der Kindheit) und Neubeginn (des Lebens als Erwachsener) treffen sich. Riff Raff steht aber für mehr: Er steht für eine andere Entwicklungstendenz jugendlicher Welteroberung. Er wartet auf den Schneemann, den Kokain-Dealer, wie man später erfährt. Er steht für das Abenteuer und die ›Versenkung‹ durch Drogen, was oft schlecht ausgeht. Er erscheint etwas krank, behindert und bleich, aber er kann sich verwandeln zu kühler silbriger Energie, wenn er in die ewigen Nächte seines Heimatplaneten (den Drogenrausch) abhebt.

Doch weiter zur Handlung des Films: Abends wollen Janet und Brad noch einen Besuch bei ihrem Dozenten Dr. Scott abstatten, haben aber im dichten Regen eine Panne. Die Suche nach einem Telefon führt sie zu einem geheimnisvollen Schloss. Ein Schild warnt: »Betreten auf eigene Gefahr«. Blitze schlagen ein und die Stimmung ist unheimlich. Im Schloss brennt Licht auf einem Turm. Es erhellt eine runde Glaskuppel (mit phallischer Form). Nun singt die Verlobte Janet überraschend sehnsüchtig romantisch; »Da ist ein Licht in der Nacht ... «, das – sinngemäß – jedem, unabhängig von Stand und Herkunft, Trost verspricht. Das Thema Sexualität wird zum ersten Mal angesprochen.

Im Schloss geraten die beiden in eine ekstatische Party. Wiederum in einem Lied wird das Eintauchen in das orgiastische Erleben suggeriert: Die Zeit hat keine Bedeutung mehr. Den beiden Verlobten werden die Kleider abgenommen, sie erleben die weitere Handlung nach diesem ersten Teilritual der Wandlung (auch zur Taufe werden die Kleider abgelegt) in der Unterwäsche. Abwechselnd lassen sich nun sie und er, erst zögernd, dann immer massiver, auf die sexuelle Atmosphäre ein. Ganz ohne jeden Hintergrund versichert Brad der Verlobten immer mal wieder, alles sei ›unter Kontrolle‹, obgleich ja ihre (fehlende) Kleidung ein sichtbarer Beweis dafür ist, wie wenig die Entwicklung nun noch von ihnen beeinflusst wird.

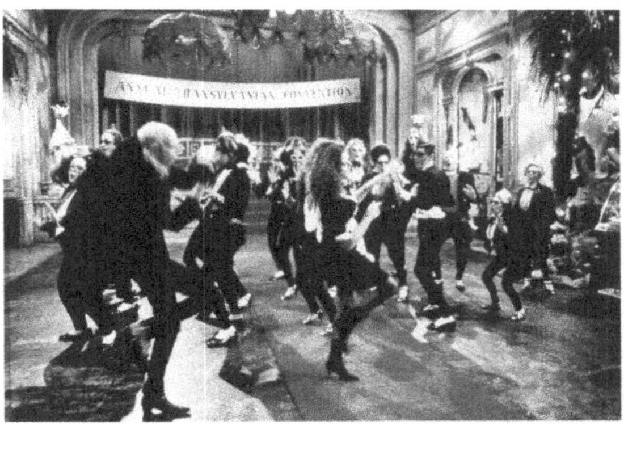

73 ›The Rocky Horror Picture Show‹ wurde zum Kultfilm, weil er ein Wandlungsritual ins Bild setzt (das Szenenfoto zeigt den Tanz ›Time Warp‹).

Während Janet am Anfang betont, nicht auf Muskelmännern zu stehen, singt sie wenig später wie verzückt »I am a muscle fan« (Ich bin ein Muskel-Fan).

Auf der Party tritt der Transvestit auf (der Schamane, der oft männliche und weibliche Eigenschaften hat und ein Zauberkünstler ist), der wie Frankenstein einen Muskelmann zu seiner Lust schaffen konnte: »Er kennt das Geheimnis des Lebens« (wiederum im Lied). Sein Name ist Frank N. Furter, wie das Würstchen (Phallus), auf Englisch auch Hot dog und in der Nebenbedeutung ›läufiger Hund‹. In der buchstäblichen Bedeutung heißt Frank frei und ›further‹ oder ›furtherer‹ kann als Förderer übersetzt werden, also der Förderer der – sexuellen – Freiheit. Die sexuelle Bedeutungskommunikation wird in diesem Namen dreifach verdichtet.

Und Frank N. Furter singt »In sieben Tagen [vgl. die Schöpfungsgeschichte] kann ich einen Mann aus Dir machen«. Nach einer (sexualsymbolischen) Fahrstuhlfahrt ins Labor und weiterer Sexualsymbolik, etwa einem Sportgerät (Pferd) in Phallusform, kommt es später zur Verführung (Wandlung) beider Verlobten durch den Transvestiten. Janet wird dabei so ›geweckt‹, dass sie sich nun auch auf den neu geschaffenen schönen Muskelmann (der eben auch hilflos wie ein Kind ist) einlässt.

Das Paar: Liebe und Eifersucht, Liebe und Hass, Besitzstreben und ungehemmte Lustsuche wird durch das Auftreten von Eddie ins Bild gebracht. Frank N. Furter hatte Eddie geliebt (so erfährt man im Text), jener hatte sich aber einer Freundin zugewandt, und so hat Frank N. Furter aus der Hälfte von Eddies Gehirn seinen neuen Muskelmann geschaffen. Eddies Zeit ist vergangen, ein Mensch aus der Steinzeit, nämlich aus der Zeit des Rock 'n' Roll. Er tritt aus dem Tiefkühlraum heraus mit dem Motorrad auf, wird mit der Hacke erschlagen und später im kannibalistischen Ritual verspeist. Auch da verdichten sich mehrere Bedeutungen. Eddie ist wohl auch ganz einfach Prototyp einer vergangenen Generation von Jugendlichen, die mit Rock 'n' Roll, Protest und Motorrädern ihre eigene Jugendkultur hatten – eben »einer aus der Steinzeit«. Aus diesem Material wird der ›neue‹ Mensch gemacht, der das intensive, orgiastische Erleben sucht.

Die Kontrolle der Gesellschaft (das Über-Ich), die nun in Person von Dr. Scott aufgetreten ist (der allerdings vom Treiben der transsexuellen Gesellschaft ›magnetisch‹ angezogen wird und nur wegen seiner Behinderung – er ist an einen Rollstuhl gefesselt – nicht an den Tänzen teilnimmt; unter einer Decke trägt aber auch er Frauenkleider), zeigt ihre Doppelmoral, indem sie am Essen von Eddies Schenkel teilnimmt und Eddies mit Blut geschriebenen Hilferuf vorweist, aber nur die Moral kennt: »Die Gesellschaft muß vor ihm geschützt werden.« Scott singt: »Er war ein Dorn [sic] im Fleisch seiner Mutter.« Scott wird als Mitglied eines Büros der ›Nachforschungen‹ (Federal Bureau of Investigation, FBI) vorgestellt, und er warnt mit dem ausgestreckten Finger vor der Sünde.

Wie an dieser Stelle (Zitat des Isenheimer Altars) hat der Film viele Zitate klassischer Kunst. Das kannibalistische Essen wird mit Leonardos Abendmahl unterlegt; die Mona Lisa und der David des Michelangelo sind zu sehen. So werden die großen – archetypischen – Themen der Kulturgeschichte aufgerufen. Im Verlauf des Films geraten die Triebe weiter außer Kontrolle. Alle springen von einem hohen Turm in ein Becken, und ein Gemeinschaftssex beim Schweben im Wasser ist der Höhepunkt, zu dem der Film strebt. Auf die sexuelle Ekstase aber folgt die Erschlaffung.

Schließlich jedoch gewinnt Riff Raff die Oberhand, und das ganze Schloss des transsexuellen Kongresses hebt von der Realität ab. Janet, Brad und Dr. Scott bleiben in der realen Welt zurück. Frank N. Furter, das Wesen der Nacht, stirbt in den Laserstrahlen des aufgehenden Tages – um nachts vermutlich wieder aufzuerstehen.

Der Film bietet Entwicklungsmöglichkeiten an. Er fordert die Intensivierung subjektiven Erlebens, zeigt aber auch die gefährliche Entwicklung der Drogensucht. Er spricht das Thema an, mit der geweckten Sexualität einen neuen Menschen zu schaffen, ein schönes Kind, das man dann eifersüchtig liebt. Insofern weist der Film einen Weg der ›neuen‹, zeitgemäßen Entwicklung zu Sexualität und Fortpflanzung.

Die heutige Generation von Jugendlichen hat allerdings andere Probleme. Der Film hat den Höhepunkt seiner Bekanntheit überschritten, ja gerät in Vergessenheit. Bedroht durch AIDS wollen die heutigen Jugendlichen die Sicherheit einer festen Partnerschaft und eben nicht eine wilde grenzenlose Sexualität. Wieder sieht man, wie das Kunstwerk und die Bedürfnisse und Sehnsüchte der Menschen zusammen passen müssen.

9.1.2 Der Wiener Aktionskünstler Hermann Nitsch

Die Wiener Aktionskünstler, unter ihnen vor allem der umstrittene Hermann Nitsch, entwerfen Aktionen, die die Gesellschaft heilen sollen, die den Menschen ein heilsames Abreagieren der Aggression ermöglichen. Im antiken wie heute noch im indischen Ritual spielt das Opfern eines Tieres, das Verströmen von Blut, eine zentrale Rolle. Nitsch hat dieses Element des Opferrituals ausgeweitet: In erotisch betonten Blutorgien soll eine heilsame Ekstase erreicht werden. Aus seinen detaillierten Regieanweisungen für die Aktionen sei hier Hermann Nitsch selbst zitiert (Nitsch 1979, Seite 234 ff.):

»mit einem skalpell wird in den leib des abgehäuteten schafes 1 eine wunde geschnitten, um die wunde wird mit einem fetten roten weichen lippenstift ein kreis gezogen. die wunde wird aufgeklafft. aus reagenzgläsern wird blut in die wunde und auf die feuchten ränder der wunde geschüttet. mit blut gefüllte reagenzgläser werden an die Spielteilnehmer weitergegeben, diese schütten das blut in die wunde des geschlachteten Schafes ...

geruch
rosen
pfefferminz
trillerpfeiferl

gioa wird enthüllt, aus einem gefäß wird ihr blut in den mund gegeben. sie speit es aus.

das geschlechtsteil von gioa wird aufgeklafft und mit blut beschüttet ...

schaf 2 wird aufgeklafft. währenddessen wird wolf gänzlich entkleidet. sein körper wird auf der tragbahre umgedreht (füße richtung schaf).

er wird auf der tragbahre unter das aufgeklaffte schaf getragen. seine füße werden mit seilen auseinandergezogen und die wand hochgezogen. in das aufgeklaffte schaf wird blut und heißes wasser geschüttet. auf den nackten oberkörper von wolf wird ein goldgelbes messgewand gelegt ...

in der mitte des hofes wird ein weißes tuch ausgebreitet, eine monstranz wird in die mitte des weißen tuches geschüttet. würfelzucker wird vor die monstranz gelegt.

gegenstände werden ausgelegt:

messgewänder
stolen
manipel
würfelzucker«

Soweit die – zugegeben schaurigen – Rituale des Wiener Aktionskünstlers Hermann Nitsch. Häufig unterbricht die Polizei seine Aktionen, oder die Mitglieder des ›Schreiorchesters‹, einer Gruppe von Mitspielern, die zum Geschehen auf Musikinstrumenten ekstatischen Lärm machen und schreien, verweigern die weitere Mitarbeit.

Die Symbolik des Opferlamms verbindet sich mit christlichen ›Kultgegenständen‹ wie Messgewand und Monstranz (in der sich ja der Leib Christi befindet, der in einem Akt von Kannibalismus von der Gemeinde verspeist wird; Jung 1954/1979). In die Symbole der christlichen Messfeier hinein wird nun tatsächlich ein blutiges Opfer, ja Menschenopfer, eingebaut. Dabei geht es um den Zyklus von Opfer, Tod und Wiedergeburt, von ekstatischer Raserei und erleichtertem Neubeginn.

Das angezielte ›intensivste‹ Erleben speist sich möglicherweise aus verdeckten Erinnerungen an die letzte Phase der eigenen Geburt, in der Menschen unter Blut, Kot und Schleim die Geschlechtsorgane der Mutter verlassen. Grof (1985) vertritt die These, dass Teile des Geburtserlebnisses als kollektive Phantasie aktiviert werden können. Die Geburtsphasen haben dabei jeweils einen typischen Erlebniston. Den verschiedenen Phasen der Geburt lassen sich (nach Grof) unterschiedliche Kunstwerke zuordnen. Das Gefühl der ozeanischen Einheit (z. B. ausgedrückt durch idyllische Naturszenen) wird bald durch Druck und Enge abgelöst.

Während des Durchgangs durch den Geburtskanal erlebt das Kind Gefühle der Aggression und der starken sexuellen Erregung. »Alle aufgeführten Beobachtungen lassen die überraschende Schlussfolgerung zu, dass die menschliche Persönlichkeitsstruktur auf einer bestimmten Ebene des Unbewussten, nämlich der perinatalen Ebene, funktionale Matrizen enthält, deren Aktivierung zur komplexen und realistischen Reproduktion aller Erfahrungen führen kann, die mit verschiedenen Formen von Krieg verknüpft sind, seien es die Schrecken, die Qualen, die ungezügelte Erregung verschiedener Triebe oder die Gefühle seltsamer Faszination ... « (Grof 1985, Seite 392). »Diejenigen, die einen solchen Zustand selber erlebt haben, erkennen, welche verheerenden Wirkungen es hat, wenn jemand in dieser psychischen Verfassung statt in eine Therapie, wo er hingehört, in eine Machtposition kommt.« (Grof 1985, Seite 393.)

Nitschs Orgien-Mysterien-Theater setzt gerade diese Vorgänge ins Bild: Über die Geschlechtsteile der Frauen wird Blut gegossen, ungehemmtes Wühlen in Fleisch und das Ausweiden von Tieren aktivieren die ekstatische Aggression, und auch sexuelle Handlungen werden einbezogen. Auf dem Boden findet sich Kot. Nach Nitschs Meinung dient das Theater einem Abreagieren (Katharsis), also einem heilenden Zweck. Anstatt solche Erlebnismuster in politische Wirklichkeit umzusetzen, können die Zuschauer sie in der Ekstase, die durch das Kunsterlebnis herbeigeführt wird, ausleben. Gerade das griechische Theater (z. B. mit Blutrausch-Szenen in den »Bakchen« des Euripides) vertritt die Idee der reinigenden Katharsis. Diese dionysische Tradition will Nitsch fortführen. Er spricht von einer dramatischen Psychoanalyse mit den Mitteln des Theaters. Gerade in Wien, der Keimzelle der Psychoanalyse, konnte diese Extremform des ›Psychodramas‹ entstehen.

Heutige Teufelskulte und Schwarze Messen operieren mit überraschend ähnlichen Aktionen: Das Blut eines Opfertiers wird vergossen, auf dem Altar werden sexuelle Handlungen vollzogen, aggressive Handlungen gegen die Gesellschaft werden beschlossen. Der Bedarf der Menschen, solche Grundmuster zu durchleben, bricht sich dort eine Bahn und bricht sich eben im kritischen Fall eine Bahn in die Realität hinein. Menschen bezahlen hohe Summen für die Teilnahme an Teufelsritualen. Das kathartische Durchleben der Blutrunst, der Mischung von Lust und Schmerz und der Mischung von Aggressivität und Sexualität scheint daher ein starkes Bedürfnis menschlicher Kollektive zu sein. Und der Künstler, der solche Inszenierungen gegen den Widerstand der Menschen erprobt, kann im eigentlichen Sinn als Heiler und Schamane der Neuzeit gelten (vgl. auch Kapitel 8).

9.2 Die Werbung als Teil der zeitgenössischen Kunst?

In der visuellen Umgebung spielt die Werbung eine überragende Rolle. Sie ästhetisiert unsere Umwelt, weil sich die schöne Werbung, das schöne Produkt besser verkauft. Dabei thematisiert sie die positive Seite des Lebens: den schönen Körper, die Freizeit, die Jugendlichkeit, den Erfolg und den Status. Mit solchen positiven Assoziationen versehen, lassen sich Produkte besser verkaufen.

Die negativen Seiten des Lebens, Krankheit, Leid und Tod, werden so aus unserer visuellen Umgebung verdrängt. Künstler wie Hermann Nitsch, Arnulf Rainer oder Joseph Beuys sind es, die mit ihren Themen von Verletzung und Verdrängung, von Blut, aber auch von zwischenmenschlicher Wärme die Ganzheit des Lebens wiederherstellen, die Kehrseite der Medaille zeigen.

Dies kann positiv, aber auch negativ formuliert werden: Die Werbung, die sehr professionell die positiven Phantasien des Lebens zeigt, drängt die zeitgenössische Kunst in die mehr negativen Themen von Krankheit, Tod und Untergang, fordert als ein ›öffentlicher‹ Teil der Kunst geradezu die mehr im Verborgenen blühende – oft ungeliebte – Ergänzung.

Natürlich bedient sich die Werbung aller wissenschaftlichen Vorarbeit über visuelle Kommunikation und Bedeutungsvermittlung. So werden zum Beispiel, um den übergreifenden Aspekt der ›psychoanalytischen‹ Interpretation zeitgenössischer Kunst aufzunehmen, vielfach Symbole, meist Sexualsymbole eingesetzt. In einer amerikanischen Kaffeereklame wächst die Holznase einer Pinocchio-Figur, weil der Kaffee so gut duftet: Nur auf der Oberfläche der visuellen Kommunikation geht es um den Geruch. In der Tiefe werden sexuelle Versprechungen gegeben.

Werbungen setzen aber auch die Erkenntnisse der vergleichenden Verhaltensforschung um (vgl. Kapitel 4). Das Partner- und das Kindchenschema oder natürlich das menschliche Gesicht mit seinen Blickvarianten sind die Schlüsselreize, die die Aufmerksamkeit des Passanten sichern, der nicht die Absicht hat, sich eine Werbung anzuschauen. Lebensmittelwerbungen extremisieren auf großen Flächen die braun-gelben Farbtöne, die uns angeborenerweise eine ›gute‹ Nahrung signalisieren. Werbung möchte verstanden werden und setzt nicht nur versteckende Symbole ein, sondern auch offensichtliche metaphorische Kommunikation, die dann nur wenig bewusst verarbeitet wird.

Mel Ramos verstärkt in seinem Kunstwerk, das eine Cola-Werbung darstellt, die »Sexualisierung des Produkts« durch die Hervorhebung der »Gleichwie-Beziehung« von Flasche und Frauenkörper (Abb. 74). Wenn der Hals der Cola-Flasche direkt am Busen der nackten Schönheit endet, so wird die lebensspendende Milch und die Coca-Cola in eine Analogiebeziehung gesetzt. Die Flasche im Ramos-Kunstwerk ist übergroß: Auf dem Weg der Bedeutungsgröße wird die Wichtigkeit des Produkts signalisiert. Die schöne Nackte

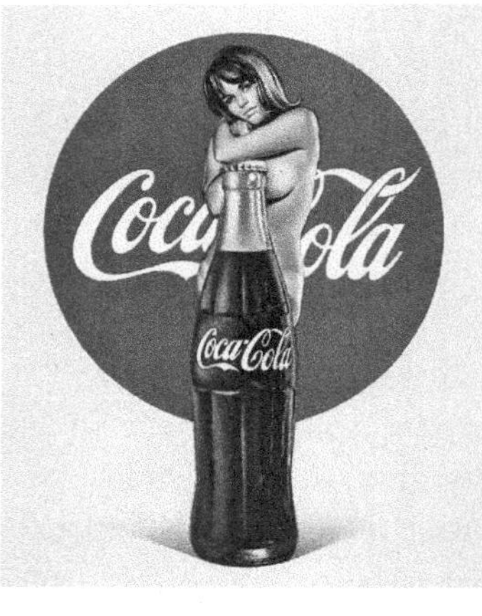

74 Die Sexualisierung eines Produkts in der Werbung (Mel Ramos, Lola-Cola, 1972, Siebdruck, 78 x 64 cm, Auflagenhöhe 2500)

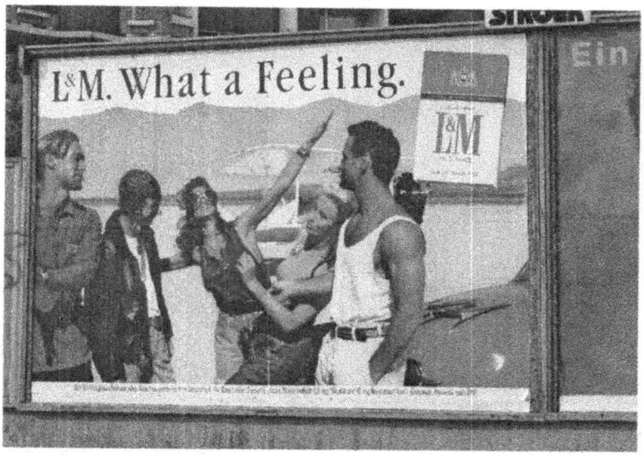

75 In der L & M-Werbung ist die Zigarette wie zufällig genau vor der Brust der zentralen Frau platziert, wodurch eine Analogie mehr als nur angedeutet wird: Saugen an der Zigarette ist wie Saugen an der Brust

wird durch die Flasche verdeckt. Nähme man die Flasche, so wäre die Nackte vollständig sichtbar. Nimm mich, signalisiert auch sie durch die Geste.

Eine L & M-Werbung setzt die Analogiebeziehung von Muttermilch und Zigarettenrauch ins Bild (Abb. 75). Die Zigarette befindet sich in Höhe des Busens der Frau in der Mitte, die überdies in ihrer Flug-Geste eine Sexualsymbolik zum Ausdruck bringt.

Die Cola-Werbung operiert mit dem Lern-Mechanismus der Konditionierung. Immer sind visuelle Merkmale von Kühle mit dem Produkt gekoppelt, sodass sich diese Assoziation automatisch bei dem viel beworbenen Produkt einstellt.

Auf die ständige Suggestionen in der Werbung ›trink Coca-Cola‹ oder auch an anderer Stelle im Produktnamen ›Du darfst‹ oder versteckter in ›dusch das‹ sei nur hingewiesen, weil dies keine visuelle Kommunikation ist.

9.3 Die therapeutische Kunst

Der freie Künstler, der ›ankommen‹ möchte, muss dem Publikum natürlich dienen und wichtige Bedürfnisse erfüllen. Eine Möglichkeit besteht darin, Heilung anzubieten, Therapie am Leiden unter dem Antagonismus zwischen Kultur und Natur.

Ein anderer Weg ist der Protest gegen unmenschliche Umgebungen, wie ihn Harald Naegeli mit seinen Spraykunstwerken ging (Abb. 76, 77). Dann gerät Kunst in den Untergrund und kommt mit dem Gesetz in Konflikt (in diesem Fall wurde eine Strafe wegen

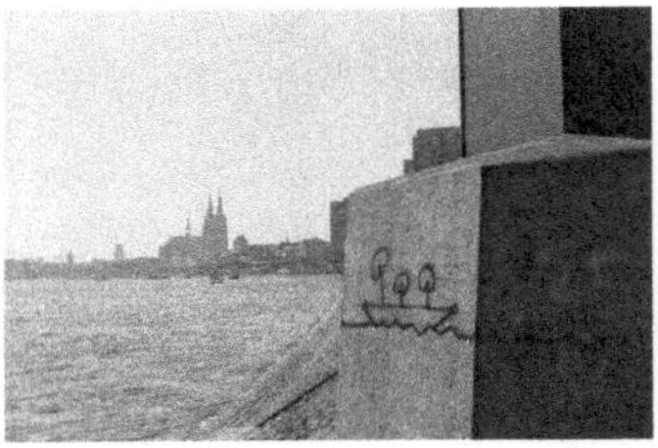

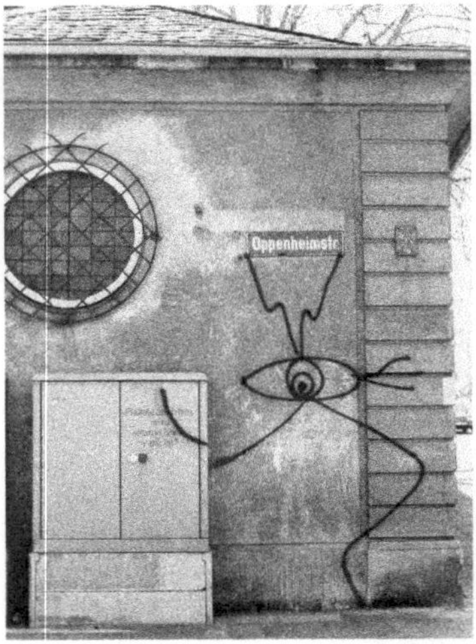

76, 77 Harald Naegeli, der Sprayer von Zürich, protestierte mit seinen Graffiti gegen die Betonarchitektur. 1980 und 1981 hielt er sich insgesamt vier Mal einige Wochen in Köln auf. Dabei entstanden zahlreiche Zeichnungen – viele davon an öffentlichen Gebäuden und Bauwerken –, die inzwischen von der Stadtverwaltung weitgehend entfernt wurden

Sachbeschädigung verhängt). Der Künstler gewinnt seine Glaubwürdigkeit und moralische Integrität gerade dadurch, dass er sich nicht dem Galerie- und Museumsbetrieb anpasst, sondern für seine und für unsere Sache kämpft.

Ich möchte – mehr oder weniger willkürlich – zwei prominente Künstler herausgreifen und psychologische Thesen zu ihrer Wirksamkeit anbieten: Andy Warhol und Joseph Beuys.

9.3.1 Andy Warhol

Bei den Werken Andy Warhols treffen zwei Voraussetzungen für den breiten Ruhm zusammen, die auch bei Vincent van Gogh zu finden sind. Seine Werke sind oft schön und erfreuen daher das Publikum. Die Anprangerung, Entblößung des Warencharakters von Kunst bzw. des Kunstcharakters der Ware verhilft den Werken des Künstlers aber auch zur Anerkennung seitens der Kunstexperten.

Analysieren wir die Schönheit: Es finden sich Serien desselben Themas, wobei das Einzelbild jeweils verschieden, aber bunt gefärbt ist. Damit ist das alte Prinzip der Einheit in der Mannigfaltigkeit verwirklicht. Die Serie ist leicht wahrzunehmen, und die geringe Abweichung stellt genügend Spannung her.

Es gibt bei Warhols Werken aber noch einen anderen Faktor, der sie ›leicht‹ macht. Die porträtierten Personen und Gegenstände sind gut bekannt (Elvis Presley, Marilyn Monroe, die sehr gängige Campbell-Suppendose) und insofern vertraut und leicht aufzunehmen.

Sie sind schon fast zu vertraut. Sie sind konstant in einer sich verändernden Welt. Warhol experimentiert auch damit, verschiedene Bewegungen desselben Vorbilds (Elvis) darzustellen. Der Betrachter merkt, wie er mit der Abweichung, mit der Veränderung kämpft. Sein Kampf ist fast der eines Autisten, der sich müht, in der Welt Unveränderbares zu erhalten. Unser aller Kampf ist in einer sich schnell verändernden Welt bis zu einem gewissen Grad derselbe Kampf, der Kampf um Vertrautheit. Daher kommt neben der Akzeptanz, die die Schönheit der Bilder erreicht, noch ein anderer Faktor ins Spiel. Der Künstler bewältigt ein Problem, einen Konflikt, den jeder von uns auf seine Weise bewältigen muss. Warhol hilft uns dabei, indem er das Vertraute nicht oder nur in kleinsten Schritten verlässt.

Bei Warhol können wir ein Prinzip der Erfindung von Werken erkennen, welches im Kapitel »Kreativität« beschrieben wurde. Er übernimmt neue Bildwelten in die Kunst, und zwar speziell solche Bilder, die bereits mit starker Emotion verbunden sind. Zunächst sind es Pressebilder von Selbstmördern, die von Hochhäusern springen, sowie Bilder vom elektrischen Stuhl, Porträts von umschwärmten Schauspielern und Musikern (z. B. Elvis und Marilyn Monroe) oder von Politikern, mit denen ganze Generationen große Hoffnungen verbanden, wie etwa von Mao Tse Tung. Warhol übernimmt religiöse Bilder und Bilder von Produkten, die sich uns im täglichen Gebrauch tief eingeprägt haben, wie die Campbell-Suppendose. So ist er sich der emotionalen Reaktion auf seine Bilder sicher.

9.3.2 Joseph Beuys und Matthew Barney

Der wenig verstandene und viel geschmähte Künstler Joseph Beuys versuchte, ganz wie ein ›Schamane der Neuzeit‹, neue Rituale für den gegenwärtigen Menschen zu schaffen. Wenn er zum Beispiel in einem Raum mit einem Kojoten zusammenlebte, so ist der Kojote als Gottheit aufzufassen, als Engel, der ein anderes Reich vertritt, das aber auch zum Menschsein gehört: das Reich der spirituellen Zusammenhänge (Totem-Tier).

In der Ausstellung »Mythos und Ritual« im Kunstverein Hamburg (1981) lieferte Joseph Beuys den Beitrag »Vor dem Aufbruch aus Lager I«. Zu sehen waren die Gegenstände des »Büros der Organisation für direkte Demokratie«, die Reliquien eines wichtigen Tuns und eine kraftvolle Symbolik der Apparate des Wirkens in der Gegenwart.

Ein bildsprachliches Element der Arbeit von Beuys wurde besonders bekannt: das Fett. Beuys erklärte, warum diese Substanz geeignet war: »Deswegen habe ich ja auch Fett genommen, weil das noch leichter, beweglicher ist, also noch mehr zum Flüssigen hin tendiert. Ganz besonders, wenn ich jetzt – was mich ganz besonders interessiert – mit Wärmeelementen komme: also mehr mit Kälte oder mehr mit Wärme, dann fließt es entweder weg, ist flüssig wie Öl, oder es erstarrt und ist dann mehr oder weniger fest.« (Leben und Werk Seite 342 f.).

An anderer Stelle wird deutlich, warum das Fett zum Bildträger der Idee von sozialer Wärme werden konnte: »... um dahin zu kommen, braucht es erst einmal wieder die allgemeine, offene, lebendige, fließende Substanz, die am besten dadurch charakterisiert wird – das ergibt sich ganz logisch aus dem Kunstbegriff selbst –, daß sie Wärmecharakter hat, aber natürlich keine physische Wärme, also keine physikalische Wärme wie Ofenwärme, sondern soziale Wärme. Es ist wohl haargenau dasselbe wie die eigentliche Liebessubstanz. Sie hat sakramentalen Charakter.« (Soziale Plastik 20, Interview mit Joseph Beuys).

Aus Fett, der organischen Energiequelle, und Filz (Haar), dem organischen Isolator, entsteht im Kunstwerk, in Analogie zur Voltaschen Zelle, die organische Energiezelle.

In den Aufführungen – deren Relikte Beuys Kunstwerke sind – agierte er in der Art des Schamanen, zum Beispiel fastete er vor der Aktion. Er murmelte unverständliche Formeln oder sich wiederholende Satzfragmente. Er bewegte in zunächst unverständlicher Manier die ›assoziationsstiftenden‹ Materialien und arbeitete unter

78 Bei der Aktion »Festival der neuen Kunst« am 20. Juli 1964 im Audimax der Technischen Hochschule in Aachen kommt es zu Tumulten, in deren Verlauf ein erboster Student Joseph Beuys attackiert, dessen Nase während der handgreiflichen Auseinandersetzung zu bluten beginnt. Das »Pneumatische Kreuz« in der Hand, die Rechte erhoben, integriert Beuys diese Verletzung in die Aktion

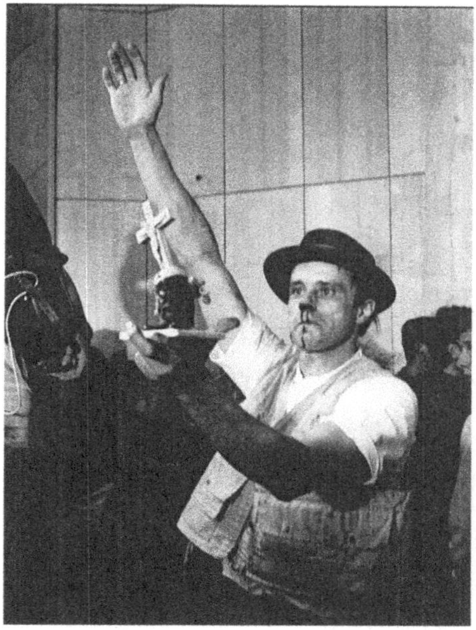

großer Anstrengung, unter persönlichem Leiden, etwa wie 1964 in Aachen, als er sich eine Verwundung an der Nase zuzog (Abb. 78). Ganz wie ein Zen-Meister fragte er nach einer 24-stündigen Aufführung das Publikum: »Glauben Sie immer noch, daß Wahrheit nur erfaßt und nicht erzeugt wird?« (Schilling 1978). Er half dem Publikum Kreativität freizulegen: So kann jeder zum Künstler werden, das heißt zum freien und selbstbestimmten Menschen.

Bei der Beuys-Rezeption kamen aber immer auch ›außerkünstlerische‹ Gesichtspunkte ins Spiel. Die berühmte Fettecke, die vom Museumswärter weggeräumt wird, weil dieser sie nur für überflüssigen Schmutz hält, regt die Phantasie vieler an. »Aus Scheiße Geld machen«, das wäre schön, davon träumen viele. Beuys konnte es (man beachte die Fäkalsymbolik, die hier absichtlich gewählt wurde).

Viele fühlten sich auch angezogen von der den eigenen Narzissmus fördernden Maxime: Jeder ist ein Künstler. Künstler sein ist etwas Hochbewertetes, und es ist verführerisch, sich selbst hoch zu bewerten.

Schließlich stellt Beuys sein Werk immer in den Dienst gesellschaftlich wichtiger Ziele wie konkrete Demokratie, aber auch Natur- und Umweltschutz (indem er z. B. 1000 Bäume in Kassel pflanzte), was Akzeptanz allein wegen der dahinterstehenden Ziele eintrug.

Auch angeregt vom Materialumgang Beuys hat Matthew Barney im »Cremaster Cycle« ein visionäres Werk geschaffen, das die menschliche Keimentwicklung in einen mythologischen Rahmen stellt. Sie entfaltet sich in surrealen Skulpturen und Performancen gegen Widerstände und Risiken. Er erweitert unseren Blick auf die vorgeburtliche menschliche Entwicklung, deren verborgene Gefühle und Abläufe von Barney in unser Bewusstsein gehoben werden. Dies ist für die allermeisten von uns eine dunkle Welt, die aber vielleicht der Erinnerung entrissen werden kann. Tatsächlich gibt es in der wissenschaftlichen Literatur viele Hinweise, dass eine Erinnerung nicht nur an die Geburt sondern auch an die vorgeburtliche Zeit möglich sein kann. (vgl. wiederum Grof 1985). So rührt das Werk im wahrsten Sinne an Unbewusstes.

9.4 Angebot und Selektion: Der Kunstmarkt

Die Kunst macht ein vielfältiges Angebot, das vom einzelnen Menschen selektiv genutzt wird. So kann zum Beispiel eine Person aus dem großen Bereich der Literatur nur Arztromane oder Kriminalromane lesen. Aus den visuellen Künsten können ausschließlich impressionistische Bilder oder Landschaftsmalereien als Wandschmuck ausgewählt werden.

In unseren Wandschmuckstudien (Schuster und Krämer 1978) haben wir aber praktisch keine Verwendung zeitgenössischer Kunst wie sie etwa in Galerien oder Museen gezeigt wird registriert. Gelegentlich entdeckten wir Van-Gogh-Reproduktionen oder Dalí-Bilder. Bilder von Beuys, Rainer oder Götz fanden dagegen kaum den Weg an Wohnzimmerwände.

Dies mag in der Entwicklung der zeitgenössischen Kunst begründet sein: Es geht nicht mehr darum, den Betrachter durch die Schönheit der Darstellung oder des Motivs zu erfreuen. Vielmehr haben sich die Künstler zum Mahner entwickelt, und wer will schon ständig von seinen Wohnzimmerwänden herunter ermahnt werden? Bei den Bildformaten, die zeitgenössische Künstler bevorzugen, kommt ohnehin der Eindruck auf, dass sie ausschließlich für das Museum arbeiten. Darstellungsformen wie naive Malerei oder künstlerische Landschaftsfotos werden akzeptiert, nicht aber dieses Kunstschaffen, das zudem dem traditionellen Kunstbegriff des Konsumenten nicht entspricht, der ›Kunstfertigkeit‹ und ›Schönheit‹ fordert.

Experten sammeln die Werke der Zeitgenossen. Möglicherweise kann der ›ideologische‹ Charakter der Kunst für Institutionen wie Banken von Nutzen sein. Zeitgenössische Kunst ist zum Teil zu einer moralischen Instanz geworden, die sich in den Dienst des Naturschutzes stellt. Während nämlich früher die Kirche oder die Fürsten die Auftraggeber der Kunst waren und klare Vorstellungen hatten, welche Botschaft letztlich transportiert werden soll, sucht sich heute der einzelne Künstler selbst eine Botschaft aus. Um Akzeptanz zu finden, muss diese Botschaft wesentlich, irgendwie ›wertvoll‹ und nützlich sein (s. o.).

Das nutzt die Wirtschaft für ihre Zwecke. Ein neuerer Mechanismus, der des Kunst-Sponsorings, spielt für die Preise, aber auch für die Stellung der Kunst in der Gesellschaft eine Rolle. Wenn die Hypo-Bank eine Kunsthalle unterhält oder kleine lokale Banken Kunstausstellungen der lokalen Künstler anbieten, dann natürlich mit dem Ziel, das Image der Bank zu verbessern. Das kapitalistische Unternehmen, das letztlich der Profitmaximierung dient, ›übertüncht‹ sein Wesen mit der Kunst, die zu den anerkannt positiven Werten des Lebens gehört. Kinderzeichnungen, Umweltschutz oder allgemein kulturelle sowie sportliche Veranstaltungen werden in der gleichen Absicht gefördert: Bis zu fünf Prozent des Firmenumsatzes fließen in solche Ziele.

Der Sponsor ist nicht an der Verkaufbarkeit der geförderten Kunst interessiert, sondern natürlich an anderen Merkmalen wie zum Beispiel an der emotionalen Ausstrahlung, der Darstellung von Idealen (was in der zeitgenössischen Kunst einen immer breiteren Raum einnimmt), der Nachwuchs- und Talentförderung – weil dies alles auch die Zustimmung des Publikums findet. Provozierende

Künstler wie etwa Hermann Nitsch oder ehedem Luis Buñuel eignen sich für solches Sponsoring weniger, weil sie den Förderer in einen negativen Skandal verwickeln. (Man stelle sich vor, die Hypo-Bank engagierte sich gegen eine kirchliche Maxime; sie würde damit riskieren, zahlreiche Kunden zu verlieren.

So entsteht eine Art von Kunst, deren Marktpreis sich aus dem Image-Gewinn ergibt. Die Deutsche Bank als Sammler kauft Werke zeitgenössischer Künstler und belegt so ihre Fortschrittlichkeit und kulturelle Aufgeschlossenheit. Auf diese Weise überleben dann Künstler und Kunstrichtungen, die für das Restpublikum nicht oder weniger attraktiv sind. Hier wird eine Bahn geschaffen, die die Kunstentwicklung mitbestimmt und die aufmerksam zu verfolgen ist, wenn man verstehen will, warum eine Zeit eine bestimmte Kunst entwickelt. Letztlich malen die Künstler für den Geschmack der Auftraggeber, also früher für die Päpste (wie z. B. Michelangelo), später für die Rothschilds (z. B. die Salonmaler) und eben zu Zeiten der Großbanken für den Geschmack und nach den Interessen der Wirtschaftsunternehmen. Hierzu der bekannte Kölner Galerist Paul Maenz: »Glauben Sie mir, dieselben Sponsoren, denen das progressive Etikett ›Moderne Kunst‹ heute zu einer preiswerten dynamischen Selbstdarstellung verhilft, würden schon morgen die Kunst öffentlich fallenlassen wie eine heiße Kartoffel, wenn sie nicht mehr das ›social grease‹, das gesellschaftliche Schmierfett, darstellte.« (Maenz 1991, Seite 58.)

Möglicherweise liegt hier die Ursache für eine breite Strömung ›mahnender‹ Kunst, die moralisch qualifiziert, die im Publikum aber kaum einen Markt fände.

Wie aber kommt es zum Kunstpreis? Wirtschaftswissenschaftler könnten das Prinzip von Angebot und Nachfrage bemühen, aber so kann es kaum sein. Wenn Künstler, die später extrem berühmt wurden, zu Lebzeiten Werke verkaufen wollten, war oft gar keine Nachfrage da. Ich will versuchen, mich dem Komplex psychischer Motive und wirtschaftlicher Gesetze vorsichtig zu nähern.

Zunächst könnte man glauben, das irgendwie ›bessere‹ Kunstwerk sei auch das teure, und der Kunstpreis spiegele in irgendeiner Weise den Genuss wider, den ein Kunstwerk vermitteln kann. Wollte man ironisch formulieren, so könnte man dann den Kunstgenuss eines Bildes von Vincent van Gogh mit dem Genuss von rund 100 Millionen Tafeln Schokolade vergleichen.

In der Realität folgen Preise anderen Regeln, nämlich den Regeln des Marktes, die zunächst einmal gar nichts mit Kunstgenuss zu tun haben, dafür aber um so mehr mit Gewinnerwartung. Wenn Bongardt in der Zeitschrift »Kapital« Listen von »kaufbaren« Künstlern veröffentlicht, wird bei jedem Künstler, fast wie bei einer Aktie, eine Preiserwartung angegeben. Wie das Kunstwerk oder wie die Aktie aussieht, ist dem Käufer egal; er erwirbt das Objekt im Hinblick auf eine Wertsteigerung. Die Preisentwicklung kann dann allein aus den Gesetzen des Marktes getragen sein. Gibt es eine Steigerungserwartung, kaufen viele Menschen die Werke eines Künstlers, die nun nach dem Gesetz von Angebot und Nachfrage wirklich teurer werden (Herchenröder 1990).

Kunstwerke eignen sich gut zur Investition unversteuerter Gewinne, weil sich der wahre Preis leicht verheimlichen lässt; ebenso eignen sich Kunstwerke zum ›Waschen‹ anderweitig illegal verdienter Gelder. Schließlich können beim Kunstkauf (z. B. in Amerika) Steuern gespart werden. Je nachdem, wie mit den Quittungen manipuliert wird, lassen sich mit Kunstwerken – egal wie sie aussehen, Hauptsache, sie sind teuer – gute Geschäfte machen. Deshalb besteht ein erheblicher Bedarf an teuren Kunstwerken. Meist wird dieser mit alten Kunstwerken gedeckt, deren Wert feststeht. Manchmal ist aber auch gerade Kunst gefragt, deren Wert sich drastisch verändern kann (wie bei zeitgenössischer Kunst). Der Bedarf an teuren Kunstwerken regelt im Sinne von Angebot und Nachfrage wieder den Markt, und die hohe Nachfrage macht dann die teuren Kunstwerke noch teurer.

Von dieser Strömung werden natürlich nicht die preiswerten Kunstwerke erfasst, die möglicherweise schön und auch gut gemacht sind, aber von weniger bekannten Künstlern stammen, von denen keine Wertsteigerungsphantasie ausgeht. Solche Werke erleben auch nicht die ›Wertsteigerung‹, die den Kunstwerken oft allgemein zugeschrieben wird (die mittlere Wertsteigerung von Kunstwerken liegt unter der üblichen Verzinsung eines Bankguthabens). Die preiswerten Kunstwerke werden nur nach dem Genuss-Wert zu einem Preis gekauft, der eben nicht in die unermesslichen Höhen schwingt, die Kunstwerke erreichen können, die nach den Regeln des Marktes gekauft werden.

Museen und private Sammler müssen nun auf einem solcherart fremdbestimmten Markt mitbieten. In einigen Fällen ist der hohe Preis allerdings willkommen. Nichts kann in unserer Zeit den Wert einer Sache mehr unterstreichen als der Preis. Das Museum belegt also gerade durch die hohen Kaufpreise die Güte des Einkaufs und der private Sammler kann seine Gäste ganz in der Tradition der Fürsten und Könige mit teurer Kunst beeindrucken. Was jeweils wie dargestellt ist, spielt keine Rolle, wenn das Werk nur Kunstverstand (= Bildung) und Reichtum (= Macht) ausweist. Teure Kunst wird auch wegen ihres Prestige-Werts gekauft. Prestige vermittelt natürlich nur das Original und nicht die Reproduktion (nicht einmal eine zum Verwechseln ähnliche Dietz-Kopie).

In einer standardisierten Warenwelt verleiht der Besitz von Kunst und Antiquitäten Individualität und Einmaligkeit, er vermag in irgendeiner Form die Überzeugungen des Besitzers widerzuspiegeln – auch solche Motive können einen gewissen Geldeinsatz

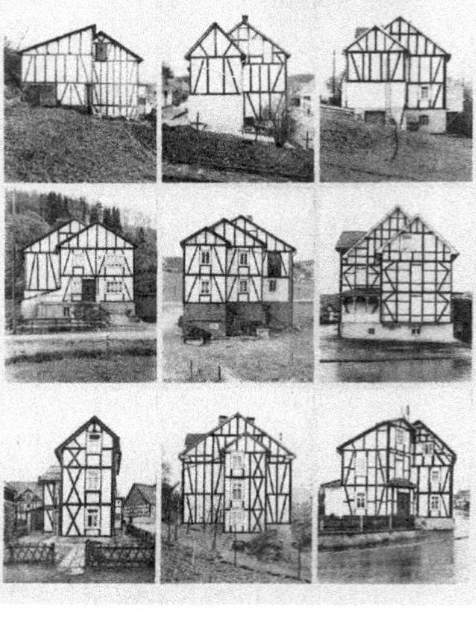

79 Bernd und Hilla Becher: Typologie von Fachwerkhäusern. Sie dokumentieren in ihrem Werk die geometrische Schönheit in der verfallenen (Industrie-)Architektur

auf dem teuren Markt der Kunstwerke rechtfertigen. Für ihren Stolz setzen Menschen immer auch beachtliche Geldmittel ein.

Allein wegen des Preises bleibt den breiten Konsumentenmassen der Einstieg in den Markt der teuren Kunstwerke verwehrt. Sie wenden sich einem anderen Markt zu, der nun – viel mehr als der Kunstmarkt – den Geschmack der Massen treffen und bedienen muss. Dort finden sich Reproduktionen der schönen Blumenbilder, etwa von Vincent van Gogh, oder von Werken der holländischen Landschaftsmaler, aber auch schöne Fotos von Blumen, Tieren und Landschaften. Will man den Geschmack der Menschen erforschen und die Rolle der Kunstwerke in ihrem Leben, so wäre der Markt der Reproduktionen, der erschwinglichen Kunstwerke, interessanter als der Kunstmarkt. Die Kaufbereitschaft der Massen erzwingt ›kitschige‹ Angebote, die den Kunstexperten ein Dorn im Auge sind.

Wenn allerdings Dinge aus dem Bereich der preiswerten Kunst zum Sammelgegenstand werden, wie etwa alte Werbeplakate oder neuerdings Swatch-Uhren, tritt sofort eine Veränderung der Preisgrundlage ein. Sie werden zum Spekulationsgegenstand; und die ›kostenlosen‹ oder doch sehr preiswerten Werbeplakate werden mittlerweile auf Auktionen zu Preisen von bis zu 50 000 DM und mehr gehandelt.

Aus der Einsicht in die Mechanismen des Kunstmarkts und der Kunstpreise kann der Liebhaber natürlich Konsequenzen ziehen. Er kann sich vom Besitzerstolz verabschieden und mehr Wert auf den Entdeckerstolz legen, nämlich auf das ›gute‹ (was immer das individuell definiert heißt) und nicht auf das teure Kunstwerk. Viele Kunststudenten zum Beispiel fertigen ›gute‹ zeitgenössische Kunst an, ohne dass sie später die Künstlerlaufbahn einschlagen. Wenn deren Werke gekauft würden, käme ein Universum von Kunstwerken für den Sammler in Betracht, das sich für solche extremen Preissteigerungen, wie der Kunstmarkt sie bietet, nicht eignet.

9.5 Fotografie in der zeitgenössischen Kunst

In der Auflage dieses Buchs von 1986 hatte ich beklagt, das Meer bedeutungsloser abstrakter Darstellungen, wie sie in Präsentationen zeitgenössischer Kunst zu betrachten sind, sei mittlerweile nur noch wenig fortschrittlich. Die Situation hat sich nun grundlegend gewandelt. Die Kunstszene, aber besonders auch der Kunstmarkt, hat die Fotografie entdeckt und damit eine dramatische Renaissance der Gegenständlichkeit erlebt. (Hier ist natürlich das fotografierte Standbild gemeint, der Film gehörte ja schon immer in das Universum der Kunstwerke.)

Gibt es das Original? Speziell der Kunstmarkt lebt von dem Wert des Originals, von der Einmaligkeit des Kunstwerks, die beim Foto nun prinzipiell nicht gegeben ist, aber durch Zusicherungen der Beschränkung der Zahl der Abzüge dennoch wieder hergestellt werden kann. Der Grafikmarkt hat die Bereitschaft vorbereitet, sich auf solche Zusicherungen – in Form von limitierten Auflagen – einzulassen. Dabei gibt es aber feine Unterschiede. Der Lithografierstein war nach einigen hundert Abzügen abgenutzt, mehr ging nicht. Wenn die Arbeit nur ein – beliebig vermehrbarer – signierter Offsetdruck ist, ist der Marktwert geringer. Auch daran, dass zeitgenössische Kunst nicht die Jahrhunderte überdauert, hat man sich gewöhnt. Im Vergleich zu anderen Werken mit organischen Materialien verblassen die Fotoreproduktionen relativ langsam.

Das Foto im Kunstbetrieb ist auch nicht ganz neu. Werke von Performance-Künstlern kommen durch das Foto in die Ausstellungen, wie die Werke von Beuys, die Inszenierungen von Jürgen Klauke oder von Günther Brus. Seit einiger Zeit haben aber die Museen eigene Fotosammlungen angelegt (Museum Ludwig, Köln; Folkwang-Museum Essen), und Fotografen selber werden als Künstler angesehen.

Die künstlerische Leistung Die Fotokünstler müssen etwas Besonderes abliefern, etwas was nicht jedermann, jeder Knipser, auch herstellen könnte. Manchmal ist der technische Aufwand der abgelieferten »Abzüge« nicht so leicht nachzumachen, etwa wenn Jeff Wall riesige Ektachrome vor Leuchtkästen setzt oder wenn Gurski mit imponierenden Maßen von 3 mal 6 Metern arbeitet. Manchmal sind die Fotografieraufträge besonders: Nicht jeder kann schöne junge Frauen an besonders malerischen Orten der Welt in den exaltiertesten Bekleidungen nach seinen Vorstellungen posieren lassen. Der angestellte Modefotograf leistet gerade das, und wenn er in seinem Job gut ist, steht ihm eine finanzielle Ausstattung zur Verfügung, von der ein freier Künstler nur träumen kann. So werden die Modefotografien von Gundlach eben im Kunstmuseum ausgestellt (etwa zur Triennale der Fotografie in Hamburg).

Oft ist auch gar nicht die »Fotografie« die künstlerische Leistung bei den Werken, die schließlich als Fotografie auf den Kunstmarkt kommen. Es handelt sich oft um eine Art Aufstellung der Realität, die einer bildnerischen Phantasie des Fotokünstlers entspringt, etwa wenn Jeff Wall nach Inspirationen aus Bildern von Delacroix oder Vermeer arbeitet (und damit eben das assoziative Umfeld »Hochkunst« etabliert). Die Arrangements – die ja die eigentliche künstlerische Arbeit sind – und nicht die Fotos sind extrem aufwändig und insofern auch nicht von jedem »Knipser« nachzuahmen, etwa wenn Spencer Tunik über 1000 nackte Menschen an ausgesuchten Orten versammelt, um sie in einem Bild zu fotografieren, oder wenn Jeff Wall die Zwangsräumung eines Wohnhauses mit Schauspielern inszeniert.

Schließlich ist es das Konzept, das ein fotografisches Werk oder eine Werkserie zum Kunstwerk macht. Es ist eben eine besondere Leistung, die besondere strenge, geometrische Schönheit von Industriebauwerken wie Gasometer oder Wassertürme zu erkennen und sie zum Gegenstand einer Werkserie zu machen, wie es Bernd und Hilla Becher taten (Abb. 79). Ein fotografisches Werk kann einen irritierenden Beitrag dazu leisten, wie wirklich der abgebildete Moment ist, wie das Werk von Thomas Demand. Auf den ersten Blick sieht man auf seinen Fotos Bauwerke oder Alltagsmomente einer Bürowelt. Tatsächlich handelt es sich jeweils um Fotos von täuschend echt aussehenden Papiermodellen. Das Foto ist das Abbild eines Bildes, das seinerseits einem Abbild (Ursprungsfoto) nachgeformt ist. Die Bilder gewinnen durch eine Vereinfachung der sichtbaren Realität im Modell, in dem ja nicht alle Kleinstdetails nachgebildet werden können, eine besondere, fast malerische Schönheit. Mit den Möglichkeiten der Computerprogramme (Photoshop) werden surrealistische Bildentwürfe möglich.

Was leistet die Fotografie? Die Fotografie hat aber gegenüber der Malerei schon immer einige Vorteile gehabt, die sie nun in die Fotokunst übernimmt.

- *Menschliche Schönheit* Die Schönheit von Gesichtern und Körpern ist in der Malerei oft wenig gelungen. Die Madonnen der Kunstgeschichte z. B. sind stark typisiert und auch nicht besonders schön. Wenn Schönheit getroffen wird, ist sie aus der Fotografie nachgezeichnet oder nachgemalt. Gerade auch die individuelle Verschiedenheit von Körper und Gesichtsschönheit findet sich in der Malerei nicht (wie stark hier Malschemata vorherrschen, kann man daran erkennen, dass viele Merkmale weiblicher Schönheit gar nicht erfasst werden, s. u.). Man hat den Eindruck, dass weibliche Körperschönheit noch am vollständigsten in der ägyptischen Kunst aufgefasst war (vgl. Abb. 39). Die wirkliche Form des Säuglings musste auch erst aus Fotos übernommen werden. Das Christuskind, aber auch andere Kinder oder barocke Putten werden nie als Kindchen verwirklicht. Daher gab es sofort nach der Etablierung der Fotografie ein riesiges Angebot von Aktfotos, auch von ganz normalen und eben nicht ausgewählt schönen Körpern. Der Mann konnte zum ersten Mal sehen, wie eine Vielzahl weiblicher Körper aussieht. Viele Fotokünstler zeigen uns also schöne Menschenkörper, die sie z. T. innovativ zur Geltung bringen, wie Helmut Newton, der seine nackten Modelle hohe Schuhe tragen ließ und so in den Beinen und Körpern eine attraktive, ein wenig androgyne Anspannung der Muskeln erzeugte. David LaCappelle arbeitet mit bekannten Busenwundern (z. B. Pamela Anderson) oder Schönheiten wie Angelina Jolie, die in anmachenden, lasziven Szenen abgelichtet sind. Genauso wird der athletische Männer- und Frauenkörper zum Sujet der Fotografen. Leni Riefenstahl fotografierte bei der Olympiade 1936 und dann wieder in Nubien starke Männer für einen imposanten Bildband. Robert Mappelthorpe setzt in kontraststarken Schwarz-Weiß-Bildern den athletischen Männerkörper ins Bild.

- *Merkmale des weiblichen Körpers* Nehmen wir als Beispiel weibliche Körperschönheit und überhaupt Merkmale des weiblichen Körpers: Einige Merkmale sehen wir im Foto (wenn der fotografierte Körper das Merkmal hat), aber selten oder nie im gemalten Bild. Von ihnen kann ein starker erotischer Reiz ausgehen. Daher gab es nach Erfindung der Fotografie sofort einen erheblichen Markt für Aktfotografie, der die breite Vielfalt wirklicher weiblicher Körperformen sichtbar machte. Die Liste solcher möglicher individueller Merkmale ist hier versucht, aber sicher nicht vollständig.
- Brust: stark vorstehende Nippel, erhobene Brustwarzen, große dunkle Brustwarzen, Brüste aufragend, andere Form als apfelförmig-rundlich, z. B. spitz oder aufragend
- Oberschenkel, Becken: innerer Abstand der Oberschenkelansätze, vorn vorstehende Beckenknochen, flacher Bauch (Mittelalter: rundlicher Bauch), Venushügel stark vorgewölbt, Grübchen im Rücken, an der Gesäßseite
- Gliedmaßen: Arme nach außen abgewinkelt, damit das Baby auf der Hüfte getragen werden kann; nach vorn rundlich ausgewölbter Oberschenkel (gibt es in der ägyptischen Kunst), nach innen laufender innerer Oberschenkelansatz, relativ kleinere Hände und Füße
- Rumpf: Sanduhrform, schmaler langer Hals (Schwanenhals)

Mit dem hohen Naturalismus des Fotos – speziell des Farbfotos – lassen sich leicht Gefühle wecken und Tabubrüche besonders drastisch verwirklichen: z. B. die nackte Frau am Kreuz (Jan Saudek) oder morbide Gestaltungen von Joel Peter Witkin, die Dildos und Mischwesen aus Puppenteilen und Menschengliedern kombinieren.

Porträtähnlichkeit In der Malerei ist Porträtähnlichkeit ebenfalls nicht so leicht zu erreichen, in der Fotografie ist sie ohne weiteres gegeben. So können die Künstler-Fotografen von Man Ray und Cartier-Bresson bis Bill Haywart und eben David LaChapelle (s. o.) ihre Bildwirkungen dadurch erzielen, dass bekannte Personen, Ikonen der Gegenwart, abgebildet sind – ein Kunstprinzip, das auch die von Fotos hergestellten Siebdrucke der Idole unserer Zeit von Andy Warhol beflügelt. Mao oder Elvis Presley, Marilyn oder Beethoven – das sind Menschen, für die wir schwärmen. Annie Leibovitz fotografiert die Rolling Stones und wird damit zur unvergessenen Fotokünstlerin. Der »Knipser« ist eben nicht eingeladen, mit auf Konzert-Tournee zu gehen.

Realitätssuggestion Bei aller Möglichkeit der Bildbearbeitung: Immer noch kann uns das Foto zeigen, wie die Welt einmal ausgesehen hat. Eugene Atget fotografierte um 1900 das zerfallende Paris, um seine Schönheit für die Nachwelt zu erhalten. Chargesheimers Bilder erzählen vom Alltag vergangener Tage. Ganz in der Weise fotografierten Bernd und Hilla Becher die Industriearchitektur der vergangenen Jahrzehnte (s. o.). Sie waren Pioniere darin, die Schönheit dieser Bauwerke zu sehen. Sie können dem Publikum ihre innovative Sichtweise vermitteln.

Auch die Wirklichkeit des menschlichen Leids in Kriegen, in Naturkatastrophen, auf der Flucht kann nur das Foto transportieren. Eine der Ikonen der Fotokunst ist das Bild »Migrant Mother« von Dorothea Lange, das uns eine tapfere Mutter in einem Flüchtlingscamp mit ihren Kindern zeigt. Der christliche Betrachter könnte sich an eine Muttergottes erinnert fühlen. Fotokünstler der Vergangenheit hatten es in der Vermarktung und Publizierung ihrer Werke leichter. Sie konnten davon ausgehen, dass sich die Abgelichteten speziell sozialkritischer Themen kaum beschweren würden, weil sie nicht zu der Schicht Menschen gehörten, die die späteren Publikationen überhaupt zu sehen bekamen. Heute müsste man mit den fotografierten Menschen Verwertungsverträge abschließen; so ist eine spontane Fotografie nur selten möglich. Also werden spontane Beobachtungen mit Schauspielern nachgestellt, etwa wenn Jeff Wall beobachtet, wie ein Asiate eine rassistische (Schlitzaugen-)Geste auf sich zieht, wird er kaum vom Täter eine Fotografier-Genehmigung erhalten, also stellt er die Szene mit Schauspielern nach.

Akzeptanz Dann aber, wenn diese Bilder als Kunstwerke auf den Markt kommen, sind sie in ihrer unmittelbaren Gegenständlichkeit, die keinerlei Schulung des Sehens voraussetzt, besonders leicht zu rezipieren. Die Freude über eine neue gegenständliche

Kunst lässt Auktionspreise für einen Abzug in unermessliche Höhen schwingen (z. B. Jeff Wall für 1,5 Millionen Dollar). Dafür könnte man durchaus das Original eines weniger bekannten Impressionisten (etwa Derain, Lebourg) erwerben; eine limitierte Lithografie von Picasso kann man leicht für 3000 Euro bekommen). Wer Technik und Computerarbeiten mag, kann diese Kunst vielleicht besonders schätzen.

Ausblick Nichts scheint der Präsentation dieser neuen Kunst auf einem Flachbildmonitor im Wege zu stehen. Ein Computer könnte alle Stunde ein neues Kunstwerk zeigen, oder in die Fotokunst könnten bewegliche Elemente wie etwa der Lauf der Sonne oder das Verstreichen der Jahreszeiten integriert werden. Fraktale könnten sich langsam auf dem Bildschirm entwickeln. Aus dem Hintergrund »Bildschirmschoner« wird ein Vordergrund »Bildschirmkunst«.

KUNSTPSYCHOLOGISCHES PRAKTIKUM

A Überprüfen Sie einmal, wer in Ihrem Bekanntenkreis das Bild eines zeitgenössischen (lebenden) Künstlers besitzt (nicht gemeint sind Bilder von Hobby-Malern und Bekannten).

B Beobachten Sie bei einer Museumsführung, wie oft Kunstpreise erwähnt werden. Sie sind ein »Qualitätsbeweis«.

C Welches Fotomotiv könnte Chancen auf dem Kunstmarkt haben?

D Fragen Sie sich in einer Ausstellung zeitgenössischer Kunst: »Welches therapeutische Angebot machen die Exponate«?

10 Introversion und Extraversion auf Bildern der europäischen Kunstgeschichte

Der ausdruckspsychologische Ansatz der Kunstpsychologie

Von Manfred Koch-Hillebrecht

Die Ausdruckspsychologie und die geisteswissenschaftliche Psychologie waren über 50 Jahre lang Stiefkinder der Forschung. Die naturwissenschaftliche Psychologie triumphierte, und allen Ernstes glaubten Wissenschaftler, Kunstwerke mit naturwissenschaftlichen Methoden ergründen zu können. Statt in der Philologie (wie im 19. Jahrhundert) sah man in den Jahrzehnten nach dem Zweiten Weltkrieg in der Statistik die Grundwissenschaft einer Lehre vom menschlichen Verhalten. Allerdings konnte die geisteswissenschaftliche Psychologie am Rande der Forschung eine bescheidene Rolle behaupten. Die Ausdruckspsychologie aber war verpönt und wird erst seit Kurzem wieder beachtet. So kommt es, dass wir hier keine bekannten Forschungsansätze referieren können, sondern ein weites Feld erst einmal mit Hilfe von Theorien gliedern müssen, deren Formulierung Jahrzehnte zurückliegt.

Vier ausdruckspsychologische Lehrsätze können für die Interpretation von Kunstwerken herangezogen werden. Der erste stammt von Karl Bühler (1934) und ist aus der Sprachpsychologie abgeleitet worden. Auch hier wieder treffen wir auf das Primat des Textes: Ausdruckspsychologie wurde seit dem Altertum als ein Teilgebiet der Rhetorik gelehrt. Bühler entwickelte das Organon-Modell der Sprache. Überträgt man es auf die bildende Kunst, so kann man formulieren: Jede auf einem Kunstwerk wahrnehmbare menschliche Bewegung, Pose oder Stellung zerfällt in drei Anteile. Sie kann als Ausdruck gewertet werden, sie kann aber auch als Kommunikations- oder als Symbolfunktion angesehen werden, die einer besonderen Gestaltung zugänglich ist.

Der zweite Lehrsatz stammt von Ludwig Klages (1917) und wurde vor allem in der Grafologie erprobt. Dort lässt sich eine Raumsymbolik ablesen. Eine Betonung der Oberlängen deutet auf geistige, eine Betonung der Unterlängen eher auf sinnliche Interessen. Eine linksgeneigte Schrift kann als Tendenz zur Introversion, eine rechtsgeneigte als Tendenz zur Extraversion interpretiert werden. Diese Raumsymbolik ist auf die bildende Kunst in mancher Hinsicht übertragbar: Engel kommen in Plastik und Malerei von oben, der Teufel hingegen von unten.

Einen dritten Lehrsatz hat Philipp Lersch (1955) in seinen Ausführungen über Mimik mit voller Konsequenz formuliert. Während die vertikale Gliederung der menschlichen Ausdrucksbewegungen mit den Prinzipien der Raumsymbolik interpretiert werden kann, gliedert sie sich horizontal vor allem nach den Polen Öffnung und Schließung. Eine Verschränkung von Armen und Beinen bedeutet Introversion, Abrücken, Suche nach Distanz, aber auch Unsicherheit, Angst. Sie weist auf irgendwelche inneren Vorbehalte hin, vielleicht auch auf seelischen Rückzug oder gar Verzweiflung. Offene Arm- und Beinhaltungen beim Stehen und Sitzen können als Extraversion, als Unbefangenheit und Selbstsicherheit, aber auch als Naivität oder als Ergebenheit in das Schicksal, als seelische Kapitulation gedeutet werden. Lersch hat sich besonders mit den mimisch interessanten Varianten der Öffnungsformen von Auge und Mund befasst. Berühmt sind seine Beschreibungen des offenen und des verdeckten Blicks.

Den vierten Lehrsatz hat die Ausdruckspsychologie mit der Hermeneutik gemeinsam. Er besagt, dass aller Ausdruck mehrdeutig ist. Sowohl bei Texten kennen wir diese Mehrdeutigkeit wie bei Bildwerken. Über die Bedeutung von Dürers »Melancolia I« gibt es eine ebenso kontroverse Literatur wie über die Frage, ob Goya bei seinem Porträt der spanischen Hofgesellschaft diese bloßstellen oder ihr vielmehr schmeicheln wollte. Bilder sind noch unbestimmter als Texte, und insofern ist der Lehrsatz von der Mehrdeutigkeit des Ausdrucks in unserem Gebiet besonders wichtig.

In der Kunstwissenschaft sind ausdruckspsychologische Gedankengänge im Gegensatz zu hermeneutischen eher selten. Allenfalls bei dem ideenreichen Alois Riegl (1931) findet sich ein vergleichbarer Ansatz: »Die Renaissancefiguren sind sich dessen bewusst, dass sie innerhalb eines Bildes in absoluten Wechselbeziehungen stehen.« Doch interessieren ihn statt Öffnung und Schließung mehr die Blickbahnen und Blickbeziehungen. In Rembrandts »Staalmeesters« fällt ihm auf, dass diese nicht den Betrachter, sondern eine »unsichtbare Partei« ansehen. Jean Paris (1965) unterscheidet Kunstwerke, auf denen die Abgebildeten den Besucher ansehen (z. B. der Pantokrator in der Apsis von Cefalù), von Kunstwerken, in denen die Blickbeziehungen der Dargestellten komplexer sind. Auffällige Blickbeziehungen finden sich etwa in Giorgiones »La Tempesta«, wo die Frau mit Kind den Betrachter, der Soldat auf der linken Seite jedoch diese Frau ansieht.

Der einzige umfassendere kunsthistorische Versuch einer ausdruckspsychologischen Interpretation (Demisch 1984) behandelt die vertikale Gliederung von Kunstwerken bei der Betrachtung einer wichtigen Gebärde: der erhobenen Hände. Interpretiert man sie anhand des Bühlerschen Organon-Modells, dann fallen zunächst die Gesten reinen Ausdrucks auf. Im Leben und in Kunstwerken werden die Hände bei Schreck und Freude hochgerissen. So drückt sich der Jubel des Siegers aus über die Zeiten hinweg: vom altägyptischen Zweikampfgewinner bis zum Etappensieger des Giro d'Italia und zum Wimbledon-Champion. Das Erheben der Hände ist ein Ausdruck zur Begrüßung des Lichts, der Sonne, die Gebärde des Lebens und wohl die früheste, auf den Steinzeitbildern schon nachweisbare Geste beim Erscheinen der Götter.

Dann hat das Erheben der Hände eine Appellfunktion. Das bekannteste Beispiel ist das Erheben der Hände bei sich ergebenden Soldaten oder bei einem gestellten Flüchtling, der mit dieser Geste den Gegner auffordert, nicht zu schießen, da er den Kampf aufgibt.

Auch eine Deutung der heute üblichen christlichen Gebetsgeste, der gefalteten Hände, hebt auf die Appellfunktion ab. Die gefalteten Hände sind die Geste des Sklaven, der sie seinem Herrn zur Fesselung hinhält und so andeutet: Herr, Dir ergebe ich mich ohne Vorbehalt. Die ursprüngliche christliche Orantengeste der erhobenen Hände hingegen ist eher als Ausdruck, als spontane Antwort auf das göttliche Licht zu interpretieren, als die alte Geste bei der Epiphanie.

Die Symbolfunktion der erhobenen Hände erwächst aus dem ursprünglichen Ausdruck, erhöht und gestaltet ihn jedoch. Ein

Beispiel ist die Trauergestik bei der Marienklage. Ursprünglich mag hier das klagende Erheben der Hände spontan beim Anblick des Todes auftreten. Jedenfalls finden wir sie auch als Ausdrucksgeste des Sterbenden selbst, wie wir aus Bildberichten über von Kugeln getroffene Soldaten wissen. Dann aber wird diese Geste in die Darstellung des Marientodes in der mittelalterlichen Kunst eingeführt. Schließlich finden wir diese Geste auch bei den Umstehenden vor dem Leichnam Christi, am eindrucksvollsten wohl bei Caravaggios Meisterwerk in der Pinakothek des Vatikan.

Doch nun zu unserem Ansatz. Wir gehen der Kategorie Introversion und Extraversion nach, für die sich weniger die Ausdruckspsychologie als die Persönlichkeitspsychologie interessiert hat, die diese Grunddimension aus verschiedenen Ausgangsüberzeugungen heraus hervorgehoben hat (Jung 1926, Kretschmer 1921, Eysenck 1941a).

10.1 Kapitolinische Aphrodite

Venus pudica, schamhafte Venus, wird diese Darstellungsform der Göttin genannt, bei der sie mit einer Hand ihre Brust, mit der anderen ihre Scham verdeckt (Abb. 80; 2. Jahrhundert n. Chr., Rom, Museo Capitolino; eine weitere Aphrodite gleichen Typs, genannt Venus von Medici, befindet sich in den Uffizien in Florenz). Die Geste wird also als Ausdruck verstanden. Das Gefühl der Scham drückt sich in einer Schutzgeste aus.

Über die Bedeutung des Schamgefühls (und der Nacktheit) im Laufe der Geschichte und bei verschiedenen Völkern gibt es abweichende Auffassungen. Elias (1976) sieht in dem Gefühl vor allem ein Kulturphänomen, ein Produkt der Zivilisation. In dieses Bild passt die von manchen Ethnologen berichtete unbefangene Verhaltensweise bei Naturvölkern, die ihre Körper offenbar auch fremden Augen ungeniert zur Schau stellen. In der bildenden Kunst unterstützen die Darstellungen Paul Gauguins von den Bewohnern Tahitis diese Ansichten. Im Gegensatz zum prüden, gehemmten Europa sehen wir hier freie, glückliche braune Gestalten, die nicht unter den menschenfeindlichen Zwängen der Zivilisation zu leiden scheinen. Margaret Mead (1970), die amerikanische Sozialforscherin, berichtete uns von dem problemlosen Erwachsenwerden der jungen Samoanerinnen. Voller Neid hörten wir von den ungezwungenen Badesitten der Japaner und vom lustigen Treiben in den mittelalterlichen europäischen Badehäusern.

Andere Forscher sehen in der Scham eher eine konstante menschliche Verhaltensweise, die sich bei allen Völkern und zu allen Zeiten zeigt. Schon im Tierreich können wir bei Weibchen schamartiges Verhalten beobachten. Eibl-Eibesfeldt (1953) konnte eine andere Schamgeste, das Verbergen des Mundes hinter der vorgehaltenen Hand, bei vielen Völkern in identischer Form nachweisen, sodass ein angeborenes Verhalten naheliegt. Margaret Meads Beobachtungen in Samoa wurden mit Recht inzwischen sehr kritisch beurteilt. Duerr (1988) weist Elias nach, dass es sich bei einigen Darstellungen von mittelalterlichen Badeszenen, die er als Beleg für Unbefangenheit interpretiert, in Wirklichkeit um Bordellszenen handelt.

Trotzdem wird man erkennen, dass sich das ursprüngliche Schamgefühl in verschiedenen Zivilisationen verschieden ausdrückt. Gerade in der bildenden Kunst verraten die Gemälde aus unterschiedlichen Epochen, wie jeweils andere Zonen des menschlichen Körpers als unbedingt verhüllungswürdig angesehen werden. Auf venezianischen Gemälden der Renaissance sehen wir, dass Kurtisanen ihre Stirn rasierten, ein hoher Haaransatz galt damals als erogene Zone. Nonnen mancher Orden bedecken bis heute ihre Stirn züchtig mit einem undurchsichtigen Schleier, wie die braven Frauen im Mittelalter. Auch bei der Entblößung des weiblichen Beins wechselten die Ansichten über die Schicklichkeit im Laufe der Zeit. Kein Fremder durfte die Beine der Königin von Spanien sehen.

Trotzdem ist die sich selbst schützende Gestik der Kapitolinischen Aphrodite nicht nur als ein reiner Ausdruck zu interpretieren. Die Geste besitzt auch eine Appellfunktion. Sie zeigt dem Betrachter eine weibliche Introversion, die Abkehr von seinem Blick an. Insofern ist diese Gestik auch ein Bestandteil einer bestimmten Zivilisation. Wenn man so will, ist die Venus pudica das Idealbild der Frau im Patriarchat; schön und begehrenswert, aber doch züchtig.

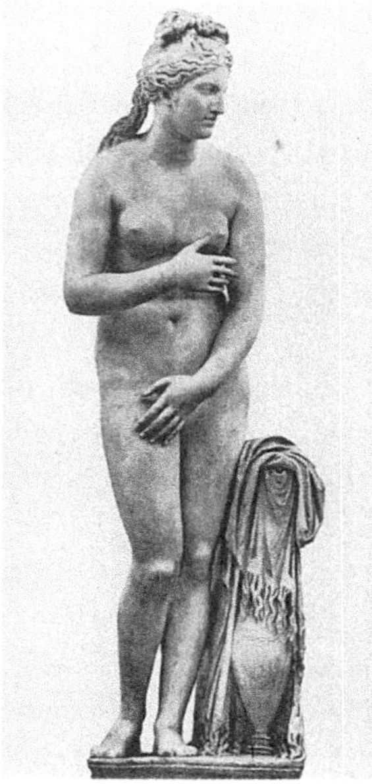 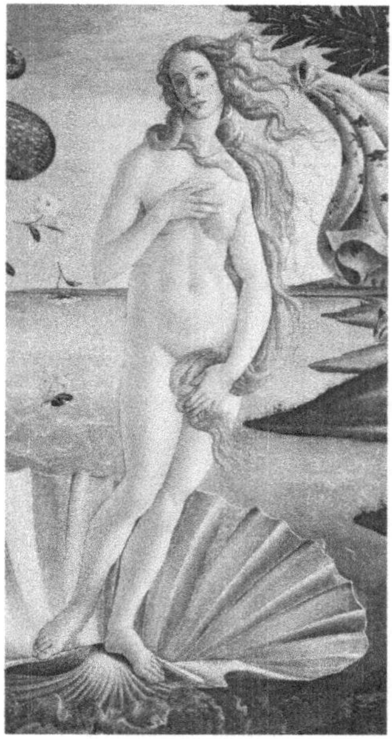

80 Kapitolinische Aphrodite, 2. Jahrhundert n. Chr. (Kopie nach späthellenistischem Original um 150/120 v. Chr.), Marmor, Höhe 176 cm, Rom, Museo Capitolino

81 Sandro Botticelli, Die Geburt der Venus (Detail), um 1485, Öl auf Leinwand, 175 x 278 cm, Florenz, Uffizien

Die antikische Nacktheit war in prüden Zeiten der europäischen Kulturentwicklung der Vorwand, um den unverhüllten menschlichen Körper in der Kunst darzustellen. Statuen der Venus bzw. der Aphrodite zierten auch die bürgerlichen Salons der Gründerzeit. Und Wilhelm Busch dekoriert – sicher nicht ohne Hintergedanken – mit einer Venus pudica Helenens Junggesellinnenwohnung: »Ach! – Die Venus ist perdü – / Klickradoms! – von Medici!« (»Die fromme Helene, Interimistische Zerstreuung«)

10.2 Sandro Botticelli, Die Geburt der Venus

Die introvertierte Geste der Venus pudica ist eine der eindrucksvollsten Gebärden in der Kunstgeschichte. Dies mag daher kommen, dass es sich hierbei um eine angeborene Gestik mit einer besonderen sozialen Signalwirkung handelt. Es hängt aber auch mit dem Umstand zusammen, dass der antike Typus der Venus zum Vorbild der Renaissance-Künstler wurde. Die Venus der Medici hatte in den Uffizien in Florenz einen Vorzugsplatz, sie stand in der Tribuna. Tizian ließ sich im Alter von 80 Jahren bei seiner »Toilette der Venus« ebenfalls von der Venus pudica inspirieren. Botticelli (1444/1445–1510) liefert in der »Geburt der Venus« (Abb. 81; um 1485; Florenz, Uffizien) fast eine genaue Kopie des hellenistischen Vorbildes. Für den Ausdruckspsychologen ist jedoch ein Unterschied deutlich. Die antike Göttin zeigt einen stolz erhobenen Kopf mit abgewendetem Blick. Diese beiden Merkmale verstärken den Eindruck der Unnahbarkeit. Dies wird bei Botticelli durch eine sanfte Neigung des Kopfes und einen fast versonnenen Blick gemildert, der aber keinen Kontakt mit dem Betrachter aufnimmt, sondern träumerisch an ihm vorbeischaut. Auch die Beinstellung ist zwar fast identisch, doch tritt die Plastik entschiedener auf. Bei Botticelli hat die Gestalt hingegen etwas spielerisch Schwebendes. Man könnte also von einer gemilderten Introversion, von einer weniger dezidierten, eher verträumt kapriziösen Abwehrgeste sprechen, die nicht mehr den Ernst des Vorbildes besitzt.

10.3 Giorgione / Tizian, Die schlafende Venus

Eine weitere Milderung und Abschwächung, die bis zu ihrer Aufhebung führt, erfährt die introvertierte Gestik der Venus in diesem berühmten Gemälde der Dresdner Gemäldegalerie Alte Meister (Abb. 82; 1508/1510). Die Hand, die ursprünglich die Scham schützte, krault nun sanft ihr Haar. Die Rechte hingegen, die sonst die Brust bedeckte, ist jetzt hinter den Kopf gelegt. Eine Gestik des Ausdrucks und zugleich ein Symbol. Als Ausdruck wird eine Öffnung des Körpers und der Seele nach außen angedeutet. Der Riegel des rechten Arms ist weggefallen. Der hinter den Kopf gelegte Arm ist das für uns nicht gleich lesbare Symbol für das Schlafen der dargestellten Person. Wir finden es in der Ikonografie schlafender Nymphen. Die tatsächlichen Schlafhaltungen des Menschen sind vielfältig. Manche bevorzugen zum Einschlafen eine Seiten- oder Bauchlage. Morris (1977) zeigt, dass auch eine embryohafte Kugel-

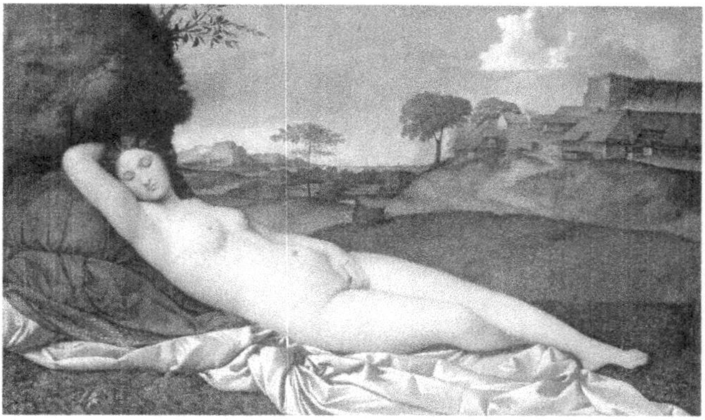

82 Giorgione / Tizian, Die schlafende Venus, 1508/1510, Öl auf Leinwand, 108 x 175 cm, Dresden, Gemäldegalerie Alte Meister

stellung beliebt ist. Eine Handhaltung hinter dem Kopf ist eine eher unübliche Schlafhaltung, und dies wird zur Zeit der Renaissance, in der unser Bild gemalt wurde, nicht anders gewesen sein als heute. Trotzdem hat sich diese symbolische Geste durchgesetzt und wurde vom Betrachter damals sogleich verstanden (wie auch ein Handanlegen an den geneigten Kopf sogleich als ein Symbol für Trauer aufgefasst wurde). Dürfen wir vermuten, dass Giorgione (um 1478–1510) hier nicht nur eine schlafende Venus, sondern eine träumende Göttin dargestellt hat? Und ist der spielerische Griff ihrer linken Hand nicht nur ebenfalls als Schlafgestik zu deuten, sondern als Hinweis auf den Inhalt ihrer Träume? Schließlich ist die Venus die Göttin der Liebe, und was liegt näher als die Vermutung, dass sie mit einschlägigen Motiven auch ihre Träume schmückt? So gesehen könnte dieses eigentümlich anziehende Gemälde ein früher Hinweis auf die Thematik der Traumdeutung sein, mit der dann viel später Sigmund Freud Europas Intellektuelle aufgerüttelt hat.

10.4 Simone Martini, Die Verkündigung

Die Beschreibungen dieses berühmten Gemäldes (Abb. 83), eines Spätwerks Simone Martinis (1280/1285–1344), das 1333 für den Dom von Siena geschaffen wurde (heute Florenz, Uffizien), betonen die »Verschlossenheit« der Jungfrau, die »zu einer einzigen unver-

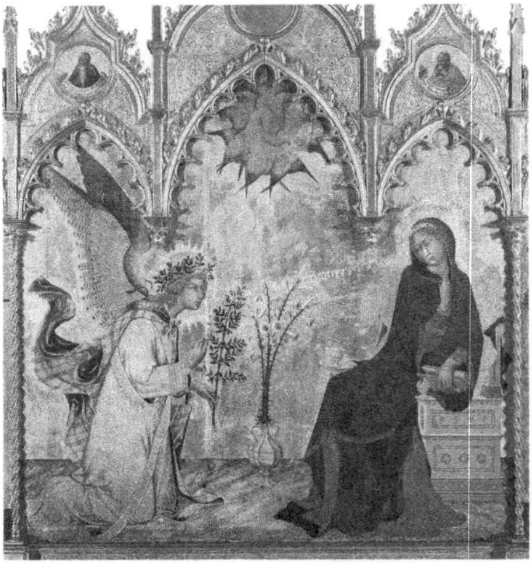

83 Simone Martini, Die Verkündigung (Detail), 1333, Tempera auf Holz, 265 x 305 cm, Florenz, Uffizien

geßlichen Arabeske« zusammenfließe. In der Tat ist kaum eine ausgeprägtere Gestik der Zurücknahme, fast der Ablehnung im gesamten »imaginären Museum« zu finden. Maria zeigt dem eher zaghaften Engel die deutlich vorgeschobene ›kalte‹ Schulter und zieht mit dem rechten Arm das Makarion, den Mantel, so fest wie möglich zusammen. Ihr Blick ist abgewendet, fast starr auf den Boden fixiert. Der Mund ist zu einem schmalen Band zusammengezogen und von herabgezogenen Mundwinkeln geprägt, so als sähe Maria schon das tragische Ende voraus, das dem Kind, das sie unter ihrem Herzen tragen soll, einmal beschert sein wird.

Allein die linke Hand lockert etwas die fast autistische Abkehr vom Geschehen um sie herum. Maria hatte soeben in dem Buch gelesen, und ihr Daumen markiert noch die Stelle, an der sie unterbrochen wurde.

Über die Jahrhunderte ist die Ikonografie der Verkündigung geprägt durch eine extreme Introversion der Maria. Sie wendet sich ab. An sich ist diese Haltung von der Logik des Geschehens nicht diktiert. Schließlich kann es für eine Frau nichts Ehrenvolleres geben, als den Gottessohn und Erlöser auszutragen und zu gebären. Also müsste doch wohl bei der Verkündigung dieser frohen Bot-

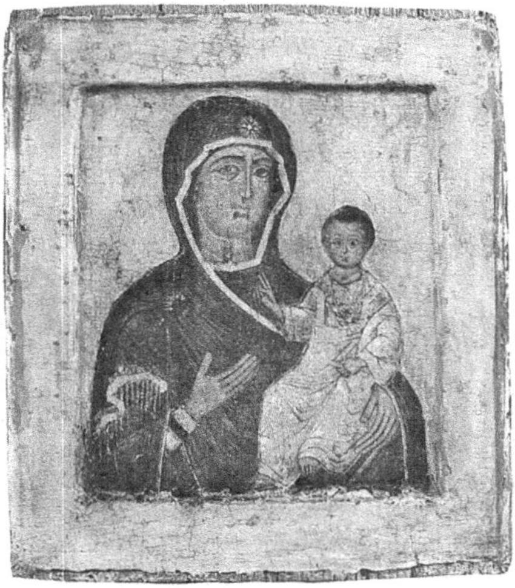

84 Marienikone Hodegetria, Russland, 17. Jahrhundert, Moskauer Schule, Holz, 31 x 26 cm, Privatbesitz

schaft eine offene, freudige Zuwendung in der Gestik Mariens zu erwarten sein. In der Tat kann man auch in unserem Gemälde möglicherweise den Umstand als weibliche Zustimmung interpretieren, dass Maria nicht versucht, ihre Beine, ihren Schoß vom Engel abzuwenden. Dies ist hier auch deswegen schwer möglich, weil es die beiden Seitenlehnen ihres Sitzes kaum zulassen. Immerhin könnte sie jedoch versuchen, auch die Knie abzuwenden, indem sie etwa auf dem Sitz etwas nach vorne rutscht. Dass sie es nicht tut, gibt ihrem Körper den eigentümlichen Reiz einer Verrenkung und – wenn man so will – einer Zweideutigkeit. Auf einigen Darstellungen der Hochrenaissance ist die Zuwendung und teilweise Öffnung des Schoßes Mariens bei gleichzeitiger Abwendung des Oberkörpers und des Gesichts noch deutlicher ausgeprägt.

Diese Abwendung ist zunächst theologisch als ein Zeichen der Demut zu erklären. Maria fühlt sich nicht würdig, die Mutter Gottes zu werden. Zugleich fließt jedoch in dieses ikonografische Schema – wie schon bei der Darstellung der Venus – das patriarchale Frauenbild ein. Die anständige Frau verweigert sich jedwedem männlichen Ansinnen und sei es die göttliche Botschaft, die von einem Engel überbracht wird.

10.5 Marienikone, Moskauer Schule

Auch bei einer anderen Szene aus dem Marienleben, die nach Art einer der berühmtesten Ikonen gestaltet wurde, der Darstellung der Mutter mit dem Jesuskind, ist die christliche Introversion deutlich abzulesen. Man erwartet, dass Maria als Mutter sich dem Kind freundlich zuwendet. Doch in diesem Typus des Bildes der Gottesmutter mit dem Jesuskind (Abb. 84; Moskauer Schule, 17. Jahrhundert, Privatbesitz) ist kaum eine pantomimische Beziehung zwischen den beiden festzustellen. Es gibt zwischen Mutter und Sohn keinen Blickkontakt, und der Berührungskontakt beschränkt sich auf das Notwendige. Das Kind sitzt auf dem linken Arm der Mutter und wird mit der Hand ein wenig gesichert, damit es nicht hinunterfällt. Das Jesuskind ignoriert die Mutter und blickt auf den Betrachter. Die Rolle des Kindes ist theologisch geprägt, mit der rechten Hand segnet es die Welt, mit der linken hält es die Heilige Schrift.

Dieser introvertierte Typ der Mariendarstellung entspricht einer byzantinischen Tradition. Er wird nach einer Ikone benannt, die in einer Kirche Konstantinopels verehrt wurde und heißt Hodegetria (Wegführerin). Neben diesem weit verbreiteten Typus gibt es auch die eher extravertierte Gottesmutter, die sich ihrem Kind zuwendet, es herzt, ihm etwas zeigt, sich ihm widmet. Dieser ebenso wichtige Typus spielt dann im späteren Mittelalter und in der Kunst der Renaissance eine besondere Rolle; sein byzantinischer Name heißt Eleusa.

10.6 Michel Erhart, Schutzmantel-Madonna

Nicht nur auf der Ikone der Eleusa öffnet sich Maria, sondern auch auf einem Bildtyp, der im Mittelalter große Verbreitung fand. Die von Michel Erhart (1444/1448–um 1522) um 1480 gestaltete Figur (Abb. 85; Berlin, Skulpturengalerie) steht hier stellvertretend für den Typus der Schutzmantel-Madonna: Maria bietet den Gläubigen unter ihrem Mantel Schutz und lässt sie ohne Vorbehalte in ihre nächste Nähe. Von den Verhaltensforschern wissen wir, dass der menschliche Sozialraum durch gewisse Distanzen gegliedert ist. Männer halten beim Sprechen miteinander im Durchschnitt eine etwas größere Distanz ein als Frauen. Die Distanz für den dienst-

85 Michel Erhart, Schutzmantel-Madonna, um 1480, Lindenholz, Höhe 135 cm, Berlin, Staatliche Museen Preußischer Kulturbesitz, Skulpturengalerie

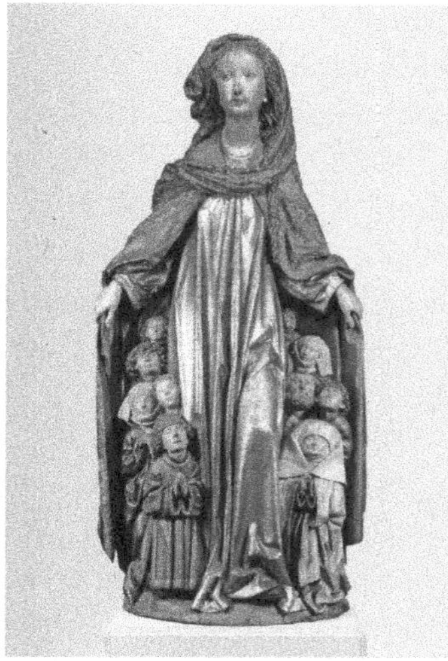

lichen, offiziellen Umgang von Menschen miteinander ist noch größer. Beim Militär galt als Richtlinie ein Abstand von drei Schritten. Bis in die Nähe der Intimsphäre lässt man im allgemeinen nur Menschen, zu denen eine familiäre Beziehung besteht. Die Gestik des Unter-den-Mantel-nehmens ist aber nicht nur ein Ausdruck der Mildtätigkeit und Menschenfreundlichkeit Mariens. Sie hat auch symbolische Bedeutung, die aus mittelalterlichen Rechtsbräuchen abgeleitet wird. Hochgestellte Persönlichkeiten konnten den ›Mantelschutz‹ gewähren. Er gab den Verfolgten Schutz und Asylrecht. Der Mantel galt als Symbol von Würde, Macht und Schutz. Der Typus der Schutzmantel-Madonna wurde besonders in Zeiten großer seelischer und äußerer Not dargestellt und verehrt. Er trat im Hundertjährigen Krieg in den Vordergrund und in Zeiten der Pest, deshalb wird die Schutzmantel-Madonna auch als Pestbild bezeichnet.

10.7 Rembrandt, Die Heimkehr des verlorenen Sohnes

Auch Vaterfiguren bieten Schutz. Mit den Mutterbildern ist ihnen das Ungleichgewicht der Partner gemeinsam. Der Schutzgebende überragt. Der Schutzsuchende ist kleiner, als Unterlegener dargestellt. Auch hier ist pantomimisch die völlige Öffnung zum Partner offensichtlich. Während sich jedoch die Schutzmantel-Madonna gewissermaßen anonym für jeden Schutzsuchenden öffnet, ist die väterliche Geste personalisiert und auf den verlorenen Sohn konzentriert.

Die Schützlinge Mariens sind froh, unter dem Mantel in Sicherheit zu sein und lugen unter ihm hervor, ohne sich Maria zuzuwenden. Der verlorene Sohn hingegen umfasst die Knie seines Vaters.

Rembrandts (1606–1669) besondere Fähigkeit, meint Riegl (1931), bestehe in der »Wiedergabe teilnahmsvoller Aufmerksamkeit«. Eine sehr verinnerlichte, fast meditative Aufmerksamkeit zeigt der Vater in diesem ungemein eindrucksvollen Bild (Abb. 86; 1660er Jahre; St. Petersburg, Eremitage). Auch die Hände, die bei der spätgotischen Madonna die reine Zweckgebärde des Mantelhaltens vollführen, bekommen hier eine ganz personelle, magische Qualität. Sie nehmen den verlorenen Sohn nicht nur auf – sie segnen ihn zugleich. Eine unvergleichliche Darstellung der segnenden Hand gelingt Rembrandt auch in seinem berühmten Bild »Jakob segnet die Söhne Josephs«, dem Glanzstück der Kasseler Gemäldegalerie.

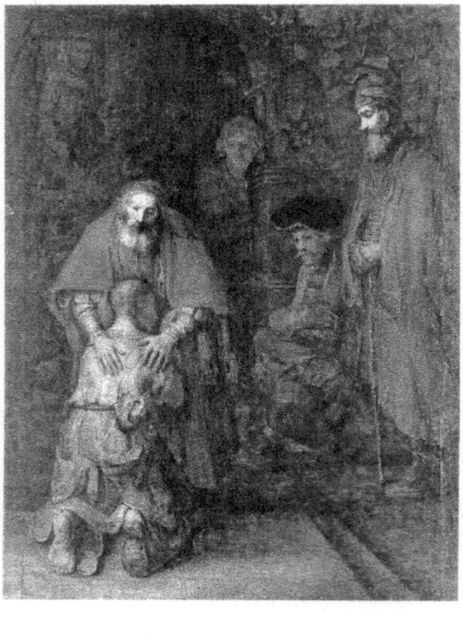

86 Rembrandt, Die Heimkehr des verlorenen Sohnes, 1660er Jahre, Öl auf Leinwand, 262 x 206 cm, St. Petersburg, Eremitage

10.8 Giotto di Bondone, Der Judaskuss

Die Gestik der vollen Zuwendung, der vollen Öffnung ist in der Kunst der gotischen Epoche eher selten. Die christliche Ikonografie zeichnet sich durch einen Zug zur Introversion, zur Abkehr vom Treiben der Welt aus. Eigentümlicherweise wird gerade in einer Szene eine rückhaltlose Umarmung gezeigt: Judas, der ehemalige Lieblingsjünger, der zum Verräter wird, nachdem seine Vorzugsstelle in der Nähe Jesu von dem jüngeren Johannes eingenommen wurde, küsst Jesus, um ihn dem Greifkommando kenntlich zu machen. Nun hätte Giotto (um 1266–1337) in den 1305–1307 entstandenen Fresken der Arena-Kapelle zu Padua (Abb. 87) diesen Kuss als eine oberflächliche Form der Begrüßung, als ›Bruderkuss‹ darstellen können, doch getreu der ikonografischen Vorgabe zeigt er die volle Umarmung ohne Einschränkung; geradeso, als ob man eine rückhaltlose Zuwendung zu Zeiten introvertierter Moral schon an sich als etwas Verdächtiges empfände.

Die Verurteilung des Judas wird zudem in einer anderen ausdruckspsychologischen Symbolik festgehalten. Er wird in aller Regel nur im Profil gezeigt, so als schäme man sich, ihn von vorn darzustellen. Die En-face-Darstellung bleibt Christus, den Heiligen und den gottgefälligen Menschen vorbehalten.

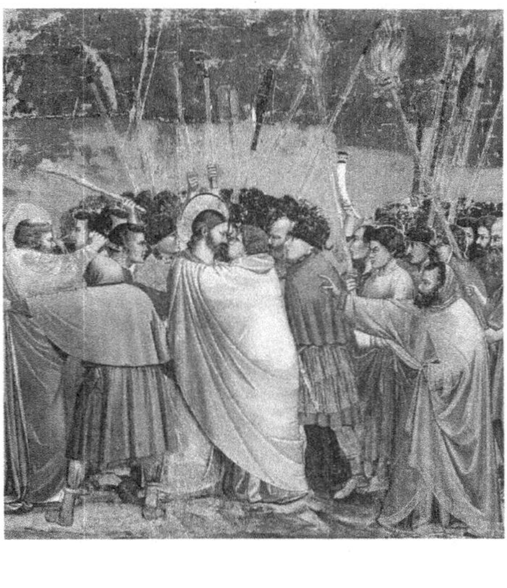

87 Giotto di Bondone, Der Judaskuss, Padua, Arena-Kapelle, Detail der Fresken, 1305–1307

10.9 Antonio del Pollaiuolo, Profilbildnis einer jungen Frau

Profildarstellungen können einen ausdruckspsychologischen Symbolwert besitzen, wie wir an der Art der Judas-Darstellung im Mittelalter demonstriert haben. Eine andere, weniger pejorative Bedeutung hat eine weitere mittelalterliche Tradition. Im Profil sind oft auf den Altären die Stifterfiguren zu sehen. Sie knien meist betend an der Seite, zur Rechten des Altars (vom Priester aus gesehen) der Stifter mit den Söhnen, zur Linken seine Ehefrau mit den Töchtern. Das Altarbild selbst, oft die Madonna mit dem Jesuskind, wird en face gezeigt.

Der Symbolgehalt der im Profil gezeigten wunderschönen blutjungen Renaissance-Frauen – wie dieser vornehmen Italienerin in der Gemäldegalerie Berlin-Dahlem, die Pollaiuolo (1432–1498) in den 1460er Jahren porträtierte (Abb. 88) – ist nicht ganz klar. Er mag einmal einen rein ästhetischen Grund haben. Im Profil lässt sich die florentinische Meisterschaft des Umrisses besonders brillant wiedergeben. Das Disegno feiert hier seine höchsten Triumphe. Dann mag auch das Vorbild antiker Münzen eine Rolle gespielt haben. Auf ihnen ist die Profilansicht üblich und die Antike war das große Ideal.

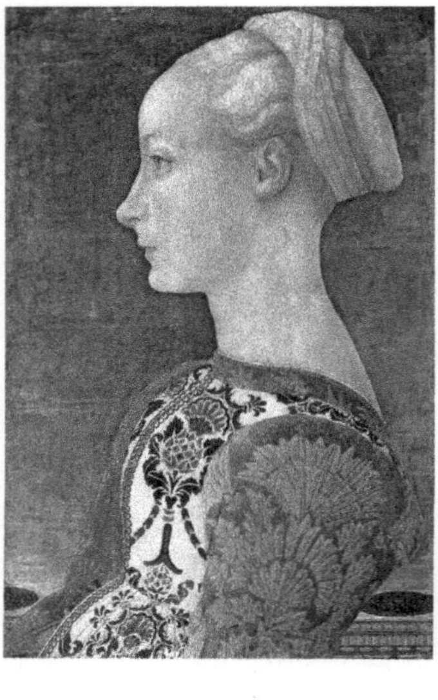

88 Antonio del Pollaiuolo, Profilbildnis einer jungen Frau, 1460er Jahre, Pappelholz, 52,5 x 36,5 cm, Berlin, Staatliche Museen Preußischer Kulturbesitz, Gemäldegalerie

Schließlich gibt es aber noch eine interessantere Deutung für diese typischen Profilbilder junger Damen. In manchen Fällen lässt sich nachweisen, dass es sich um Bildnisse handelt, die kurz vor der Heirat der Tochter gemalt wurden, um nach deren Wegzug im Elternhaus als Erinnerung zu bleiben. Das Profil, die halbe Abwendung vom Betrachter, wäre in diesem Fall das Symbol für den elterlichen Schmerz über den Abschied von der geliebten Tochter.

10.10 Eugène Delacroix, Das sterbende Griechenland auf den Ruinen von Missolonghi

Das Gemälde (Abb. 89; Bordeaux, Musée des Beaux-Arts) von Delacroix (1798–1863) aus dem Jahr 1827 beschwört ein Drama aus dem Befreiungskampf der Griechen gegen die Türkenherrschaft, den vor allem Lord Byron dem literarischen Europa ans Herz gelegt hat. Bei der Belagerung von Missolonghi standen 35 000 türkischen Angreifern nur 4000 griechische Verteidiger gegenüber. Als deren Lage aussichtslos war, sprengten sie sich mitsamt der Wälle der Stadt in die Luft. Delacroix bildet eine hilflose Frau als Allegorie Griechenlands ab. Im rechten Hintergrund triumphiert der siegreiche Türke,

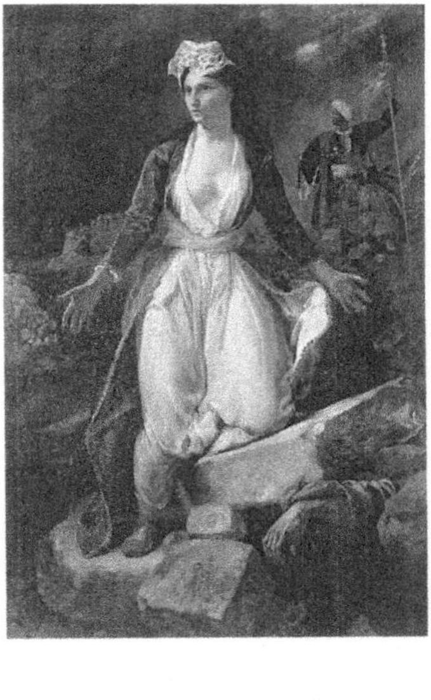

89 Eugène Delacroix, Das sterbende Griechenland auf den Ruinen von Missolonghi, 1827, Öl auf Leinwand, 213 x 142 cm, Bordeaux, Musée des Beaux-Arts

indem er seine Fahne auf den Ruinen der Stadt aufpflanzt. Die Frauenfigur ist nun keineswegs in der Gestik der Abwehr dargestellt. Diese Phase der Pantomimik ist schon überwunden. Die Frau ist verzweifelt, aller Widerstand wird nun als sinnlos empfunden und aufgegeben. Die Ärmste öffnet ihre Arme und zeigt ihre weitgehend entblößte Brust; »Stoß zu, eisgrauer Vater!« scheint sie zu rufen. Diese Öffnungsgebärde der Verzweiflung ist nun wiederum nicht nur Ausdruck des Seelenzustands der Griechin. Es ist eine Gebärde mit deutlichem Appellcharakter. Eigentümlicherweise richtet sich der Appell aber keineswegs an den siegreichen Türken, der unbeteiligt in Siegerpose im Profil im Hintergrund abgebildet wird. Der Appell richtet sich offensichtlich an das zivilisierte Europa, das tatenlos dem schrecklichen Treiben der bösen Türken zusieht. Durch diesen Appell an einen unbeteiligten Dritten, an den fernen Zuschauer, bekommt das Bild seine eigentümliche Melodramatik.

10.11 Guido Reni, David mit dem Kopf des Goliat

Die männliche unterscheidet sich von der weiblichen Pantomimik durch einen auffälligen Mangel an Symmetrie. Weibliche Gesten (ebenso wie weibliche Gesichter) sind im Vergleich mit männlichen symmetrischer (Buytendijk 1953). Noch ein weiterer genereller Unterschied ist bei der Darstellung männlicher Bewegung im Bild deutlich. Für Männer sind die komplizierteren, in der individuellen Entwicklung erst später erlernten Bewegungstypen wie Speerwurf oder Fechtparade charakteristischer, während Frauen durch einen schlichten Bewegungsablauf weniger auffallen. Auch auf unserem Bild imponiert David durch eine asymmetrische und recht komplizierte Pose (Abb. 90). Guido Renis (1575–1642) Bild im Pariser Louvre weicht von der üblichen Darstellungsform dieser biblischen Episode ab. Gewöhnlich erleben wir bei David die Anstrengung, mit der die schwierige Aufgabe, den übermächtigen, gewaltigen Goliat zu besiegen, bewältigt wird. Trotzige Anspannung kennzeichnet Michelangelos David, der freilich im Augenblick vor dem Kampf gezeigt wird und nicht in der ruhigeren Phase danach. Die senkrechte Stirnfalte dieser berühmten Skulptur ist zum Charakteristikum mimischer

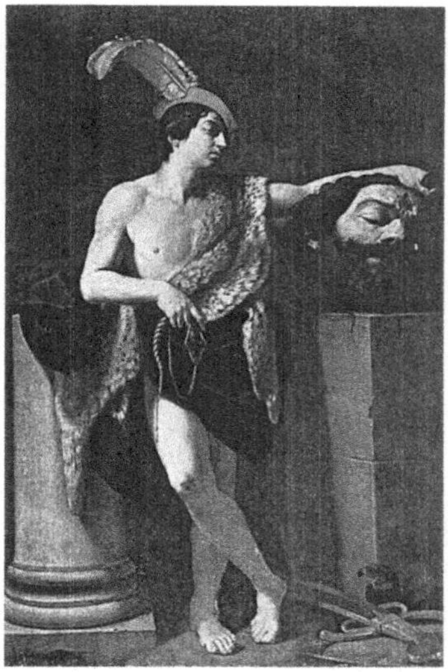

90 Guido Reni, David mit dem Kopf des Goliat, 1605, Öl auf Leinwand, 220 x 145 cm, Paris, Louvre

Trotzreaktion geworden. Reni zeigt den Sieger jedoch in lockerer, ungezwungener Haltung. Der Körper signalisiert weitgehend Entspannung. Das Schwert, stolzes Attribut männlicher Kampfbereitschaft, ist dem Helden entglitten und liegt nun unbeachtet am Boden. Besonders interessant ist Davids Beinstellung. Im Gegensatz zu den Frauen, deren Sitzhaltung in den beobachteten Kulturen durch geschlossene Schenkel gekennzeichnet ist, sitzen Männer und auch ranghohe Primaten mit offener Schenkelstellung. Von Verhaltensforschern wird diese Haltung als deutliche Präsentation der Männlichkeit interpretiert (die im übrigen durch die Hosenmode der Landsknechte noch verstärkt wurde). Die Beinpose Davids hat denn auch einen spielerischen und, wenn man so will, leicht weiblichen Charakter.

10.12 Peter Paul Rubens, Die Geißblattlaube

Dieses Brautbild (Abb. 91; München, Alte Pinakothek) malte Rubens (1577–1640) anlässlich seiner Hochzeit mit Isabella Brant im Jahre 1609 für seine Schwiegereltern. Das Geißblatt ist ein altes Symbol der Beständigkeit. Die Handhaltung des Paares zeigt die

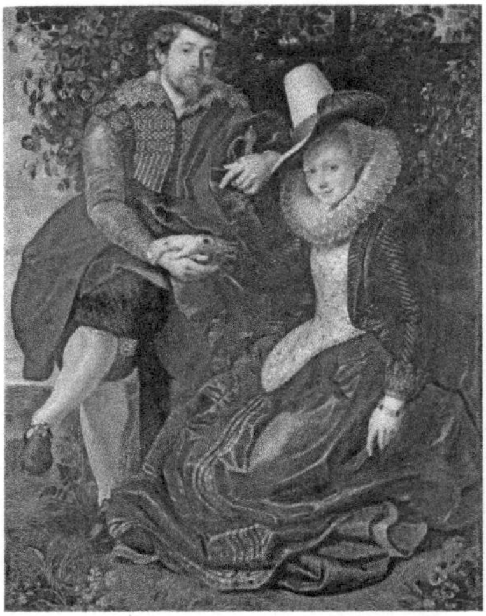

91 Peter Paul Rubens, Die Geißblattlaube, 1609, Öl auf Leinwand (auf Holz aufgezogen), 178 x 136 cm, München, Bayerische Staatsgemäldesammlungen, Alte Pinakothek

92 Johann Gottfried Schadow, Modell zum Denkmal Hans Joachim von Zieten, 1790/1791, Berlin, Archiv der Preußischen Akademie der Künste

93 Jean-Auguste-Dominique Ingres, Jupiter und Thetis, 1811, Öl auf Leinwand, 331 x 257 cm, Aix-en-Provence, Musée Granet

Geste der übereinandergelegten Hände, der Dextrarum junctio, eine Vermählungsgeste, die schon in frühen christlichen Zeiten nachweisbar ist.

Auffällig ist nun die Beinstellung des Bräutigams. Durch die Verschränkung des linken Beins über das rechte rückt er von seiner Braut ab. Zunächst ist man geneigt, diese Geste der Abschließung als innere Reserve gegenüber der jungen, hübschen und eleganten Frau zu interpretieren. Das Verschließen von Armen und Beinen ist seit eh und je als eine Geste des Vorbehalts, auch der Trauer gedeutet worden.

Hier dürfte diese Beinstellung jedoch eher (wie bei Guido Renis David) sanften männlichen Stolz ausdrücken. Rubens ist sich auf diesem Bild seines Wertes bewusst. Er kann es sich leisten, im gesetzten Alter eine derart begehrenswerte Partnerin heimzuführen. Vielleicht ist im Gemälde auch ein demonstratives Element. Er will den reichen Eltern der Braut zeigen, dass ihre Tochter einen Partner gefunden hat, dessen man sich nicht schämen muss. Dieselbe Geste malt Rubens auch in dem prächtigen Bild in der Sammlung Ringling in Sarasota, das jetzt als eine Darstellung von Pausias und Glycera gedeutet wird.

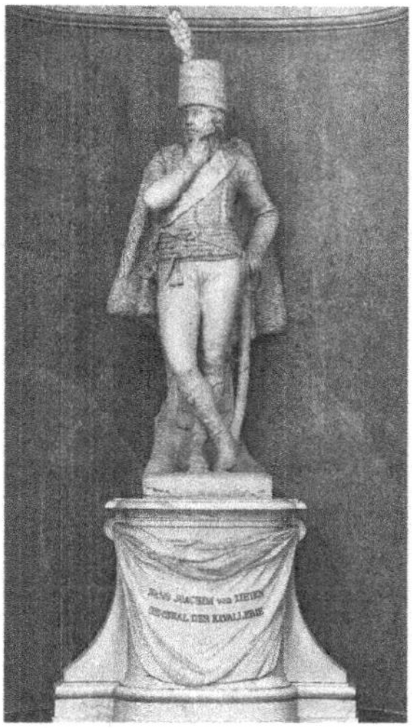

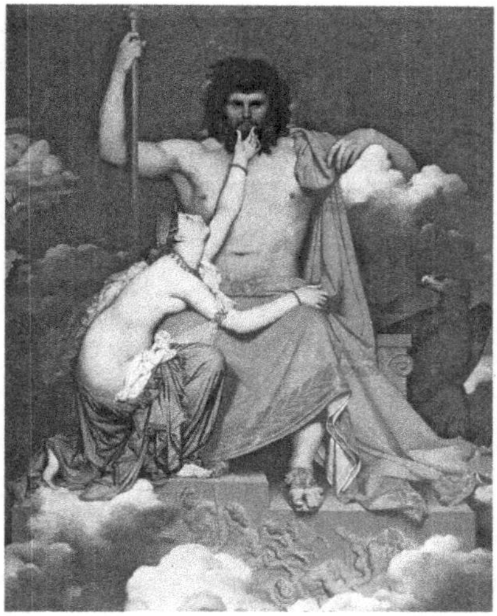

10.13 Johann Gottfried Schadow, Modell zum Denkmal Hans Joachim von Zieten

Noch einmal die männliche Pose der verschränkten Beine, diesmal jedoch bei einem preußischen Heerführer (Abb. 92; 1790/1791; Berlin, Archiv der Preußischen Akademie der Künste). Der Husaren-General von Zieten war für seine plötzlichen, für den Gegner völlig überraschenden Reiterattacken (»wie Zieten aus dem Busch«) berühmt geworden. Doch sein Denkmal sollte ihn nicht nur als mutigen Draufgänger verewigen. Von den Vorlagen Schadows (1764–1850) wählte Friedrich Wilhelm II. die Fassung aus, die »den in Überlegung begriffenen Feldherrn« zeigt.

10.14 Jean-Auguste-Dominique Ingres, Jupiter und Thetis

Der Göttervater wird von Thetis verführt, die mit der rechten Hand flehend seine Knie weniger umspannt als vielmehr locker berührt und ihm mit der Linken den Bart streichelt (Abb. 93; 1811; Aix-en-Provence, Musée Granet). Im linken Bildrand sieht Juno, die Gattin des Jupiter, dem Geschehen ohne Begeisterung zu. Man muss allerdings Thetis in dieser Szene, die auf Homers »Ilias« zurückgeht, zugute halten, dass sie ihre weiblichen Reize bei Jupiter einsetzt, um zugunsten des Schicksals ihres Sohnes Achilles zu intervenieren. Sie tut dies mit einer Gestik, die wir aus der Pantomimik des Flirts kennen. Dieser zeigt bei Mensch und Tier asymmetrische Bewegungsformen. Ein Teil der Abläufe deutet Zuwendung an, ein anderer Teil Abwendung.

Viele Tänze, vor allem auch der Tango, zeigen in ihrem Wechsel von Nähe und Abstoßung die Bewegungsfolge des Flirts, die auch in der ›Lockflucht‹ von Tieren zum Ausdruck kommt. Ingres (1780–1867) drückt die innerlich zwiespältige, eher zweckgerichtete Verführungskunst der Thetis durch das Liebkosen der linken Hand aus, die eigentlich mit ihrer abweisenden Außenseite dem Jupiter zugewendet wird. Thetis zeigt in dieser Szene eine weit stärkere pantomimische Reserve als etwa Rubens in seinem Brautbild. Wir können nur raten, ob Jupiter dieser Versuchung widerstehen wird. Noch hält er sich etwas krampfhaft gerade, jedoch nicht ohne Majestät an seinem Speer fest. Die Linke aber zeigt schon Zeichen einer moralischen Aufweichung, locker und entspannt ruht sie auf einer Wolke. Sein Gesicht ist noch finster. Aber wir ahnen doch, dass wir mit der Standhaftigkeit des Göttervaters nicht mehr allzu lange rechnen können.

10.15 Antonio Allegri, genannt Il Correggio, Jupiter und Io

Die Pantomimik der abendländischen Kunstwerke zeigt nicht nur in der Gestik eine Tendenz zur Introversion. Eine völlige Hingabe und gegenseitige Öffnung wird eher selten dargestellt. Als britische Beamte zum ersten Mai die indischen Tempel von Khajuraho inspizierten, waren sie schockiert. Da waren doch tatsächlich Plastiken zu sehen, die unbekleidete gelenkige und wohlproportionierte Männer und Frauen im Akte des Beischlafs abbildeten. Und dies in durchaus variablen Stellungen. Für einen Tempel, ein Haus der Religion, waren dies in europäischer Einschätzung wenig passende Abbildungen. Dass im Hinduismus gerade der Moment der Ekstase zugleich den Moment religiöser Hingabe bedeutete, entsprach kaum westlichen Vorstellungen. Nun fehlt in der abendländischen Kunst keineswegs die Darstellung religiöser Ekstase. Die berühmteste ist wohl Berninis Plastik der heiligen Teresa. Doch hier handelt

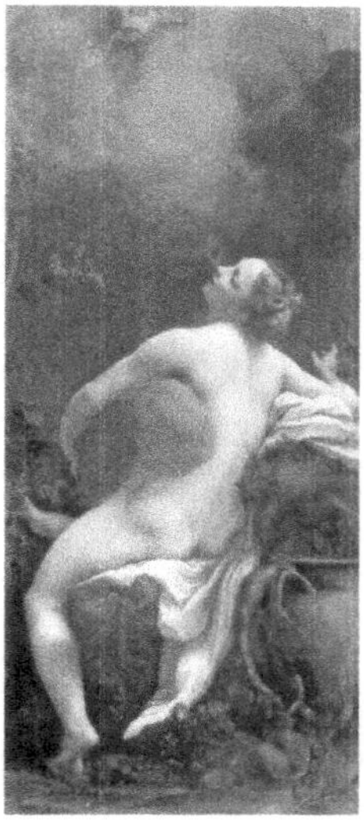

94 Antonio Allegri, genannt Il Correggio, Jupiter und Io, um 1511, Öl auf Leinwand, 163,5 x 74 cm, Wien, Kunsthistorisches Museum

es sich nicht um die Darstellung eines Paares. Die Heilige erlebt ihre rauschhafte Begeisterung allein. Der Partner, der göttliche Bräutigam, ist allenfalls in der Phantasie der Heiligen anwesend. In der Plastik wird er nicht dargestellt.

Correggio (um 1489–1534) galt unter den Malern der Hochrenaissance als der frivolste. Er geht einen Schritt weiter auf dem Weg von der Phantasie zur Realistik. Jupiter, der Partner der Io, ist zwar nicht nur in der Phantasie anwesend, aber auch nicht in menschlicher Gestalt (Abb. 94; um 1511; Wien, Kunsthistorisches Museum). Der Gott hat sich zum Zwecke seines Liebesabenteuers in eine Wolke verwandelt. Io aber wird in einer Pose dargestellt, die an Deutlichkeit, aber auch an Poesie nichts zu wünschen übrig lässt. Das Bild wurde für Federico II. Gonzaga, den Herzog von Mantua gemalt. Es gehörte zu einem Zyklus. Auf den anderen Bildern sehen wir Jupiter in Gestalt des Schwans, der sich der Leda nähert, und als Goldregen, der in den Schoß der Danae fällt.

10.16 Constantin Brancusi, Der Kuss

Nach der Auffassung Ernst Kretschmers, des Begründers der modernen Konstitutionslehre (Kretschmer 1921), wechseln im Laufe der Kunstgeschichte Epochen der Introversion mit Epochen der Extraversion ab. Kretschmer ordnet der Introversion und der Extraversion bestimmte Wachstumsformen, Körperbautypen zu. Der weiche, rundliche Pykniker, dem ein zyklothymes Temperament entspricht, ist durch Extraversion, der eher hagere, eckige Körperbau mit einem Kopf, der steile Eiform und Winkelprofil aufweist (Leptosome mit schizothymem Temperament), durch Introversion gekennzeichnet. So liegt es nahe, in der Spätgotik eher an eine introvertierte Periode zu denken; Riemenschneiders schlankgliedrige Figuren oder auch Grünewalds überstiegenes Pathos wären Beispiele für diese Ansicht. Auch die schlanken Hände, die für Albrecht Dürer typisch sind, deuten auf diesen Formenkreis hin. Das Barock mit den rubensschen Formen gilt Kretschmer hingegen mehr als Epoche der Extraversion. Wie bei allen Typologien sind Zuordnungen nicht immer eindeutig. Es lassen sich sicher auch im Barock introvertierte Einschläge und in der Spätgotik typische Extraversionen nachweisen. Burckhardts (1860) Kennzeichnung der Renaissance deutet eher darauf hin, dass die abendländische Kunst in der gotischen Periode eine allmähliche Wendung zur Extraversion nimmt. Wie dem auch sei, ein Schüler Kretschmers, Winkler (1970), interpretiert die moderne Kunst als einen Schub zum schizothymen Pol der Temperamentsskala. Jedenfalls ist offensichtlich, dass der gesellschaftliche menschliche Kontakt kaum noch zum unbefangenen Bildthema wird. Die Einsamkeit, Unbehaustheit, auch die Masse werden zum Problem und zum Bildgegenstand der Künstler.

Ein Zug zur Abstraktion, den die Moderne mit den Epochen des Ikonoklasmus teilt, und ein Zug zur Strenge, selbst Prüderie wird seit der Zeit des Ersten Weltkriegs deutlich. Die anzüglichen Amouretten des Rokoko und der Schwulst der unbekleideten Modelle des Ateliers oder die Akte im Birkenwäldchen werden abgelehnt. Brancusis (1876–1957) »Kuss« (Abb. 95; 1907/1908; Craiova, Muzeul de Arta), eine der berühmtesten Plastiken der Moderne, die menschliche Nähe und gegenseitige Offenheit und Hingabe darstellt, ist von archaischer Strenge. Die unbedingte Zusammengehörigkeit der beiden dargestellten Personen ist symbolisch schon durch die Tat-

95 Constantin Brancusi, Der Kuss, 1907/1908, Stein, 28 x 26 x 21,5 cm, Craiova, Muzeul de Arta

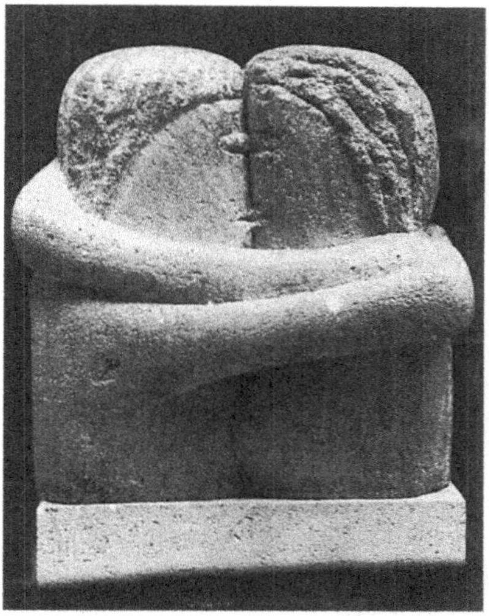

sache ausgedrückt, dass sie aus demselben Stein gehauen worden sind. So stellen die beiden zwar ein Liebespaar dar, erinnern aber durchaus an den Elternarchetypus im Sinne Jungs. Dieser Archetyp steht am Beginn der menschlichen Bewusstseinsentwicklung, bevor er sich in das Vater- und Mutterbild teilt.

Kontaktproblematik deutet auch das Werk eines anderen großen Bildhauers, Henry Moore, an. Hier geht es um das Umschlossensein von der großen Mutter (Neumann 1961) und um die Unmöglichkeit, sich aus dieser Umfassung zu lösen.

Eigenartig mutet es an, dass zu Beginn unseres Jahrhunderts gerade der Kuss als Symbol für innige Verschmelzung zweier Liebenden gewählt wird. Wir finden ähnlich rücksichtslose Enge in Gemälden Klimts. Wenn wir den Verhaltensforschern folgen, ist der Kuss ursprünglich eine Geste aus der Kinderpflege, das Darbieten vorgekauter Speise, die das Kleine mit dem Mund entgegennimmt. Die künstlerische Hochstilisierung des Kusses in unserer Epoche mag auch medienabhängig sein. Der Kuss in Großaufnahme war eine der eindringlichsten Szenen des publikumswirksamen Mediums Film.

11 Das Lächeln der Mona Lisa

In einem ersten Teil des Kapitels untersucht Martin Schuster die Fragen, ob die Mona Lisa (Farbabb. 5) lächelt, ob sie wirklich schön ist und wie der rätselhafte Ausdruck des Gemäldes zustande kommen könnte. In einem zweiten Teil verfolgt Manfred Koch-Hillebrecht die Wurzeln des Lächelns in der Kunst und überlegt, was das Bild »Mona Lisa« wirklich darstellen soll.

11.1 Das Lächeln der Mona Lisa
von Martin Schuster

11.1.1 Lächelt die Mona Lisa eigentlich?

So gewiss ist das nicht. Versuchen wir, ihren Gesichtsausdruck einmal nachzumachen. Ja, ein leichtes, vielleicht ein wenig abwartend-resigniertes Lächeln könnte es sein. Es gibt Merkmale des Lächelns: In den dunklen Stellen an den Augenbrauen könnten Lächelfalten liegen. Die Wangen scheinen zu den Augen hin etwas hochgeschoben, der Mund zu den Mundwinkeln ein wenig verbreitert und die Oberlippe ebenfalls etwas hochgeschoben. Der Abstand der Oberlippe zur Nase ist nämlich sehr gering. Es könnte eine Art gehemmtes Lächeln sein, das eigentlich flirten möchte, aber nicht darf. Der Gesichtsausdruck könnte aber auch sagen: Ich weiß, was Du willst, aber ich sehe mich vor. Er ist eben nicht allzu eindeutig. Am ehesten ist es aber ein angedeutetes Lächeln. Lachen und Lächeln wirken durch ihre Dauer; auf dem Foto und dem gemalten Gesicht ist es besonders ausdrucksstark zu vermitteln.

11.1.2 Ist die Mona Lisa schön?

Ja, es gibt Merkmale des Gesichts, die wir auch heute schön finden. Die junge, faltenfreie Haut, die sanfte Biegung des weiblichen Gesichts. Das konnte damals nur Leonardo malen. Im Vergleich zu anderen gemalten Gesichtern war dieses Porträt also besonders schön (vgl. Kapitel 5: Schönheit ist ein Kontrasterlebnis). Die gerade, hohe Stirn würden wir auch heute als schön empfinden. Fast fühlen wir uns an ein Kindermerkmal erinnert. Auch Babys haben eine relativ riesige Stirn. Das Kinn liegt – anders als bei vielen Madonnenbildern der Zeit – in der geraden Frontlinie des Gesichts, ist also wiederum hübscher als auf vergleichbaren Bildern. Träfen wir das Mädchen auf der Straße, würden uns allerdings auch Hamsterbacken auffallen. Die Nase ist recht lang, aber relativ zur Kopfgröße nicht länger als bei schönen Models in einer Fotografie-Sammlung (was ich probehalber einmal ausgemessen habe). Der Abstand der Nase von der Oberlippe ist aber ungewöhnlich gering. Bei Brigitte Bardot, auch einer Kindchen-Schönheit, beträgt er 1/3 der Nasenlänge, bei der Mona Lisa nur ca. 1/7. So erscheint die Nase dennoch irgendwie riesig lang. Solche Dinge sind einem Malschema geschuldet, nach dem die Maler einer Epoche Gesichter aufbauten. Bei den Bildnissen von Raffael (etwa Madonna del Granduca) verhält es sich nicht anders. Einen Schönheitswettbewerb würde die Mona Lisa heute nicht gewinnen, selbst wenn wir von ihrem recht massigen Körper absehen. Für den damaligen Betrachter, der an dieses Gesichtsschema gewöhnt war, mag sie schöner als alle gemalten Madonnen gewesen sein (und die sollten ja immer sehr schön sein).

11.1.3 Der Hintergrund des hintergründigen Lächelns

Der Maler hat die Möglichkeit, sein Motiv in eine Landschaft hinein zu malen. Dadurch wird die Realitätssuggestion des gemalten Bildes sogar noch höher als die der dreidimensionalen, aber dadurch naturgemäß isoliert stehenden Skulptur. Die so entstehenden Landschaften können darüber hinaus eine Stimmung zum Vordergrund hinzufügen. Sie können ruhig und fließend sein oder aufgeregt-heroisch, z. B. mit reißenden Gewässern, ausgestattet sein. Sehnsüchtig blicken wir auf die gemalten Landschaften, die uns mit in ihre ruhige oder abenteuerliche Stimmung mitnehmen.

Insofern wäre der Hintergrund der Mona Lisa nichts Besonderes. Dennoch ist er bei genauer Betrachtung sehr merkwürdig und könnte, wie wir sehen werden, etwas mit der rätselhaften Wirkung des Bildes zu tun haben. Wenn man die rechte und die linke Seite des Hintergrundes vergleicht, etwa indem man sich mit einem waagerecht gehaltenen Lineal langsam an dem Gesicht hochbewegt, bemerkt man auf gleicher Höhe eine Reihe krasser Gegensätze:

- Die braune Struktur ganz unten ist
  links *gebogen* und rechts *gerade.*
- Etwas höher liegt
  links eine *enge* Schlucht und rechts ein *weites* Tal.
- Wieder etwas höher ist
  links *Wasser* und rechts eine *trockene Felswüste.*
- Darüber ist nun
  links eine *trockene, vertikale Felsbarriere* und rechts
  ein *horizontaler See.*
- Und ganz oben ist der Blick in die Ferne
  links fast *vollständig* geschlossen und rechts V-förmig *geöffnet.*

Das kann kaum Zufall sein. Was ist die Folge solcher Widersprüchlichkeit für den Betrachter? Zunächst wird sie kaum bewusst werden, wenn man das Gesicht betrachtet, dennoch wird auch diese Information aufgenommen und verschmilzt mit dem Eindruck, den das Gesicht hinterlässt. Schon bevor die moderne Gehirnforschung unsere philosophischen Debatten bereicherte, wusste man, dass Information, die mit dem rechten und dem linken äußeren Gesichtsfeld aufgenommen wird, jeweils zunächst vollständig von der rechten und linken Gehirnhälfte (der jeweiligen Gegenseite des Gesichtsfeldes) bearbeitet wird (vgl. Abb. 4). Betracht man das Gesicht der berühmten Schönheit, ist das nun für die Hintergründe der Fall: Sie liegen im rechten und linken äußeren Gesichtsfeld. Einen Moment lang entsteht so also im Gehirn ein ganz unterschiedlicher Eindruck. Verstärkt sich so die Ambivalenz, die sich dann auf die Verarbeitung des Gesichtsausdrucks auswirkt? Das Lächeln wird nun noch geheimnisvoller, als es durch die etwas vagen und vieldeutigen Schwarzzonen an den Mund- und Augenwinkeln ohnehin schon ist.

Einem kreativen Genie wie Leonardo da Vinci könnte man diese Entdeckung sehr wohl zutrauen. Gleichzeitig trauen wir ihm, der seine Gedanken in einer Geheimschrift niederlegte, zu, die Erfindung für sich zu behalten. Ja, er wollte das Bild nicht verkaufen. Das Bild begleitete ihn auf den Stationen seines Weges – vielleicht weniger wegen der schönen Giaconda als wegen des Entdeckerstolzes.

Will man den großen Ruhm dieses Bildes verstehen, reicht die Bildbetrachtung allein nicht. Das Genie Leonardos zeigte sich in der Erfindung von Fluggeräten, er führte anatomische Studien aus. Die Bewunderung für diese kreativen Großtaten färbt auf die Gefühle für eins der wenigen von Leonardo erhaltenen Gemälde ab. Das Bild wurde 1911 aus dem Louvre entwendet und konnte wieder aufgefunden werden. Dies erzeugte viel Aufmerksamkeit. Jeder kannte jetzt das Bild.

KUNSTPSYCHOLOGISCHES PRAKTIKUM

A Versuchen Sie einmal, mit wenigen Strichen den Hintergrund in dem vom Kopf verdeckten Bereich der Landschaft zusammenzuführen. Dies ist nicht so leicht möglich.

B Machen Sie eine Umfrage. Zeigen Sie das Bild der Mona Lisa und fragen Sie ihre Freunde und Bekannten, ob das abgebildete Mädchen schön ist. Die meisten werden sie nicht allzu schön finden. Man kann aber auch beobachten, dass die Kenntnis darüber, die Mona Lisa sei besonders schön, das Urteil beeinflusst. Man könnte weitergehen, das Bild ausschneiden, mit anderen Haaren versehen und nun prüfen, ob sie noch als schön gelten kann.

11.2 Das Lächeln der Mona Lisa

Manfred Koch-Hillebrecht

11.2.1 Bitte recht freundlich!

Lebensgroße Statuen lächelnder junger Männer stehen am Anfang der europäischen Kunstgeschichte. Das archaische Lächeln dieser unbekleideten Kouroi ist ein Ausdruck vornehmer Gesinnung – Schönheit und Tugend gehen Hand in Hand. Bis heute bezaubern diese imposanten Standbilder, die als Weihegeschenke in Heiligtümern oder als Grabdenkmäler aufgestellt wurden, die Museumsbesucher. Seit dem 6. Jahrhundert v. Chr. ist jedoch das Lächeln aus der Menschendarstellung in der europäischen Kunst fast ganz verschwunden. Erst auf den modernen Fotografien wird meist gelächelt. »Bitte recht freundlich!«, ruft der Fotograf und der Abgebildete soll das englische Wort »cheese« aussprechen, bei dem die Zähne leicht entblößt werden.

Der moderne Hang zum Lächeln stammt aus der amerikanischen Tradition. Im Verständnis der Katholiken und Lutheraner ging eher ein Kamel durch ein Nadelöhr, als dass ein Reicher in den Himmel kam. Für die Calvinisten, die puritanischen Pilgerväter zeigte sich hingegen schon Hienieden am wirtschaftlichen Erfolg, ob Gottes Segen die menschlichen Taten begünstigte. Die Reichen dankten Gott mit ihrem Christenlächeln, dieses war ein Zeichen für die Kreditwürdigkeit des Geschäftsmannes. Uncle Sam lächelt auf den Plakaten und in der Mimik des John Rockefeller I. hatte sich das Lächeln in die Falten seines runzligen Gesichtes eingegraben (W. Hellpach). Lächelnde Traktoristinnen, BDM-Mädchen, die dem Führer entgegenstrahlten und freudig erregte Teilnehmer an Massenveranstaltungen gehörten zur Dramaturgie der europäischen Diktaturen im 20. Jahrhundert. Das Lächeln überschwemmte die neuen Medien Fotografie, Film, Fernsehen, Werbung und Propagandaplakate. Diese neue Mediensituation behindert uns heute an einer richtigen Bewertung des Lächelns auf einem Gemälde der Renaissance.

Auf den Exponaten der Museen für Moderne Kunst ist das Lächeln allerdings ebenso selten zu finden wie in denen, die der klassischen Malerei gewidmet sind. Dies gilt auch für die amerikanischen Museen wie MoMA, Whitney, Guggenheim. Allenfalls die Pop-Art macht eine Ausnahme. Roy Lichtensteins »Girl with Ball« und Andy Warhols »Gold Marilyn Monroe« faszinieren die Besucher mit etwas seelenlosen Lächeln.

Im Lächeln des Buddha, das die Ikonografie der ostasiatischen Kunst prägte, ist der religiöse Hintergrund offensichtlich. In der meditativen Entspannung der Yogahaltung wird der Übergang ins Nirwana vollzogen, nicht in der verzerrten Agonie des Heilands am Kreuz. Das Lächeln gehört zwar nicht zur Ikonografie der Buddha-Darstellung, findet sich aber in allen Darstellungstypen, sei es des schreitenden, des predigenden oder des die Erde anrufenden Buddhas, teils auf einem Gesicht mit beinahe geschlossenen Augen und nach innen gerichtetem Lächeln. Nicht nur im Inneren der Tempel waren diese Darstellungen zu sehen, Kolossalfiguren imponierten im öffentlichen Raum, von Banyan in Afghanistan bis zu den liegenden Buddhas in Sri Lanka und Burma. In China ragen sie in den Nischen der Grotten und Höhlen am Ende der Seidenstraße empor. Hier stand ein anderes mimisches Vorbild vor Augen als die steife Oberlippe der britischen Kolonialbeamten zur Zeit der Queen Victoria. Diese lächelte als Witwe überhaupt nicht mehr in der Öffentlichkeit. Der Unterschied zu Asien ist deutlich. Die Operette sieht noch heute Japan als das Land des Lächelns an.

Weinen, Heulen und Schluchzen der Totenklage sind ein Versuch, mit dem traumatischen Erlebnis des individuellen Todes fertig zu werden. Das Lächeln ist eine ebenso tief in der menschlichen Natur verwurzelte ästhetische Strategie, ein ›Coping device‹, den Schrecken von Tod und Vergänglichkeit zu überwinden. Lachen und Weinen sind nicht nur Gegensätze, sondern zwei Seiten einer Medaille. Die Psychiatrie kennt das Krankheitsbild des Manisch-Depressiven. Die Todesnähe des Lächelns ist bei Buddha-Plastiken und in archaischen Grabstelen offensichtlich, beim allgegenwärtigen Lächeln weniger. Doch eine der anthropologischen Grundlagen des Fotografierens ist der Versuch des Massenmenschen, Momente seiner anonymen Biografie vor dem Vergessen zu bewahren. Und so werden die wichtigen Anlässe festgehalten. Man lächelt anlässlich von Geburten, Hochzeiten, Geburtstagsfeiern und beim großen Augenblick, als man die Ehre hatte, auf einer Kreuzfahrt dem Kapitän die Hand zu schütteln.

Keiner besonderen religionspsychologischen Erklärung bedarf hingegen ein Porträt des großen Wiener Biedermeier-Künstlers Ferdinand Georg Waldmüllers. Der in seinem feinen Anzug auf einer Steinbank in der Voralpenlandschaft abgebildete Baron Moser ist offensichtlich mit sich selbst zufrieden. Er hat es geschafft. Seine rechte Hand liegt locker auf dem Oberschenkel. Sein Lächeln dürfte auch auf den häufigen Genuss fein zubereiteter Speisen und eines guten Tropfens zurückzuführen sein. Backhendl, Sachertorte, Gumpoldskirchner dienen als Auslöser einer pantomimischen Grundhaltung. Nur selten gab es in der Geschichte der Menschheit ruhige Perioden des Genusses. Im römischen Imperium sei dies nur die

Zeit zwischen dem Tod Domitians und dem Beginn der Herrschaft des Commodus gewesen, meint Gibbon. Vielleicht wird deshalb in der klassischen Kunst so wenig gelächelt. Doch in der ägyptischen Spätplastik trat dieses zufriedene Lächeln ebenfalls auf. (Oberteil einer Männerstatue, Ende 4. Jh. v. Chr., K.H.M. Wien, Ägypt. Orient. Sammlung, Inv. Nr. 20)

In der griechischen Kunst wurde das Lächeln aus der gesellschaftlichen Sphäre in das rauschhafte Reich des Dionysos verdrängt, obwohl für Aristoteles (Nik. Ethik) Lachen und Weinen menschliche Merkmale waren, die ihn vom Tier unterscheiden. Doch die Kunst sah das anders. In der antiken Ikonografie lachen und lächeln vor allem Figuren von wilden Satyrn und schönen Mänaden. (R. M. Schneider. In: J. Le Goff. Das Lächeln im Mittelalter, 3. Auflage, 2008; S. 120) Das Lächeln wird für subhumane Fabelwesen typisch. Im christlichen Mittelalter lächelt die Schlange im Paradies (hinter der sich der Teufel verbirgt), weil sie sich darüber freut, die ersten Menschen verführen zu können.

Das Lächeln glitt in die Mythologie, die Zoologie und schließlich in die Geografie ab. Pratum ridet (es lacht die Au) lernt der Schüler als Beispiel für eine Metapher im Rhetorikunterricht. Die freudige Gesichtsbewegung des Lachens, zunächst auf das menschliche Gesicht beschränkt, wird in der Sprachfigur auf die Natur übertragen. In der physiognomischen Phase sieht das Kleinkind Gesichter in Fassaden, Schrankwänden, Automobilen. Diese Physiognomien gliedern sich nach den Polen bedrohlich und freundlich lächelnd. So auch in der Kunst der Geisteskranken. Das Lächeln der »zerfallenden Katze« des Patienten Luis Wain verteilt sich vom Gesicht des Tieres auf die gesamte Umgebung, dominiert schließlich das ganze Bild und wandelt sich zu einem kosmischen Lächeln (Alderidge & Wain 1997). Große Künstler haben Zugang zum Unbewussten, in dem die kindlichen Strukturen bewahrt werden. Das Lächeln kann sich auch in ihren Werken ausbreiten und ein ganzes Bild erfassen. Renoirs Gemälde strömen eine gelöste Heiterkeit auch dann aus, wenn die abgebildete Person selbst nicht lächelt. »Meiner Meinung nach muss ein Gemälde etwas Ansprechendes sein, etwas Fröhliches und etwas Hübsches«, war seine Devise. Der gewaltige Erfolg der Impressionisten, der sich durchaus mit dem der Mona Lisa messen kann, beruhte darauf, dass sie freundliche, einladende, lächelnde Landschaften malten, deren Aufforderungscharakter von jedermann verstanden wurde. Lächeln überall, nur aus dem menschlichen Gesicht verschwand es, so wie in dem bekannten Limerick:

There was an joung Lady of Riga
Who smiled when she rode on a Tiger
They returned from the ride
With the Lady inside
And the smile on the face of the Tiger.

Die heitere und ansprechende Atmosphäre, die sich wie ein einladendes Lächeln auf das ganze Gemälde ausbreitet, ist auch für die große Popularität des bekanntesten Bildes der deutschen Malerei im 19. Jahrhundert verantwortlich. Carl Spitzweg malte 1839 den »Armen Poeten« (Fassungen in München, Berlin und in der Sammlung Schäfer, Schweinfurt). Von einem Lächeln ist auf dem Gesicht des älteren Mannes, der unter beklagenswerten Umständen in seiner armseligen Dachkammer tagsüber im Bett liegt, wenig zu spüren. Ein Regenschirm schützt ihn vor den aus dem schadhaften Dach durchsickernden Tropfen. Wenn man genau hinsieht, zerquetscht er mit der rechten Hand Ungeziefer. Das Gemälde lädt zum Schmunzeln ein. Das überaus populäre Bild lächelt augenzwinkernd den Betrachter an, allerdings nur, weil er einem Missverständnis zum Opfer fällt. Spitzweg wollte keine Empathie für einen versponnenen Mitmenschen hervorrufen. Er wollte die Kunstauffassung einer zeitgenössischen Schule, die der Nazarener, kritisieren, die nach seiner Meinung zu literarisch, zu lebensfremd auftrat. Spitzweg orientierte sich an den wenig gutmütigen satirischen Vorbildern französischer Zeichner wie Daumier und Gavarni. Die Deutschen lieben Spitzweg, weil sie das Bild als Projektionsfläche der eigenen Gemütsbewegung benutzen.

Zwei Traditionsstränge verdrängten das Lächeln aus der europäischen Kunst. Die Römer hatten nicht einmal ein richtiges Wort für das Lächeln. Auf den Porträts sind kernige Bauernkrieger zu sehen, ernsthafte Männer. Der Kaiser Augustus hatte in seinen Staatsporträts den Ton angegeben. Die Soldatenkaiser wirken besonders bärbeißig. Caracalla soll es ganz recht gewesen sein, dass seine Porträtbüste eher Schrecken auslöste.

Die christliche Tradition war dem Lächeln in der Kunst nicht günstig. Einige Klosterregeln verboten den Mönchen sogar das Lachen. In der scholastischen Literatur stritt man sich darüber, ob Jesus in seinem Leben jemals gelacht habe. In der gotischen Plastik lachen vor allem die törichten Jungfrauen. Erst in der Scholastik wurde zwischen einem erlaubten und unerlaubten Lachen unterschieden. Das Wort »Lächeln«, wie wir es in den modernen Sprachen kennen, ist nach Le Goff eine mittelalterliche Wortschöpfung. Der »vultus hilaris« galt als Ausdruck der Heiligkeit des Franz von Assisi.

Weder die christlichen Vorbilder noch die antike Tradition legten es dem Künstler nah, Porträtierte lächelnd abzubilden. Schon gar nicht die Frauen der Gesellschaft. Die Lehre der Kirche war noch lebendig. Das Weib verführt zur Sünde, besonders die Körperöffnungen waren tabuisiert. Augen und Mund bargen Gefahren, in der Hölle zu landen. Der weibliche Blick richtete sich in der christlichen Ikonografie stets auf den Boden. Der Mund der Frau soll im öffentlichen Raum am besten geschlossen bleiben. Taceat mulier in ekklesia.

Weswegen hat Leonardo die Gioconda lächelnd dargestellt und weswegen ist dieses Gemälde zur Ikone der westlichen Welt geworden?

Ein Grund dafür dürfte darin liegen, dass das Lächeln, die wichtigste Form der freundlichen menschlichen Kommunikation, aus der europäischen Kunstgeschichte verdrängt wurde. Verknappung wirkt, wie wir wissen, in der Wirtschaft. Gold ist wertvoll, weil es selten ist. Die Tante Jolesch wurde gefragt, weswegen ihre Krautsfleckerln von allen so geschätzt würden. »Weil ich immer ein bisserl zu wenig davon koche«, war ihre Antwort. Allenfalls Gaukler und Moriskentänzer lächelten. In der flämischen und niederländischen Malerei des 16. und 17. Jahrhunderts lachten und lächelten die dummen Bauern, die Kirmesgänger während ihren rohen Belustigungen. Anständige Bürger bewahren Contenance, wenn sie auf Brautbildern oder Gruppenporträts gemalt wurden. Das holländische Genre der »lustigen Gesellschaft« (Willem Buytewech, Fröhliche Gesellschaft, 1620, Budapest. Gesellschaft im Freien, 1616, Berlin. Ebenso Pieter Codde, Willem Duyster) zeigt keine lächelnden Gesichter. Die feinen Herren und Damen denken nicht daran, die Miene zu verziehen. Ähnlich in den Fêtes galantes des Rokoko. Die Figuren des Watteau bewegen sich in heiterer und festlicher Atmosphäre, zum Lächeln lassen sie sich nicht herab.

Selbst die wenig tugendhaften Damen zeigen in der europäischen Kunstgeschichte zwar viel Haut, aber sie lächeln nicht. Weder die unbekleidete Maya des Francisco Goya noch die Demoiselles d'Avignon des Pablo Picasso. Der Spanier stattete sie mit maskenhafter Mimik aus, die er westafrikanischer Plastik entnahm, die er im Musée de l'Homme studiert hatte. Die Damen, die Toulouse-Lautrec in den Pariser Amüsiersalons porträtierte, lächeln überhaupt nicht. Es gibt aber eine kuriose Ausnahme in der Ikonografie des ältesten Gewerbes der Welt. Kirchner malte eine Straßenszene, Berliner Nutten, die mit schwarzen Schleiern den Status einer Kriegerwitwe vortäuschten. Diese jungen Damen lächeln hinter ihrem schwarzen Gesichtsvorhang.

Der große Frans Hals holte das verdrängte Lächeln in die Darstellung der honorigen Gesellschaft zurück. In den lächelnden Knabenbildern steht noch das Memento mori, die Einsicht in die Unabwendbarkeit des Todes und des Jüngsten Gerichts im Vordergrund. Davon ist im »Lachenden Kavalier« der Londoner Wallace Collection nicht mehr die Rede. Hals verwendete das Lächeln im Hochzeitsbild, das vorher und auch nach ihm meist ernsthafte Gesichter zeigte. Der Erfolg dieses populären Bildes der berühmten Privatsammlung beruht nicht nur auf der großartigen den Impressionismus vorwegnehmenden Malweise. Sondern auch darauf, dass es nur sehr wenige lächelnde Bilder in der europäischen Kunstgeschichte gibt. Im 18. und 19. Jahrhundert treten sie allenfalls in den Randgebieten der Kunst auf, weiterhin in der Schilderung der niederen Stände und in Kinderbildern. Das schönste Lächeln der Rokoko-Zeit breitet sich auf dem Gesicht der Krabben-Verkäuferin

(Shrimp-Girl) des William Hogarth (1697–1764) in der Londoner Nationalgalerie aus.

11.2.2 Das Lächeln der Madonna

Der Gesichtsausdruck der Gioconda des Leonardo ist deswegen so schwer zu interpretieren, weil an diesem Bild vieles unbestimmt ist.

1. Leonardos Malweise, das sfumato, lässt die Konturen der Mundwinkel verschwimmen. Das angedeutete Lächeln ist schwer zu fixieren.

2. Es gibt keinen genauen Hinweis auf die Identität der Dargestellten. Es fehlen Wappen oder allegorische Anspielungen wie in anderen Porträts. Die Abgebildete trägt keinen Schmuck, der zur Identifizierung beitragen könnte. Die Landschaft im Hintergrund ist ein reines Fantasieprodukt ohne topografische Anhaltspunkte. E. Gombrich (The Story of Art, 6. Auflage, 1976; S. 229) vermutet, die Landschaftsdarstellung trage eher zur Verunsicherung des Betrachters bei, da der Horizont auf der linken Bildseite tiefer zu liegen scheine, als auf der rechten. Dadurch wirke die Frau von links betrachtet, irgendwie größer als von rechts.

3. Gesichert ist nur der Name des Bildes: La Gioconda. Vasari schloss daraus, es handele sich um die Ehefrau des Francesco del Giocondo, eines Florentiner Seidenhändlers, geb. Lisa Gherardini. Daher der Name Mona Lisa (Frau Lisa), der sich in den meisten Sprachen durchgesetzt hat, allerdings nicht im Italienischen, wo das Bild nach wie vor »La Gioconda« heißt. Die Forschung folgte Vasari weitgehend, obwohl klar ist, dass seine Künstlerbiografien eigentlich eine Art von Anekdotensammlungen sind, die eine Generation später aufgeschrieben wurden. Recht unwahrscheinlich klingt Vasaris Erklärung des rätselhaften Lächelns. Leonardo habe zu den Porträtsitzungen, die sich über Jahre hinzogen, jedes Mal Musikanten spielen lassen, die das Modell in die richtige Stimmung versetzten, sodass der Maler sein Lächeln genau erfassen konnte.

Es könnte also sein, dass La Gioconda überhaupt kein Familienname ist, wie Vasari vermutete. Der Titel des Bildes La Gioconda würde dann nichts weiter heißen als »Die Freundliche, die Tröstende«.

4. Mit dem Zweifel an der Identität der Dargestellten wird das Genre des Bildes unklar. »Ohne Hinweise auf eine verlässliche Bildaussage zu finden, verliert sich das Auge und mit ihm der Verstand in den unzähligen Schattierungen bildimmanenter Effekte« (Zöllner 2006). Statt eines Braut- oder Ehebildes für Herrn del Giocondo könnte es sich um ein Gemälde für einen ganz anderen Anlass gehandelt haben. Die gesittete Handhaltung der übereinandergelegten Hände ist nicht nur auf Porträts von Bräuten und Ehefrauen üblich. Sie könnte auch mit Leonardos Homosexualität zu tun haben. Es ist eine gesicherte historische Tatsache, dass Leonardo das Gemälde seinem Lieblingsschüler Salai hinterließ. Auch andere Werke Leonardos haben möglicherweise einen homoerotischen Hintergrund: Sein »Letztes Abendmahl« und sein letztes Gemälde »Johannes der Täufer«, dessen auffällige Handhaltung nur Eingeweihten klar wurde. Verfolgt man diesen Gedanken weiter, dann ist die Mona Lisa überhaupt keine Frau, vielmehr handelt es sich um ein verkapptes Selbstporträt Leonardos, als ein Erinnerungsstück für seinen Liebling. Salvador Dalí, ein Maler mit derselben sexuellen Orientierung, verwandelte in einer Parodie die Mona Lisa durch ein Lippenbärtchen zu einem Mann.

Roberto Zapperi (Abschied von Mona Lisa, 2010) brachte eine andere Identität der Dargestellten ins Spiel, die dem Bild einen veränderten Charakter geben würde. Es handele sich nicht um die Frau eines unbedeutenden Seidenhändlers, für den der berühmte Leonardo schwerlich gemalt hätte, sondern um Pacifica Brandani aus Urbino, die Geliebte eines Mitglieds der Familie Medici. Dieses habe das Gemälde nach deren Tod in Auftrag gegeben, als es erfahren hatte, dass sie ihm einen illegitimen Sohn geboren hatte. Somit sei die Gioconda ein Erinnerungsbild an eine Tote, wozu der Titel La Gioconda, die Tröstende, die Trauer-Aufhellende passen würde.

Damit bekommt das Lächeln der Mona Lisa einen ganz anderen Charakter. Möglicherweise stammt es nicht aus dem Genre des Familienbildes, sondern aus dem Madonnenbild. Dieses war, so unwahrscheinlich das klingt, das Medium einer künstlerischen Emanzipation. Die Madonna durfte lächeln, was der vornehmen Dame verwehrt war. Im Bildtypus der »Madonna humilitatis« wendet sie sich freundlich dem Jesusknaben zu, sie füttert ihn mit einem Milchbrei oder freut sich, wie der Jesusknabe mit einem Vogel spielt. Im Typus der »Madonna lactans« zeigt sie sogar ihre unbekleidete Brust, mit der sie den Jesusknaben freundlich nährt.

Entwicklungspsychologisch betrachtet stammt das menschliche Lächeln aus der Mutter-Kind-Beziehung. Ebenso wie der Kuss wurde es erst später in die Partnerbeziehung übertragen. (I. Eibl-Eibesfeldt 2004). Das Lächeln geht vom menschlichen Baby aus, zunächst als instinktiver Schutzmechanismus gegen die Angriffe von Erwachsenen. Später aber signalisiert der Säugling mit dem »adressierten Lächeln« (Karl Bühler) seine Zuneigung zur Pflegeperson und löst auf diese Weise bei Müttern tiefe Glücksgefühle aus (Blaffer Hrdy 2010).

Freud hatte im Gesicht der Mona Lisa ein mütterliches Lächeln ausgemacht. Leonardo habe sich an das sanfte Lächeln seiner leiblichen Mutter, einer einfachen Bäuerin, erinnert, der er in jungen Jahren von seinem Vater, einem Florentiner Notar, entzogen wurde, um ihm eine standesgemäße Erziehung zu geben. Das berühmte Lächeln stamme also wie ein Traumbild aus dem Unbewussten. Ernst Gombrich erinnert das Lächeln an die unwirkliche Atmosphäre im Märchen Schneewittchen, in dem durch einen Zauber alle Beteiligten in einen Zustand des scheinbaren Schlafes versetzt werden. Der Schlaf ist ein Bruder des Todes. In der Schule C.G. Jungs wird das mütterliche Lächeln auch immer als das Lächeln der großen Todesgöttin interpretiert. Sie schließt in der Mythologie den Menschen am Ende des Lebens in ihre sanften Arme, so wie die jugendliche Maria in Michelangelos Pietà im Petersdom den toten Jesus auf ihrem Schoß birgt. Todesgöttinnen lächeln nicht nur mütterlich wie die Madonna, sondern auch böse, wie die antike Gorgo und die indische Kali, die den Menschen hinterrücks hinwegraffen und mit ihrem Lächeln in die Falle locken.

In anderen bekannten Damenporträts Leonardos lächeln die Dargestellten keineswegs. Weder Cecilia Galleriani (Krakau) noch Ginevra dé Benci, noch La Belle Ferronière (Paris). Auf Damenporträts der Renaissance wird nicht gelächelt. Dieses galt als frivol, weswegen die Damen eher distanziert dreinschauen. Frau Benci auf dem Washingtoner Bild blickt eher unwirsch auf den Betrachter. Die Madonna Benoit (Eremitage St. Petersburg), ein Frühwerk Leonardos, lächelt hingegen, so auch andere Heilige, Johannes der Täufer und die heilige Anna auf dem Londoner Bild.

Nicht nur mit dem Lächeln auch mit der Blickrichtung nimmt das Madonnenbild eine Vorreiterrolle ein. Die Madonnen haben es nicht nötig, schamhaft zur Erde zu blicken, sie können den Betrachter anschauen, was den Damen im Porträt versagt war. Zwar gab es schon in der byzantinischen Kunst einen frontal ausgerichteten Madonnentypus, die Nikopoia. Doch Giotto befreite die Ognisanti-Madonna von 1310 (jetzt Florenz, Uffizien) von überlieferten malerischen Konventionen und stellte sie mit einem durchaus realistischen menschlichen Gesicht dar, das die Besucher in der Kirche anblickt. Diese Freiheit wurde von anderen Florentiner Malern aufgenommen, so von Beato Angelico (Pontassieve Madonna 1435).

Schließlich stammt der Landschaftshintergrund aus dem flämischen Madonnenbild, nicht aus dem Genre des Damenporträts. Eine Dame wurde in einem geschlossenen Raum porträtiert, wo sie nach den gesellschaftlichen Regeln der damaligen Zeit hingehörte. Zwar wurde ein Fenster mit einem Ausblick auf die Landschaft eine Modeerscheinung des Renaissance-Porträts, doch Leonardos Mona Lisa sitzt nicht mehr in einem geschlossenen Raum, sondern hält sich wie eine Madonna in einer Weltlandschaft auf.

So gesehen, wäre Leonardos Mona Lisa ein Cross-over, eine Mischung von Elementen des Madonnenbildes und des Porträts. Leonardo war hierbei nicht der Erste. Jean Fouquet verquickte Madonnenbild und Porträt, indem er seiner Melun-Madonna (1451, heute in Antwerpen, Kgl. Museum) die Züge der Agnes Sorel verlieh, Mätresse Karls VII. Die linke Brust ist total entblößt dargestellt, was im Bildtypus der »Madonna lactans« erlaubt war.

Fazit: Die gängige Interpretation des Lächelns der Mona Lisa ist anfechtbar. Wahrscheinlich will sie mit ihrem bezaubernden Lächeln niemanden verführen. Wahrscheinlich fasziniert uns das madonnenhafte Lächeln einer Verstorbenen. Nichts ist ganz sicher. Die Unbestimmtheit des Bildes lädt zu kollektiven Projektionen geradezu ein.

12 Die Funktionen der Kunst

Freud glaubte, Kunst und Religion könnten das Leiden an den Einschränkungen mindern, die die Kultur uns auferlegt. Die Kultur fordert von uns sexuelle und aggressive Impulse zu unterdrücken. Erreicht die Kunst dies, indem sie die Triebbefriedigungen in der Phantasie ermöglicht? Freud erwähnt darüber hinaus die »milde Narkose« durch das Erleben der Schönheit.

12.1 Phantasiebefriedigungen

Sexuelle Triebwünsche Eine sexuelle Wunschvorstellung mag das Erschaffen eines Bildes motivieren. Wir denken hier z. B. an manche Alterswerke männlicher Künstler (z. B. von Pablo Picasso oder Francis Picabia oder Salvador Dalí).

Betrachtet man ein solches ›anregendes‹ Bild, wird es die entsprechende Stimmung entweder verstärken oder aber eine Abfuhr, eine Phantasiebefriedigung des Triebs ermöglichen. Ob das Bild zu Anregung oder Abregung führt, kann von vielen Faktoren abhängen, zum Beispiel von der aktuellen Triebspannung oder dem Ausmaß der Anregung des Triebs. Die drastischen Darstellungen von Nachtclubs sollen die Lust auf erotische Handlungen anstacheln. Auch scheint es eine große Einigkeit darüber zu geben, dass Jugendliche davor beschützt werden müssen, sexuelle Sachverhalte zu sehen.

Hunger und Durst Stillleben wirken auf Nahrungsbedürfnisse. Dies ist besonders dann nötig, wenn die Lagerhaltung schwierig ist und Mangelzustände auszugleichen sind. Heute, bei freierer Verfügbarkeit von Nahrungsmitteln, ist das Stillleben (auch als Fotografie) in den Hintergrund getreten.

Naturerleben Der Städter erlebt eher einen Mangel an Natur und Landschaft; entsprechend häufig hängen solche Darstellungen in unseren Wohnzimmern. Viele impressionistische Bilder erfreuen uns auch allein durch das Sujet, durch die schöne – damals unverbaute – Landschaft.

Soziale Gemeinschaft Sehr viele Kunstwerke stellen Menschen dar. Die sind dann quasi gegenwärtig und bilden eine fiktive soziale

Gemeinschaft, die Sicherheit und Geborgenheit gewährt. Soziale Isolierung dagegen ist für Menschen eine schlimme Strafe.

Aggression Kriminalfilme bieten die Chance, stellvertretend Angst, Wut und Kampfeslust zu erleben, und bilden einen Ersatz, der die Gleichförmigkeit unseres zivilisierten Lebens kompensiert. Die Kontrolle von Stimmungen und der Ausgleich von Erregungen und Beruhigungen können als die erste Stufe der Wechselwirkung zwischen Mensch und externalisierter Bedeutung, zwischen Mensch und Kunstwerk, bezeichnet werden. Dadurch, dass Stimmungen ausgeglichen, ›abgearbeitet‹ werden können, kommt es innerhalb der Kultur zu weniger eruptiven Entladungen durch die Außenreize des Lebens, die andernfalls auf ein gestautes Bedürfnis treffen. Insofern können der Wandschmuck und die Filmkunst von den Zwängen der Kultur befreien.

Stimmungskontrolle Ein naturalistisch gemaltes Landschaftsbild vermag den Betrachter zu beruhigen und an das stille Landleben zu erinnern. Der Blick auf das Bild lenkt die Gedanken in eine bestimmte Richtung. Eine absichtliche Konzentration auf das ruhige Landleben allein in Gedanken (ohne Bild) wäre ungleich anstrengender.

Optimale Erregung Das Bild an der Wand erleichtert also die Stimmungs- und Erregungskontrolle. Die Erregung des Betrachters kann zwischen Anregung und Phantasiebefriedigung (Abregung) hin und her schwingen, und es könnte dann möglich sein – ganz im Sinne der Berlyne'schen Aktivierung (1971) – durch die Betrachtung eines Bildes ein optimales ›Erregungsniveau‹ zu erhalten.

12.2 Kunst als kollektives Gedächtnis

Steinzeitbilder in der Sahara oder in den Höhlen von Lascaux belehren den Betrachter über das universelle Bedürfnis nach bildhafter Darstellung (ob Kunst oder nicht, wollen wir hier nicht fragen). Dort sieht man Tiere, Gruppen von Menschen, Kampf und Sex, also auch wesentliche Themen heutiger Bildunterhaltung. Wozu haben diese Darstellungen gedient? Waren es Kultobjekte oder magische Beschwörungen? Sicher haben die Menschen aufgezeichnet, was sie erstaunt, fasziniert und geängstigt hat. So haben die Aborigines

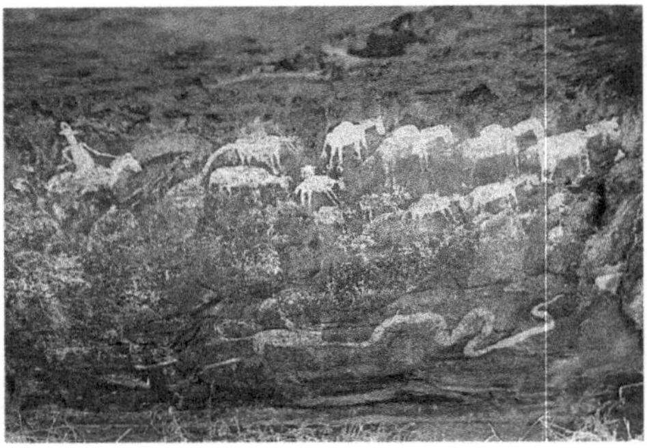

96 Die Felszeichnungen der Aborigines in Australien sind auch ein »Geschichtsbuch« ihrer Kultur

die Segelschiffe der Händler von Celebes an die Felswände gemalt und später die Rinderherden der Siedler und deren merkwürdige Kopfform (nämlich mit Kopfbedeckung; Abb. 96). Die Bilder sind ein nach außen verlegtes gemeinsames Gedächtnis, ein kollektives Bewusstsein. In diesem Sinne spricht Wundt (1919) von Erinnerungskunst. In Kunst- und Wunderkammern und in den Kunstsammlungen der Fürsten ging es früher darum, die Wunder der Welt anzuschauen (Farbabb. 2).

In der zivilisierten Welt blicken wir auf Jahrtausende Kunstgeschichte. Nahezu jeder kennt die Pyramiden, die griechischen Tempel und Statuen oder die Marien- und Heiligenbilder der christlichen Vergangenheit. So kommt es, dass wir uns zutiefst als geschichtliche Wesen empfinden und die Gestaltung dieser Geschichte, des menschlichen Schicksals als selbstverständlicher Imperativ empfunden wird. Wir Europäer sind die Gemeinschaft der lebenden und der toten Vorfahren. Aus der Kunst der Jahrtausende beziehen wir Stolz und Identifikation.

12.3 Imponieren durch Kunst

Bilder und Skulpturen sind auch eine Form des Reviermarkierens. Bilder weisen die Anwesenheit von Menschen aus. Der zufällige Wanderer weiß nun, dass dieses Revier bewohnt ist. Spezielle Stile lassen sich Stämmen und Nationen zuordnen. Stellen Sie sich vor, Sie träfen bei einem Streifzug durch einen einsamen Wald auf die Steinplastiken der Osterinsel: Sie würden sich bei weiteren Schritten angstvoll vorsehen, um nicht den mächtigen Erschaffern dieser Steinkolosse zu begegnen. »Dieses Land ist von einer mächtigen Gruppe regiert und bewohnt«, wird so signalisiert. Dies wird auch dem Angehörigen der eigene Gruppe klar, also fühlt er sich sicher. Eibl-Eibesfeldt (1984) spricht davon, dass die großen Bauwerke einer Kultur eine Form des Imponiergehabes sind. Hier liegen dann auch einige der Wurzeln des Kunstschaffens, denn die Gruppe kann durch Größe, durch Schönheit und gewagte Konstruktion ihrer Kunstwerke Macht beweisen. Auch die Kirche hat mit solchen Werken, etwa mit den gotischen Kathedralen, imponiert. Die gescheckten Rinderherden auf den Felswänden der Sahara weisen Zuchtmerkmale auf und sind Gegenstand des Gruppenstolzes.

12.4 Kunst als Ausdruck und Motor der gesellschaftlichen Situation

Die Faszination, die von Kunstwerken ausgeht, ist aber ganz wesentlich auch durch die Thematisierung und gegebenenfalls Lösung menschlicher Konflikte und typischer Situationen des menschlichen Lebens zu verstehen. Der Künstler hat, um eine psychoanalytische Formulierung aufzunehmen, den eigenen Konflikt in überpersönlicher Weise so dargestellt und bearbeitet, dass der Betrachter daraus Gewinn ziehen kann. Da wäre zum Beispiel an den Ödipuskomplex zu denken, wie er von Michelangelo (siehe meine Interpretation des »Sündenfalls« und der »Vertreibung« in der Sixtinischen Kapelle) bearbeitet wurde. Durch das persönliche, individuelle Kunsterleben entsteht eine Passung des Werkes zur persönlichen Situation. Verschiedene Menschen erleben unterschiedliche Lebensaufgaben als problematisch. Kunstwerke, die diese Themen aufgreifen, können im weitesten Sinne dann therapeutisch wirken und den bildhaften Schichten des Denkens Anstöße geben.

Der Künstler als Seismograf Speziell in der zeitgenössischen Kunst werden viele gesellschaftliche Fehlentwicklungen und Einseitigkeiten angeprangert. Der Künstler fühlt sich als Seismograf, der Entwicklungen sehr früh spürt und im Kunstwerk umsetzt. Die Auslese eines bestimmten Künstlers durch Galeristen, Museen und durch das Kunstpublikum ist gleichermaßen eine seismografische

Reaktion, indem nämlich auch das Publikum jene Kunstwerke fördert und fordert, die in irgendeiner Weise dem Entwicklungsbedürfnis und der gesellschaftlichen Problemlage entsprechen.

Das Thema »Raubbau an der Umwelt« wurde bereits von den Künstlern der ersten ›documenta‹ (1955) aufgegriffen und später immer wieder bearbeitet. Aber auch die Verdrängung (etwa des Todes) wird in den Übermalungen Arnulf Rainers angesprochen (vgl. Abb. 70). Es lassen sich viele Beispiele finden. Eines der ›Volkskunst‹ bzw. Volkssymbolik, der spontanen Heiligenverehrung, soll etwas ausführlicher dargestellt werden (Figgen 1986).

An diesem Beispiel wird die komplexe Beziehung zwischen ›Kunstwerk‹ (hier die Wasserflaschen am Straßenrand), kultureller Überlieferung und gesellschaftlicher Situation deutlich. Aus dem Bildangebot sucht sich die Gesellschaft solche Symbole, die eine existentielle Frage umsetzen und in bildhafter Sprache ausdrücken. Der Künstler fehlt hier. Aus dem bestehenden Angebot wird ein Symbol vom Publikum spontan ausgelesen. Es kann natürlich auch der Künstler sein, der ganz im Sinne des Avantgardisten einen Zustand erkennt und bildhaft umsetzt, der von seinen Zeitgenossen nicht oder auch noch nicht als wesentlich empfunden wird. Durch seine Arbeit aber hebt er ein bestimmtes Problem in den Stand bewusster bildhafter Bearbeitung.

Tabubrüche Die Kreativität der zeitgenössischen Kunst verwirklicht sich in Tabubrüchen, die an den etablierten Werten rütteln und Raum für Entwicklungen der Werte einer Gesellschaft öffnen. Etwa die Kommune von Otto Muehl in Wien experimentiert mit freier Sexualität zwischen den Kommunarden und ist sozusagen ein – wenn auch gescheiterter – Modellversuch für die Gesellschaft.

Politischer Einfluss Natürlich versuchen die Mächtigen aller Gesellschaften daher eine gewisse Kontrolle über die Kunst auszuüben. Das kann indirekt über Stipendien oder die nach politischer Couleur ausgewählten Museumsdirektoren geschehen, wie in heutigen Demokratien oder direkter durch Arbeitsverbote oder Staatsaufträge wie in autoritären Systemen.

Kirchenkunst Die Kirche hat ihre Kunstkontrolle verloren. Sie ist bei Standbildern geblieben; die Heiligengeschichten werden nicht

La Diffunta Correar

In den 1970er Jahren verbreitete sich in Argentinien der Ruhm der Volksheiligen Deolinda Correar. Zu ihrer Verehrung wurden überall an den Straßen und Autobahnen Flaschen mit Wasser aufgestellt. Autofahrer gewöhnten sich an, solche Flaschenansammlungen mit einem Hupen zu beantworten. So drückten sie ihre Verehrung für die Volksheilige aus. Das Arrangement könnte man als spontanes religiöses Volkskunstwerk betrachten.

Nach der Legende wollte Deolinda Correar, ihren Säugling im Arm, ihrem Gatten folgen, der zum Kriegsdienst eingezogen worden war. Auf dem Weg verdurstete sie. Ihre Brüste gaben jedoch weitere drei Tage Milch, sodass der Säugling wie durch ein Wunder überlebte. Das Grab der Deolinda Correar wurde mit der Zeit zu einem viel besuchten lokalen Wallfahrtsort. Was ist denn so besonders an dieser Volksheiligen, dass sie eine solche Verehrung erfuhr?

Figgen (1986) meint, dass die Symbole dieser Heiligenverehrung und der Hintergrund der Legende zur nationalen Situation Argentiniens passen. Auch die 1970er Jahre waren eine Epoche politischer Gewalt, in der viele Menschen einfach ›verschwanden‹.

Deolindas Suche nach ihrem ›verschwundenen‹ Gatten bietet eine Analogie zum ›unterdrückten‹ Leiden vieler Menschen der argentinischen Gesellschaft. Sie ist wie die Mütter der Plaza de Mayo, die Bilder ihrer verschwundenen Angehörigen vor sich her tragen und mutig an deren Schicksal erinnern. Die Wasserflasche hebt den Aspekt der Pflege und der Mutterschaft hervor. Wasser ist Lebenshoffnung. Das Verdursten verbindet Deolinda auch mit dem Tod Christi, der am Kreuz um Wasser bittet, und stellt den Bezug zur katholischen Tradition des Landes her.

Diese Mutter, die sich geweigert hat, den Verlust ihrer Familie passiv hinzunehmen, wurde mit der spezifischen Symbolik ihrer Verehrung in dem Augenblick zu einem nationalen Kult, als die Nation Menschen brauchte, die die politische Gewalt nicht länger dulden wollten. Deolinda und ihr Mann waren (zur Zeit der Legende 1850) Opfer der politischen Gewalt. So ist es nicht verwunderlich, dass die heutige Regierung Kultstätten der Diffunta Correar zerstören ließ.

auf kleinen Monitoren in den Nischen der Kirche filmisch erzählt. Weil sie sich nicht der fortschrittlichsten künstlerischen Manipulationstechnologie bedient, geht die Manipulationskraft ihrer Bilder verloren. Die Bilder der Kirche gehen geradezu im restlichen Angebot an Geschichten und Bildern unter. Sie sind nicht mehr die handlungsleitenden Phantasien der Menschen, sondern bieten nur noch eine Möglichkeit unter vielen.

12.5 Die Kunst, eine geliebte Sache

Lem beschreibt sich als Kind folgendermaßen: »Ich war ein Philanthrop für alte Funkenstrecken, kaufte abgenutzte Automagneten, Muttern jeglicher Art, Stromwender, die niemand mehr brauchen konnte, Fragmente unergründlicher Vorrichtungen und schleppte das alles nach Hause, verbarg es in einem Schuhkarton im Schubfach, steckte es überall hin, wo es nur ging, sogar über die Bücher [...] manchmal nahm ich die Gegenstände heraus, staubte sie ab, natürlich mit den Fingern, drehte an irgendeiner Kurbel, um ihnen [den Gegenständen!] ein Vergnügen zu bereiten.« (Lern 1968/1990, S. 108.)

Kleine Mädchen und Jungen wissen, wie sehr man Gegenstände lieben kann. Plüschtiere, Stoffhunde, Puppen werden gepflegt und gehätschelt. Sie sind unkomplizierter zu lieben als die Menschen, die immer für unangenehme Erfahrungen gut sind, und so richten sich die reinsten Liebesgefühle vieler Menschen auf Gegenstände. Dies geschieht wohl besonders dann, wenn sie in ihrer sozialen Umgebung sehr wenig Zuneigung und Liebe erfahren (oder auch wenn –wie möglicherweise bei Mönchen – ›natürliche‹ Liebesbedürfnisse nicht zugelassen sind und daraufhin Marienbildchen, Reliquien oder goldenes Messzubehör zu Gegenständen der tiefsten Verehrung werden können).

Viele Erwachsene pflegen solche ›Übergangsobjekte‹ (Winnicott 1971, der sie als Ersatz für die Mutterbrust ansieht) etwas schamhaft bis ins Erwachsenenalter. Ein Klient erzählte scheu von seinem Stoffhund, den er seit dem zwölften Lebensjahr besaß und den er niemals wegwerfen würde.

Die Distanz zum Kunstobjekt ist nicht so groß, wie es scheint.

Auch hier gibt es – wie beim Spielzeug – Puppen, kleine Statuetten, Nachbildungen der Wirklichkeit, kunstvolle Mechanismen wie zum Beispiel alte Uhren, die sicher ganz in der gleichen Art Besitzerliebe hervorrufen können wie seinerzeit das Spielzeug.

Auch Erwachsene lieben ihre Sachen, ihre Autos, ihre Stereoanlagen (High-End-Geräte), ihre Kleidung oder ihre Bücher. Diese Liebe ist wenig erforscht und passt so gar nicht ins soziale Begriffsschema. Es handelt sich aber um heiße Lieben, die nicht allein mit dem Statuswert der Sachen oder durch ihre Nähe zum Selbstwertgefühl (jemand ist z. B. ein ›achtenswerter‹ Mensch, weil er so viele Bücher hat) zu erklären sind. Es ist eine Art von Bewunderung für die Perfektion einer Sache, für die glänzende Oberfläche oder für die komplizierte Technik, wie sie auch Kinder angesichts des ferngesteuerten Elektroautos empfinden.

Die »toll gemachte« Imitation des Autos mit Türen, mit einer Motorhaube, die geöffnet werden kann, mit richtigen Motordetails nimmt eine Zwischenstellung zwischen Spielzeug und Kunstgegenstand ein. Derartige Modellautos sind sehr teuer und werden angeboten, um von Erwachsenen gekauft und geliebt zu werden. Dabei weisen sie keineswegs Status aus: Ihr Sammler wird für seine Liebe wohl eher etwas belächelt.

Diese Gegenstände müssen nicht unbedingt Phantasiebefriedigungen ermöglichen. Der Sammler und Liebhaber der Modellautos kann sich möglicherweise auch in der Realität ein Traumauto leisten – ich kann mir aber vorstellen, dass es etwas mit dem Besitz zu tun hat. Als Junge habe ich viele Sachen bewundert und auch begehrt, aber geliebt (wie etwa das Unterseeboot, das wirklich tauchen konnte oder das Fernglas aus Hongkong) habe ich nur solche Sachen, die ich auch besessen habe (auch in der Geschlechtsliebe spricht man von ›meiner‹ Frau und ›meinem‹ Mann). Irgendwie muss es nach der Formel funktionieren: Die Sache ist toll und wenn ich sie habe, wenn sie also zum ›Ich‹ gehört, ist das liebenswert. So tut mir die Sache einen Gefallen, und dafür habe ich sie lieb. Ich versuche es noch einmal mit einer anderen Formulierung: Diese tolle Sache will bei mir bleiben, mich nicht verlassen; wie lieb von ihr. Hat diese Liebe etwas mit einem Gefühl von Treue, Solidarität und Zusammengehörigkeit zu tun? Solche geliebten Sachen will der Besitzer nämlich auch dann nicht abgeben, wenn sie abgenutzt, nicht mehr brauchbar sind. Höchstens will er sie in gute Hände verschenken (gerade bei Kunstgegenständen habe ich oft gehört, dass Menschen sagten, sie könnten sich auf keinen Fall vorstellen, diesen oder jenen Gegenstand zu verkaufen). Insgesamt kommen der Sache gegenüber die sozialen Mechanismen des Gruppenerhalts, wie zum Beispiel bei der Pflege alter Personen, zum Tragen.

Sicher hat die Zuneigung zur Kunst, der Wunsch nach Kunstbesitz; mit solchen Gefühlen zu tun. Der Sachverhalt ist allerdings kaum erforscht, kaum dokumentiert. Auf jeden Fall erhebt sich die Frage, ob die Bewunderung und Verehrung des Kunstwerks vielleicht gar nicht so sehr vom ›guten‹, hervorragenden Kunstwerk abhängt, sondern mehr von der prinzipiellen Bereitschaft der Menschen, auch Sachen zu lieben und zu pflegen. Ist der Kunstfreund ein Mensch, dessen Verliebtheit sich leichter auf Sachen richtet? Ist die Beliebigkeit des Kunstmarkts, ist die Bereitschaft des Publikums, immer neue abstrakte Werke mit Bewunderung aufzunehmen, von der Tatsache getragen, dass Menschen eine ›Liebesfähigkeit‹ für Sachen haben? Welche Sache wir nun lieben, ist dabei untergeordnet. Das kann der Teddy, die alte Weste oder das Kunstwerk sein. Beim Kunstwerk aber ist die Liebe zur Sache zugelassen, gerade erwünscht.

12.6 Die Kunst, eine verehrte Sache

Wollen wir die (historisch gewachsene) besondere Rolle und besondere Wertschätzung der Kunst verstehen, so müssen wir den Blick auf die religiöse Kunst lenken.

In den meisten heutigen Kulturen besteht ein wesentlicher Teil des gestalterischen Schaffens darin, Götterbilder – Buddhas, Shivas, Marienbilder u. ä. – herzustellen. Diese Kunstwerke sind nun nicht einfach ein Bild oder eine Statue, nein, sie sind selbst heilig und werden wie ein Gott behandelt.

Man weckt ihre Aufmerksamkeit durch Trommelschlagen, man pflegt und reinigt sie, schmückt sie mit Tüchern und Blumen, man opfert ihnen und macht ihnen Geschenke. In Sri Lanka werden die

Buddha-Statuen gewiegt wie Kleinkinder. Aus Thailand dürfen Buddha-Statuen nicht ausgeführt werden; nicht etwa weil dem Land so kunsthistorisch wertvolle Gegenstände verloren gingen, sondern weil sie in anderen Ländern nicht mit der gebührenden Ehrfurcht behandelt werden – so die offizielle Begründung. (Man stelle sich vergleichsweise die Empörung vor, wenn Asiaten Kruzifixe erwerben würden, um dann Leuchter daraus zu machen.)

Der Eintritt des Gottes in das Kunstwerk wird oft durch einen Akt der Weihen bewirkt, also nicht allein vom Künstler vorgegeben. Dennoch besteht eine Verbindung von Kunstwerk und Göttlichem, die tief in unserer und in anderen Kulturen verwurzelt ist. Wie der Schöpfer den Menschen schafft, so schafft der Künstler den Gott. Diese Verbindung mag die Ursache für die besondere Verehrung sein, die wir dem Kunstwerk gegenüber empfinden. Folglich ist auch die Aufforderung zu verstehen, in der St. Petersburger Eremitage angesichts der impressionistischen Bilder nicht laut zu sprechen, wie auch in der Sixtinischen Kapelle ein Lautsprecher die Menge gelegentlich zur Ruhe aufruft.

Gottesbilder oder Gottessymbole, wie im Christentum das Kreuz, gewinnen im Laufe der religiösen Erziehung erhebliche Psychoaktivität. Die Erfahrung des Gottesbildes ist häufig mit einer Stimmung von Andacht und Entspannung gekoppelt. So kann das Gottesbild, das Gottessymbol oder das Gebet zum konditionierten Stimulus werden. Später löst das Bild oder Gebet allein die vorher oft erfahrene Entspannung und Andacht aus. Der Mensch hat so eine wichtige Hilfe gewonnen, in schwierigen Lagen entspannt und zuversichtlich zu bleiben: Beim Schiffsuntergang hilft das Gebet; bei Katastrophen versammeln sich die Menschen in der Kirche.

Insofern als die Kunst das verehrte Gottesbild erschafft, wird der Künstler selbst zum übermenschlichen Schöpfer, der Verehrung verdient. Dies nicht zuletzt deshalb, weil er für seine Tätigkeit einen visionären Zugang zu den übermenschlichen Welten braucht.

Literaturverzeichnis

Adler, A. (1965). Praxis und Theorie der Individualpsychologie. Darmstadt

Allderidge, P. & Wain, L. (1997). Die zerfallende Katze. In: I. Brugger, P. Gorsen, K.A. Schröder. (Hrsg.). Kunst und Wahn. Köln: DuMont

Allesch, Ch. G. von (1987). Geschichte der psychologischen Ästhetik. Göttingen

Ameln-Haffke, H. & Schuster, M. (2006). Der Museumsbesuch als emotionales Erlebnis. In: Schuster, M. & Ameln-Haffke, H. (Hrsg.). Museumspsychologie. Erleben im Kunstmuseum. Göttingen: Hogrefe

Arnheim, R. (1979). Wir denken zuviel und sehen zuwenig. Psychologie Heute, 6, 22–30

Arnheim, R. (1977). Zur Psychologie der Kunst. Köln

Arnheim, R. (1974). Anschauliches Denken. Köln

Bader, A. (1972). Geisteskranker oder Künstler? Der Fall Friedrich Schröder-Sonnenstern. München

Bader, A. & Navratil, L. (1976). Zwischen Wahn und Wirklichkeit. Luzern

Baker, M. J. & Churchill, G. A. (1977). The impact of physicaly attractive models on advertising evaluations. Journal of Marketing Research, 14, 538–555

Benjafield, J. (1985). A Review of recent research on the golden section. Empirical Studies of the Arts, 3, 117–135

Berlyne, D. E. (1960/1974). Conflict, arousal and curiosity. Stuttgart

Berlyne, D. E. (1971). Aesthetics and psychobiology. New York

Bernard, Y. (1972). Sex influences in aesthetic behavior. Perceptual and Motor Skills, 34, 663–666

Billig, O. & Burton–Bradley, B. G. (1978). The painted message. Cambridge

Birkhoff, G. D. (1931/1968). Einige mathematische Elemente der Kunst. New York

Blaffer-Hrdy, S. (2010). Mutter Natur. Die weibliche Seite der Evolution. Berlin Verlag

Boselie, F. (1988). What makes a visual form attractive? Paper presented at the 10th International Colloquium on Empirical Aesthetics. Barcelona

Brem-Gräser, L. (1970). Familie in Tieren. München

Bruhn, H. & Örter, R. (Hrsg.) (1985). Musikpsychologie. München

Bühler, K. (1934). Sprachtheorie. Jena

Buñuel, L. (1987). Mein letzter Seufzer: Erinnerungen. Frankfurt a. M.

Burckhardt, J. (1860). Die Kultur der Renaissance in Italien. Basel

Buytendijk, F. J. J. (1953). Die Frau. Köln

Chapeaurouge, D. de (1990). Die Darstellung der Seele in der bildenden Kunst des Mittelalters. In: Jüttemann, G. & Sonntag, M. & Wulf, Ch. Die Seele. München

Combs, A. L. & Black, J. & O'Donell, A. & Pope, R. & Buckner, L. C. &

Cook, M. & McHenry, R. (1978). Sexual attraction. New York

Coss, R.G. (2003). The role of evolved perceptual biases in art and design. In: Voland, E. & Grammer, K. (eds). Evolutionary aesthetics. Heidelberg: Springer

Csikszentmihalyi, M. (1985). Das Flow-Erlebnis. Stuttgart

Csikszentmihalyi, M. & Kubey, R. (1981). Television and the rest of life. Public Opinion Quarterly

Csikszentmihalyi, M. & Rochberg-Halton, E. (1989). Der Sinn der Dinge. München

Demisch, H. (1984). Erhobene Hände. Geschichte einer Gebärde in der bildenden Kunst. Stuttgart

Deregowski, J. B. (1980). Illusions patterns and pictures. London

Dettmering, P. (1978). Vorstoß in den Raum. Zur Wiederaufführung von Kubricks »2001 – Odyssee im Wekraum«. Psyche, 32, 1157–1163

Dieckmann, H. (1966). Märchen und Träume als Helfer des Menschen. Stuttgart

Dohr, J. H. & Forbes, L. A. (1986). Creativity arts and profiles of aging: A reexamination. Educational Gerontology, 12, 123–138

Donn, L. (1990). Freud und Jung. Biographie einer Auseinandersetzung. Hamburg

Dörner, D. (1990). Die Verwendung von (computersimulierten) Szenarios in der psychologischen Forschung. In: Frey, D. (Hrsg.).

Bericht über den 37. Kongress der Deutschen Gesellschaft für Psychologie in Kiel 1990. Göttingen

Dörner, D. & Vehrs, W. (1975). Ästhetische Befriedigung und Unbestimmtheitsreduktion. Psychological Review, 37, 321–334

Duerr, H. P. (1988). Der Mythos vom Zivilisationsprozeß. Frankfurt a. M.

Eckstaedt, A. (1980). Mimi überreicht Madame Grenouillet einen Blumenstrauß. Psyche, 92, 1123–1144

Ehrenzweig, A. (1974). Ordnung im Chaos. München

Eibl-Eibesfeldt, I. (1973). Der vorprogrammierte Mensch. Wien

Eibl-Eibesfeldt, I. (1953). Vergleichende Verhaltensforschung. München

Eibl-Eibesfeldt, I. (1997) Biologie des menschlichen Verhaltens. Weyarn, Seehammer

Elias, N. (1976). Über den Prozeß der Zivilisation. Frankfurt a. M.

Endo, K. (1979). The effects of intensity and color temperature of illumination on artistic appreciation. Japanese Journal of Psychology, 50, 157–160

Erickson, M. H. & Rossi, E. L. (1981). Hypnotherapie: Aufbau, Beispiele, Forschungen. München

Eysenck, H. J. (1981). Aesthetic preferences and individual differences. In: O'Hare, D. (Hrsg.). Psychology and the arts. 76–101. Sussex

Eysenck, H. J. (1947). Dimensions of Personality. London

Eysenck, H. J. (1941 a). Type factors in aesthetic judgement. British Journal of Psychology, 31, 262–270

Eysenck, H. J. (1941 b). The empirical determination of an aesthetic formula. Psychological Review, 42, 83–92

Eysenck, H. J. & Götz, K. O. (1981). Visual aesthetic sensitivity test. Düsseldorf

Farnsworth, P. R. & Misumi, I. (1931). Further data on Suggestion in pictures. American Journal of Psychology, 43, 632–645

Fechner, G. Th. (1871). Vorschule der Ästhetik. Leipzig

Figgen, L (1986). Bottles of water on the road: Material symbols of an argentine popular saint's cult. Women Studies International Forum, 9, 281–285

Fischer, R. (1974). The perception-halluzination-meditation continuum. A cartography of conscious states. In: Siegel, R. K. & West, C. J. (Hrsg.). Hallucination. New York

Floru, L. (1975). Transkulturelle Aspekte der klinisch-psychiatrischen Bilder ausländischer Arbeitnehmer (Gastarbeiter) und deren Bedeutung. Confinia Psychiatrica, 18, 193–206

Franke, H. W. (1980). Das Mehrebenenmodell der Ästhetik und seine experimentelle Überprüfung. In: Hahn, M. & Schuster, M. (Hrsg.). Fortschritte der Kunstpsychologie. Frankfurt a. M.

Frankl, V. (1972). Der Wille zum Sinn. Bern

Freedberg, D. (1989). The power of images. Chicago: University of Chikago Press

Fremantle, F. & Trungpa, C. (Hrsg.) (1976). Das Totenbuch der Tibeter. München

Freud, S. (1942/1952). Gesammelte Werke. London

Freud, S. (1914/1969). Der Moses des Michelangelo (Studienausgabe Bd. 10). Frankfurt a. M.

Freud, S. (1900/1972). Die Traumdeutung (Studienausgabe Bd. 2). Frankfurt a. M.

Gardner, R. & Gardner, B. (1978). Comparative psychology and language acquisition. Annuals of the New York Academy of Science, 309, 37–76

Gedo, J. E. (1973). Psychoanalyse und bildende Kunst (eine Sammelrezension). Psyche, 8, 669–695

Gendlin, E. T. (1981). Focussing. Salzburg

Getzels, J. W. & Jackson, P. W (1962). Creativity and Intelligence. New York

Gombrich, E. H. (1989). Bildliche Anleitungen. In: Schuster, M. & Woschek, B. P. (Hrsg.). Nonverbale Kommunikation durch Bilder. Stuttgart

Gombrich, E. H. (1979). The sense of order. Oxford

Gombrich, E. H. (1978). Kunst und Fortschritt. Köln

Gombrich, E. H. (1984) Bild und Auge. Stuttgart: Klett

Gombrich, E. H. (1960).. Art and illusion. Oxford (deutsche Ausgabe 1985)

Gordon, W. J. J. (1961). Synectics: The development of creative capacity. New York

Grätz, E. (1978). Zeichnen aus dem Unbewußten als anamnestische, diagnostische, therapeutische und pädagogische Methode. Stuttgart

Grof, St. (1985). Geburt, Tod und Transzendenz. München

Hadamard, J. (1954). The psychology of invention in the mathematical field. New York

Hahn, M. (1980). Die Verwendungsmöglichkeit von Kunstbildern in der Psychodiagnostik am Beispiel des Persönlichkeitsmerkmals »vitale Aktivität«. Frankfurt a. M.

Halcour, D. (2002). Wie wirkt Kunst. Zur Psychologie des ästhetischen Erlebens. Frankfurt: Lang

Halifax, J. (1984). Die andere Wirklichkeit der Schamanen. München

Hárdi, I. (2010). Sixty years of dynamic examination of drawings. Psychiatria Hungarica 4, 291–298

Hart, O. van der. (1978). Rituals in psychotherapy. New York

Hartlaub, G. F. (1926). Der Genius im Kinde. Breslau

Hartmann, R. P. (1974). Malerei aus dem Bereich des Unbewußten. Künstler experimentieren unter LSD. Köln

Haskell, F. (1976). Rediscoveries in art. New York

Herchenröder, Ch. (1990). Die neuen Kunstmärkte. Düsseldorf

Hess, H. E. (1977). Das sprechende Auge. München

Hochberg, J. & Brooks, V. (1962). Pictorial recognition as an unlearned ability. American Journal of Psychology, 75, 624–628

Hochberg, J. & Peterson, M. (1989). Bildanalyse in der menschlichen Informationsverarbeitung. In: Schuster, M. & Woschek, B.P. (Hrsg.). Nonverbale Kommunikation durch Bilder. Stuttgart

Hoffmann, H. (1945). Kunst dem Volk. Wien

Höge, H. (1984). Emotionale Grundlagen ästhetischen Urteilens. Frankfurt a. M.

Höge, H. (1996). The golden section Hypothesis – a funeral but not the last one ... Visual Arts Research, 22, 79-89

Huxley, A. (1970). Die Pforten der Wahrnehmung – Himmel und Hölle. München

Jacobi, J. (1967). Die Psychologie von C. G. Jung. Stuttgart

Jones, E. (1972). Die Theorie der Symbolik, II und IV. Psyche, 26, 581–622

Jung, C. G. (1968). Der Mensch und seine Symbole. Olten

Jung, C. G. (1954/1979). Das Wandlungssymbol in der Messe. Olten

Jung, C. G. (1954/1976). Synchronizität als ein Prinzip akausaler Zusammenhänge (Gesammelte Werke Bd. 8). Olten

Jung, C. G. (1952). Über Synchronizität. Eranos Jahrbuch. Zürich

Jung, C. G. (1932/1979). Picasso (Gesammelte Werke Bd. 15). Olten

Jung, C. G. (1926). Psychologische Typen. Zürich

Jung, C. G. (1916). Die transzendente Funktion (Gesammelte Werke Bd. 9). Olten

Jung, R. (1974). Neuropsychologie und Neurophysiologie des Kontur- und Formsehens in Zeichnung und Malerei. In: Wick, R. (Hrsg.). Psychopathologie musischer Gestaltungen. Stuttgart

Jüttemann, G. (1991). Systemimmanenz als Ursache der Dauerkrise »wissenschaftlicher« Psychologie. In: Jüttemann, G. & Sonntag, M. & Wulf, Ch. (Hrsg.). Die Seele. München

Kalweit, H. (1987). Die Welt der Schamanen. München

Kennedy, J. M. (1985). Arnheim-Gestalt – theory and pictures. Visual Arts Research, 11, 23–44

Klages, L. (1917). Handschrift und Charakter. Bonn, 1968

Kläger, M. (1999). Kunst aus Werkstätten. Baltmannsweiler

Koch, M. (1971). Denkpsychologie und abstrakte Malerei. Zeitschrift für Ästhetik und allgemeine Kunstwissenschaft, 17

Konecni, V. J. (2005). On the golden section. Visual Arts Research, 31, 76–87

König, O. (1975). Urmotiv Auge. München

König, R. & Schuppisser, P.W. (1961). Die Mode in der menschlichen Gesellschaft. Zürich

Kraft, H. (2005). Grenzgänger zwischen Kunst und Psychiatrie. Köln: Deutscher Ärzteverlag

Kraft, H. (2009). Größenphantasien im kreativen Prozess. In: Kraft, H. (Hrsg.). Psychoanalyse, Kunst und Kreativität. Berlin

Kreitler, H. & Kreitler, L. (1980). Psychologie der Kunst. Stuttgart

Kretschmer, E. (1921). Körperbau und Charakter. Berlin 1977

Kris, E. (1977). Die ästhetische Illusion. Phänomene der Kunst in der Sicht der Psychoanalyse. Frankfurt a. M.

Kris, E. (1932). Die Charakterköpfe des Franz Xaver Messerschmidt. Versuch einer historischen und psychologischen Deutung. Jahrbuch der Kunsthistorischen Sammlungen Wien

Kris, E. & Kurz, O. (1934/1979). Die Legende vom Künstler. Frankfurt a. M.

Kröber-Riehl, W. (1980). Konsumentenverhalten. München

Kröber-Riehl, W. (1978). Bild schlägt Text. Absatzwirtschaft

Külpe, O. (1893). Grundriß der Psychologie. Leipzig

Küppers, H. (2004). Farbe verstehen und beherrschen. Köln: DuMont Buchverlag

Lange, K. (1901). Das Wesen der Kunst. Berlin

Lange-Eichbaum, W. & Kurth, W. (1979). Genie, Irrsinn und Ruhm. München

Laulan, A.-M. (1978). The social function of photography. Communications, 4, 110–121

Leeuwenberg, E. (1988). Economy of the artist. Paper presented at the 10th International Colloquium on Empirical Aesthetics. Barcelona

Leder, H. (2003). Ein psychologischer Ansatz zur Ästhetik: Gefallen und Vertrautheit. In: Küpper, J. & Menke, C. (Hrsg.). Dimensionen ästhetischer Erfahrung. Frankfurt a. M.: Suhrkamp

Lehr, U. (1972). Psychologie des Alterns. Heidelberg

Lem, St. (1968/1990). Das hohe Schloß. Frankfurt a. M.

Lersch, Ph. (1955). Gesicht und Seele. München

Leuner, H. C. (1985). Lehrbuch des Katathymen Bilderlebens. Stuttgart

Leuner, H. C. (1981). Halluzinogene. Psychische Grenzzustände in Forschung und Therapie. Bern

Leuteritz, A. (1993). Rezeptive Kunsttherapie. In: Baukus, P. & Ties, J. (Hrsg.). Aktuelle Tendenzen der Kunsttherapie. Stuttgart: Fischer

Leyhausen, P. (1982). Katzen eine Verhaltenskunde. Berlin: Parey

Lindauer, M. S. (1974). The psychological study of literature. Chicago

Lindauer, M. S. & Dintruff, D. D. (1975). Contrast effects in the response to art. Perceptual and Motor Skills, 40, 155–164

Lipps, Th. (1900). Ästhetische Einfühlung. Zeitschrift für Psychologie, 22, 415–450

Lorenz, K. (1978). Vergleichende Verhaltensforschung. Heidelberg

Maenz, P. (1991). Wie man in Persien einen Affen fängt. Art, 8, 56–59

Martindale, C. & Moore, K. (1982). Priming, prototypicality and color preference. APA Vortrag

Martindale, C. & Moore, K. & West, A. (1988). Relationship of preference judgements to typicality, novelty, and mere exposure. Empirical Studies of the Arts, 6, 79–95

Maslow, A. H. (1984). Die umfassende Reichweite der menschlichen Natur. Integrative Therapie, 1984, 3, 200–208

Masters, R. & Houston, J. (1984). Phantasiereisen. München

Mead, M. (1970). Kindheit und Jugend in Samoa. München

Meier, N. (1939). Factors in artistic attitude: Final summary of a ten year study of a special ability. Psychological Monographs, 51, 140–158

Melches, J. (2001). Bildnerisches Gestalten als Freizeitbeschäftigung: eine Untersuchung über die psychischen Funktionen für die schöpferisch tätige Person. Unveröffentlichte Diplomarbeit an der Universität Berlin

Metken, G. (1977). Spurensicherung – Kunst als Anthropologie und Selbstforschung. Fiktive Wissenschaften in der heutigen Kunst. Köln

Metzger, W. (1953). Gesetze des Sehens. Frankfurt a. M.

Milner, M. (1957). On not beeing able to paint. London

Moffett, L. A. (1975). Sculpture preferences, craftsmanship and aesthetic sensitivity. Journal of Social Psycho logy, 95, 285–286

Moreno, J. C. (1927). Stegreiftheater. Berlin

Moreno, J. L. & Kipper, D. A. (1968). Group psychodrama and community-centered counseling. In: Gazda, G. M. (Hrsg.). Basic approaches

to group psychotherapy and group counseling. Springfield
Morris, D. (1977). Manwatching. Cape
Morris, D. (1968). Der malende Affe. München
Muensterberger, W. (1995). Sammeln eine unbändige Leidenschaft. Berlin: Berlin Verlag
Murken-Altrogge, Ch. (1977). Werbung, Mythos, Kunst am Beispiel Coca-Cola. Tübingen

Nagera, U. (1973). Vincent van Gogh. Psychoanalytische Deutung seines Lebens anhand seiner Briefe. München
Naumburg, M. (1966). Dynamically oriented art therapy. Its principles and practice. New York
Nelson, Th. M. & MacDonald, G. A. (1971). Lateral Organisation percieved depth and title preference in pictures. Perceptual and Motor Skills, 33, 983–986
Neumann, E. (1961). Die archetypische Welt Henry Moores. Zürich
Neumann, E. (1956). Die große Mutter. Zürich
Neumann, E. (1949). Ursprungsgeschichte des Bewußtseins. Zürich
Niederland, W. G. (1989). Trauma und Kreativität. Frankfurt a.M.
Nitsch, H. (1979). Das Orgien Mysterien Theater. Bd. 2. Wien

Panofski, E. (1996). Sinn und Deutung in der bildenden Kunst. Ostfildern: DuMont Reiseverlag
Paris, J. (1965). L'Espace et le Regard. Paris [dt.: Drei Augen-Blicke. In: Kemp, W. (Hrsg.) (1985). Der Betrachter ist im Bild. Köln]
Piaget, J. (1975). Nachahmung Spiel und Traum. Stuttgart
Pickford, R. W. (1969). The frequency of colour vision defective students in a school of art and the influence of their defects. Journal of Biosocial Sciences, 1, 3–13
Pickshaus, P.M. (1988). Kunstzerstörer. Hamburg
Pietroiusti, C. (1989). Graffiti, Kritzelzeichnungen und ihre Artikulationsform. In: Schuster, M. & Woschek, B. P. (Hrsg.). Nonverbale Kommunikation durch Bilder. 183–196. Stuttgart
Pratt, F. (1985). A perspective on traditional artistic practices. In: Freeman, N. H. & Cox, M. V. (Hrsg.). Visual Order. Cambridge
Prinzhorn, H. (1922). Bildnerei der Geisteskranken. Berlin

Ratcliffe, E. R. (1977). The old masters art collage: An Art therapy technique for heuristic self discovery. Art Psychotherapy, 4, 29–32
Ray, C. & Vendermeer, J. A. (1988). Absorption and appreciation of visual Art. Perceptual and Motor Skills, 67, 453–454
Rennert, H. (1975). Eigengesetze des bildnerischen Ausdrucks bei Schizophrenie. In: Bader, A. (Hrsg.). Geisteskrankheit, bildnerischer Ausdruck und Kunst. Bern
Rensch, B. (1984). Psychologische Grundlagen der Wertung bildender Kunst. Essen
Rensch, B. (1980). Wirksame Faktoren in Werken bildender Kunst. In: Hahn, M. & Schuster, M. (Hrsg.). Fortschritte der Kunstpsychologie. Basel
Rensch, B. (1961). Malversuche mit Affen. Zeitschrift für Tierpsychologie, 18, 347–364
Riegl, A. (1931). Das holländische Gruppenporträt. Wien
Roe, A. (1946). Alcohol and creative work. Quarterly Journal of Studies on Alcohol, 6, 415–467
Rogers, C. R. (1951). Client – centered therapy. Boston
Roy-Kremberg, M. (1982). The doctor as a toy fixer: A combination of art therapy and play. American Journal of Art Therapy, 21, 87–93
Rubin, W. (Hrsg.) (1984). Primitivismus in der Kunst des zwanzigsten Jahrhunderts. München
Rump, Ch. (1981). Kunstpsychologie. Hildesheim

Salber, W. (1977). Kunst Psychologie Behandlung. Bonn
Sander, F. (1931). Gestaltpsychologie und Kunsttheorie. Ein Beitrag zur Psychologie der Architektur. Neue Psychologische Studien, 8, 311–334
Schilling, J. (1978). Aktionskunst. Frankfurt
Schneider, W. (1992). Die Sieger. Hamburg
Schmied, W. (1980). 200 Jahre phantastische Malerei. Bd. 2. München
Schneede, U. M. (2006). Die Kunst des Surrealismus. München
Schuster, M. (1983). Examining individual determinants of preferences: A new method. Vortrag auf dem

Kongreß »Psychology and the Arts« in Cardiff

Schuster, M. (1986) Kunsttherapie. Die heilende Kraft des Gestaltens. Köln

Schuster, M. (2000). Kunstpsychologie. Kreativität, Bildkommunikation, Schönheit. Baltmannsweiler

Schuster, M, (2005). Bilder sehen, verstehen und Gestalten. Heidelberg

Schuster, M. (2008). Rituale, Kunst und Kunsttherapie. Berlin

Schuster, M. & Jezek, U. (1992). Formübernahmen in der Kinderzeichnung. Kunst und Unterrich, Sonderheft Kinderzeichnung

Schuster, M. & Beisl, H. (1978). Kunst-Psychologie – »Wodurch Kunstwerke wirken«. Köln

Schuster, M. & Krämer, E. (1978). Wandschmuck Forschung. In: Hahn, M. & Schuster, M. (Hrsg.) Fortschritte der Kunstpsychologie, Basel

Schuster, M. & Woschek, B. P. (Hrsg.) (1989). Nonverbale Kommunikation durch Bilder. Göttingen

Schuster, M. & Woschek, B. P. (1986). Kreativität und Generativität in Kunst und Wissenschaft. Liberal

Schuster, M. & Ameln-Haffke, H, (2006). Museum und großes Kunsterlebnis – eine Pilotstudie. In. Schuster, M. & Ameln-Haffke, H. (Hrsg.). Museumspsychologie. Erleben im Kunstmuseum. Göttingen

Selfe, L. (1982). Normal and anomalous representational drawing ability in children. London

Simonton, D. K. (1984). Genius creativity and leadership. Cambridge

Simonton, D. K. (1978). The eminent Genius in history. Gifted Child Quarterly, 22, 187–195

Smerling, W. & Weiss, E. (Hrsg.) (1986). Der andere Blick. Heilungswirkung der Kunst heute. Köln

Sperry, R. W. (1968). Mental unity following surgical disconnection of the cerebral hemispheres. New York

Spitzing, G. (1985). Fotopsychologie. Weinheim

v. Spreti, F. (2005) Kunsttherapie bei psychischen Störungen. Elsevier

Sprinkart, K. P. (1982). Kognitive Ästhetik. Mittenwald

Sprinkart, K. P. (1979). Kreativität im Alter. Mittenwald

Steadman (1995). In the studio of Vermeer. In Gergory, R. & Harris, J. & Heard, Pr. & Rose, D. (eds). The artful eye. Oxford

Stephan, M. (1990). A transformational theory of aesthetics. London

Stevenson, R. L. (1886/1979). Der seltsame Fall von Dr. Jekyll und Mr. Hyde. Zürich

Swartz, P. (1980). Effect of face masking on aesthetic judgement. Perceptual and Motor Skills, 51, 3–11

Telegen, A. & Atkinson, G. (1974). Openness to absorbing and self altering experiences („absorption"), a trait related approach to hypnotic susceptibility. Journal of abnormal Psychology, 83, 268–277

Teunissen, J. J. & Hinz, E. J. (1974). The attack on the »Pièta«: An archetypal analysis. Journal of Aesthetics and Art Criticism, 33, 43–50

Trevor-Roper, P. (1970). The world through blunted sight. London

Trüg, E & Kersten, M. (2005). Praxis der Kunsttherapie. StuttgartVollard, A. (1949). Erinnerungen eines Kunsthändlers.

Walther, L. (Hrsg.) (1980). Salvador Dali. München

Weitbrecht, H. J. (1968). Psychiatrie im Grundriß. Berlin

White, M. & Epston, D. (1990). Die Zähmung der Monster. Heidelberg

Wilhelmi, C. (1980). Handbuch der Symbole in der bildenden Kunst des 20. Jahrhunderts. Frankfurt a. M.

Wilson, B. (1985). The artistic tower of Babel: Inextrincable links between culture and graphic development. Visual Arts Research, 11, 90–104

Wilson, O. (1984). Biophilia, The human bond with other spezies. Cambridge

Winkler, W. Th. (1970). Zum bildnerischen Gestalten von Schizophrenen. In: Wissenschaftliche Schriftenreihe der Gesellschaft der Freunde der Medizinischen Hochschule, Hannover, 7, 5–10

Winner, E. (1982). Invented Worlds. The psychology of the arts. London

Winnicott, D. W. (1971). Vom Spiel zur Kreativität. Stuttgart

Wundt, W. (1919). Völkerpsychologie. Bd. 3: Die Kunst. Leipzig

Zajonc, R. B. & Swap, W L. & Harrison, A. A. & Roberts, P.

(1971). Limiting conditions of the exposure effect: Satiation and relativity. Journal of Personality and Social Psychology, 18, 384–391
Zöllner, F. (2006). Leonardos Mona Lisa. Vom Porträt zur Ikone der freien Welt. Wagenbach

Sachregister

Personenregister

Bildnachweis

Alinari, Florenz Abb. 20, 25
akg-images / Album Abb. 73
Archiv für Kunst und Geschichte, Berlin Farbabb. 3
Artothek, Peissenberg Farbabb. 2
Bildarchiv Foto Marburg Abb. 87, 89
Bildarchiv Preußischer Kulturbesitz, Berlin (Jörg P. Anders) Abb. 85, 88
Rheinisches Bildarchiv, Köln Abb. 44
Henry Seifert Abb. 46, 53
Achim Seiffert, Köln Farbabb. 12

Die übrigen Abbildungen stammen aus den Archiven der Autoren bzw. des Verlags.

Copyrights